苏霍姆林斯基教育学 （下）

——新教育实验网络师范学院原课程教材

魏智渊／编著

SUHUOMULINSIJI JIAOYU XUE（XIA）

漓江出版社
·桂林·

图书在版编目（CIP）数据

苏霍姆林斯基教育学．下／魏智渊编著．—2版．—桂林：漓江出版社，2021.3（2023.8重印）

新教育实验网络师范学院原课程教材

ISBN 978-7-5407-9028-8

Ⅰ．①苏…　Ⅱ．①魏…　Ⅲ．①苏霍姆林斯基（Suhomlinskii, Vasilii Aleksanlrovich 1918-1970）—教育理论—师范大学—教材　Ⅳ．① G40-095.12

中国版本图书馆 CIP 数据核字（2021）第 021396 号

苏霍姆林斯基教育学（下）

——新教育实验网络师范学院原课程教材

编 著 者　魏智渊

出 版 人　刘迪才
策划组稿　文龙玉
责任编辑　章勤璐
封面设计　石绍康
责任监印　黄菲菲

出版发行　漓江出版社有限公司
社　　址　广西桂林市南环路 22 号
邮　　编　541002
发行电话　010-85891290　0773-2582200
邮购热线　0773-2582200
网　　址　www.lijiangbooks.com
微信公众号　lijiangpress

印　　制　大厂回族自治县聚鑫印刷有限公司
开　　本　710 mm × 960 mm　1/16
印　　张　19
字　　数　310 千字
版　　次　2021 年 3 月第 2 版
印　　次　2023 年 8 月第 2 次印刷
书　　号　ISBN 978-7-5407-9028-8
定　　价　39.80 元

目　录

第四章　道德教育

第五章　家校合作

第六章 教师发展

第七章　学校文化

第四章　道德教育

教师确实善于在每一个学生面前，甚至是最平庸的、在智力发展上最有困难的学生面前，为他打开精神发展的领域，使他能在这个领域里达到顶点，显示自己，宣告大写的“我”的存在，从人的自尊感的源泉中吸取力量，感到自己并不低人一等，而是一个精神丰富的人。

这个领域就是道德发展。

导 读

如果说，智力发展在整个教育中处于核心地位的话，那么道德发展就处于首要地位，它决定了一个人应该和将会如何生活。因此道德教育在苏霍姆林斯基教育学中的重要地位是不言而喻的。

但对苏霍姆林斯基来说，所谓的道德，首先不是一套外在的规范或所谓的道德系统（这是极容易被人误读的地方），而是指处于生命的核心，又流溢到生命的各个方面直至人与人之间关系的东西。或者说，所谓道德，就是指自尊心，指人的内心那种想要成为好人的愿望。所以它无法与智力发展，与精神生活，与人的整个生命割裂开来。相反，它就是生命中的那种向上感，是一种活泼泼的必须时刻滋养的“仁心”（借儒家说法）。

这种仁心外化，或经由传统而成为道德规范直至道德系统，成为一套处理人与人之间关系，人与集体（包括国家民族）甚至人与自我之间关系的法则。

在此基础上，苏霍姆林斯基揭示了道德教育的复杂性：

道德教育不能灌输，它必须既伴随着情感，又伴随着思辨，既离不开榜样（例如英雄人物），又离不开智力活动。

道德教育必须多元化，将教育与自我教育结合起来，将个别教育与集体教育结合起来，努力地促进孩子内在的道德心。

然而这一切之中，最重要的是要保持“源头的清洁”，不断地滋养孩子的心灵，使之丰富、敏感，成为滋润生命整体发展并使之步入良性循环的涓涓细流。

文　选

〔1〕爱护生物和美[①]

个别孩子对待生物和周围世界的美的冷漠态度使我非常不安，孩子的那种乍看起来令人不解的残忍行为也使我不安。譬如，我们走在草地上，草上飞舞着蝴蝶、野蜂和甲虫，尤拉捉了一只甲虫，从兜里掏出一块玻璃片就把虫子剖为两半，“研究”起它的内脏来了。在我们学校的一个僻静角落里连续多年都有好几窝燕子。有一次我们到那里去，我还没有来得及说几句燕窝的事，舒拉就已经往燕窝里扔了一块石头。所有的学生都爱护长在院子里的美丽的美人蕉，可是柳夏走近花坛把这株花拔掉了。凡此种种，在“快乐学校”的最初日子里就出现了。我为孩子们这种既赞美美好事物而又对美的践踏无动于衷的混乱现象感到诧异。在我没和这些学生相处之前我早就确信，欣赏美——这只是良好情感的最初萌芽，必须发展它，使它变为要求行动的积极愿望。科利亚和托利亚的行为尤其使我不安。科利亚有捣毁麻雀窝的一种狂热。据说，他常把那些从被毁的鸟巢里跌落下来的羽毛未干的小雀扔进榨油厂的污水管里。小雀久久地在里面唧唧叫，而科利亚竟然还把耳朵贴近管壁去听。孩子的残忍性不只表现在目睹过家里丑恶行为的科利亚一人身上，也出现在正常环境里生长的孩子身上。而最令人焦虑的则是孩子们不以这些“微小”的凶狠行为和对美、对生活的冷漠为耻，这种行为和态度会逐渐发展成麻木不仁，乃至冷酷无情。

怎样才能唤起孩子们的快乐、善良的情感？怎样在他们的心灵中培养

---

① 《育人三部曲》，58页。

起对生物和美好事物善意的爱护态度？一次在田野里游玩时我们发现一只翅膀受了伤的云雀。鸟儿拍打着双翅艰难地在地上挣扎，但是飞不起来。孩子们捉住了这只小云雀。这小小生命在孩子手里颤抖着，珠粒般的两只眼睛仰望着晴空。科利亚攥紧了拿着鸟的那只手，小鸟发出凄厉的叫声。孩子们笑了。

“难道他们当中谁都不怜悯这只被它的同类遗弃在旷野的小鸟？”我这样想着看了看孩子们，看到莉达、塔尼娅、丹卡、谢廖扎和尼娜几人的眼里含着泪水。

“你干吗要折磨小鸟？”莉达抱怨地问科利亚。

“怎么，你可怜它吗？”科利亚问，“那你就拿去伺候它吧！”他就把鸟扔给了莉达。

“就是可怜，就要伺候。”莉达抚摸着小云雀说。

我们来到了林边空地。我给孩子们讲，秋天候鸟都要准备飞到很远的南方去，只有一些孤苦伶仃的鸟遗留在荒凉的田野里，有的因为翅膀受了伤，有的是从猛禽的利爪中挣脱出来而致残的……可是严酷的冬季带着暴风雪和严寒就要来了。这只小云雀的命运将会怎样呢？可怜的小鸟一定会冻死。可是它鸣叫得多好听啊，它使春天和夏天的原野充满令人神往的音乐。云雀是太阳之子，童话里讲“这种鸟是从太阳的火焰中诞生的”。因此，咱们的人民把它称为“жаворонок”，即“жар－воронок”① ……你们当中有人知道吗，当手指冻得发僵的时候是多么疼痛，令人窒息的凛冽寒风吹来时是多么难忍。你们可以赶快回家，到火炉旁烤烤暖融融的火……可是小鸟到哪里去躲避呢？有谁去管它呢？它冻得僵硬僵硬的。

“可是我们不会让小云雀冻死，”瓦利娅说，“我们把它放到暖和的地方，给它搭个窝，让它等着春天的到来……”

孩子们争先恐后地出主意，怎么给小云雀弄个住处。每个人都愿意把小鸟带到自己家里去过冬。只有科利亚、托利亚和几个男孩没说话。

“孩子们，干吗要把小云雀拿到家里去？咱们给它在学校里搭个暖和的窝，咱们喂它，给它治伤，到春天就放它回晴空中去。”

我们把云雀带回学校，放进笼子，摆在房间里（这时已经给这班孩子拨了一个房间）。每天早晨都有一个孩子来照看小云雀，饲料由孩子们带来。

---

① жар 炎热，воронок 小乌鸦；云雀（жаворонок）一词即由这两个词合成。

几天之后，卡佳拿来一只啄木鸟，是她爸爸从森林里捡回来的。看样子，它是从猛禽爪中侥幸逃脱的。啄木鸟的翅膀无力地耷拉着，背部还凝着一层血。我们把它和云雀放在了一起。谁也不知道该给啄木鸟喂什么，是喂小甲虫吗？上哪里去找，在树皮里去找吗？

“这我知道，”科利亚带着自诩的神情说道，“它不光吃小甲虫和蚊蝇，还爱吃柳树嫩芽和草籽。我看见过……”他本想再说些什么，但是有些不好意思了。可能是他捕捉过啄木鸟。

“好吧，既然你知道怎样喂啄木鸟，那就由你来弄饲料吧。你看，它的眼神多可怜啊。”

科利亚便给鸟送起饲料来了。当时他还没有怜悯生物的情感，他只是由于小朋友的赞扬（“咱们的科利亚真行，知道该给鸟喂什么东西。”）而感到高兴而已。不过，即使良好情感始于虚荣心也无妨。先让好行为形成习惯，过后它就会唤醒心灵。

我追忆了男孩子们对于“你们想成为什么样的人”这个问题的几百种答案：想成为力气大的、大胆的、勇敢的、聪明的、机灵的、无所畏惧的人，但谁也没说成为善良的人。善良为什么没能跟英勇和无畏这样一些高尚品质列在一起？为什么男孩子甚至会因善良行为而感到不好意思？要知道，没有善良，没有一个人给予另一个人的那种出自内心的温暖，就不可能有心灵的美。我也思考过，为什么男孩子比女孩子的善心要少些？或许，这只是一种感觉？不，实际就是这样。女孩子之所以比较善良、富有同情心、温柔，大概是由于她从幼年起就已经带有一种尚未意识到的母性本能的缘故。在她成为新生命的创造者之前，爱护生命的情感早已在她的心灵中确立了。善的根源在于建造、创作、确立生命和美。善与美密不可分地联系在一起。

费佳带了一只黄鹂到学校的那天早晨，简直成了孩子们的节日。这只鸟不知因为什么也飞不动了，它是费佳在饲养场附近的树丛中找到的。孩子们目不转睛地欣赏着小鸟身上色彩美丽的羽毛。我们总是在“小鸟医院”（孩子们这样叫自己房间里的那个角落）旁迎接新的一天并在这里送走这一天。

科斯佳拿来一只瘦弱不堪的麻雀，这是他在路边捡到的。小麻雀连一粒粮食、一粒面包渣都不吃。科斯佳为小麻雀的病而心里不好受。当这只麻雀死了的时候，我们都很难过。科斯佳哭了，女孩子也都哭了，科利亚变得郁郁不乐，沉默寡言。

我记得亚努什·科尔恰克的一段话："那纯净的孩童的民主是不顾宗法制度的。长工的汗水和同年伙伴的饥饿，小黄马和被宰杀的母鸡的厄运，都很容易地会使他伤心。鸡犬使他感到亲切，蝴蝶和花朵被他视为同类，石子和贝壳被他当作兄弟。孩子不会带有爱出风头的人的妄自尊大，他不知道唯独人才有心灵。"① 是的，事实就是如此，不过善良的孩子不会从天而降，那要去培养。

有一次在山谷中散步时，孩子们找到一只一条腿受伤的小兔。我们把它带回自己的活动室，养在一个新笼子里。又办起了一所医院——小兽医院。

一周之后，拉里莎抱来一只冻得发抖的小瘦猫。我们把它跟小兔养在了一个笼子里。孩子们操心的事多了起来：他们给小兔带胡萝卜，给小猫带牛奶。

一天早晨，当我们看到小猫和小兔彼此紧紧偎依在一起熟睡的情景时，孩子们的欢喜劲，简直难以形容。他们担心吵醒小动物，都低声细语地说话。冬天，"小鸟医院"里又添了几只山雀，是孩子们在给过冬的鸟设的食槽旁边捡回来的……还有一件使我非常高兴的事：有些孩子在家里也设了自己的"鸟医院"和生物角。而当我们的活动室有了养着小鱼的鱼缸时，孩子们便央求家长在家里也搞一个鱼缸。许多家长来到学校，询问该怎么搞。当时很难为鱼缸物色水草和鱼苗，饲料也不好找。可是由于孩子非要搞不可，所有这些困难都被克服了：孩子们既不让家长也不让我安宁。斯拉瓦和季娜的母亲来说，孩子们让人不得安生，别人有金鱼，可咱们家没有。只好向高年级同学求援了。

那些年还没有学校工厂，为了制备鱼缸，迫使我们装备起第一个少先队员和共青团员小工厂来。

我们永远也忘不了大家围坐在有小灯泡照明的鱼缸旁欣赏小金鱼的那些夜晚。我给孩子讲大洋的深渊，讲海洋生物非常有趣的生活。我那些很早就毕业现已长大成人的学生终生都铭记着那些夜晚。前不久科利亚对我说：

"我常常梦见那只小灯泡。它那亮光成了知识的第一个源泉。它使我想更多地知道海洋深处的奥秘，知道神奇的鱼类……"

既然年已 24 岁的成人还能怀着这样的热情回忆那些鱼，这说明那不是

---

① 亚努什·科尔恰克：《教育文选》，莫斯科，1966 年，271 页。

微末琐事，而是善良情感的一条渠道。我一直怀着急切不安的心情期待周围世界的美什么时候能在最冷漠的心灵中唤起善良的情感——爱抚和恻隐之心。

我永远忘不了那年秋季初寒的日子。我们来到花园的玫瑰丛旁，看到开着一朵鲜艳的花，细嫩的花瓣上挂着露水。这朵花出奇地熬过了夜寒幸存下来。

我们看着花朵，内心产生了忧伤之情：严寒不久即将摧毁这幅美景。我的眼睛跟科利亚的目光相遇：第一次在他的眼神里看到了忧伤和牵挂——纯洁的幼儿情感。随后我们又到暖房，那里有几盆在我们当地少见的花卉——杜鹃花、仙人掌等。我们围在了一朵小红花旁，这是仙人掌开的花。我们久久欣赏着这朵花。

对生物和美的事物的关爱，逐渐融入孩子们的生活。1951 年深秋，正当树木落叶时，我们到树林里去挖了一株幼小的椴树，带回来栽在校园里。小椴树成了我们的朋友。我们想象、幻想、创作关于它的故事，把它当作会感受和体验我们的关怀和不安心情的人物。每当下起温和的秋雨时，孩子们就高兴：我们的朋友正需要多一些水分。而当严寒封冻了大地、刺骨寒风在旷野呼啸时，我们又担忧：我们的朋友会感到寒冷。孩子们便铲起积雪培在树干周围。女孩子们拿来一些芦苇把树干包扎起来。春天到来时，我们常常到我们的朋友那里，怀着不安的心情察看：发出新芽了没有。第一批嫩绿的小叶子使孩子们欣喜若狂：椴树活着。夏天我们给它浇水。

集体的爱抚和善良情感，集体的良好意愿，是一股多么巨大的力量。它犹如汹涌的巨流把那些最不易动情的人也触动了。我高兴地看到科利亚、托利亚、斯拉瓦、彼得里克怀着激动的心情来到自己的朋友——葱绿的小树旁，看到他们喂鱼缸里的鱼时眼睛如何闪耀出喜悦的光芒。

那些曾因想到小小的椴树在隆冬严寒中会觉得冷而心情不安的人，如今已是成熟的成年人了。我们的朋友也已长成一棵枝叶繁茂的大树，现在来到它身旁的已经是青年男女、年轻父母了，当他们回忆起童年时代那黄金之秋时，他们的心还激荡着美好的情谊。

经验证明，善良之情应当在童年扎下根来，而人性、仁慈、抚爱、同情心则在劳动中，在爱护和关怀周围世界的美中产生。善良情感、情感修养这是人性的核心。如果在童年培养不出善良情感，那就永远也培养不起来了，因为在心灵中确定真正人性的东西，是和认识最初的最重要的真理和体验与感受本民族语言的细微色彩同时进行的。人在童年时期应当经历一个培养情感的学校——培养善良的学校。

【问题与思考】

1. 如何理解经常见到的儿童的“残忍”，即儿童对于小动物以及植物的伤害？

2. 你认为，道德心的源泉是什么？联系孟子的“四心”，你能获得怎样的启发？

3. 学校，或班级有哪些方法可以有效地培育儿童的同情心？

〔2〕活着就要天天关心人①

生活证明：如果孩子们只是“享受”快乐，而不是经过劳动和精神上的努力取得快乐，他的心就可能会变得冷漠、无情，对一切都无动于衷。

为人们做好事，这是陶冶孩子情操的巨大道德力量。苏维埃学校的教育任务之一，就是要使孩子们从内心深处感受到，他们周围还有许多需要给以帮助、关怀、爱护、诚恳相待和同情的人。最主要的是，要使孩子们的良心不允许他们对这些人视若无睹；要使孩子为人做好事不是出自显示自己，而是出自无私的动机。

孩子们的善良、为别人做好事的意愿，来自对那些内心痛苦和不幸的人的同情。人类最大的快乐从关心别人的精神世界、从善于体察他人的不幸中产生，没有这种感受，就不可能有道德美。还在“快乐学校”的时候，我的学生们就已经向人类道德美的最高峰迈出了第一步：他们取得了有关人的科学的初步知识，学习了体察日常相处的人们的痛苦、忧愁、悲哀和恐惧。只有当一个人在整个童年时期就天天都关心别人时，这种能同别人共忧患的品德才能融入他成年时的精神面貌，变成他精神生活特点的不可分割的一部分。

我经常教导我的学生去同情他人，我极力使孩子们把自己放在需要同情、帮助和热忱关怀的人们的地位，并且体验他们的感情。别人的痛苦应该成为孩子自己的痛苦，应能触动他去考虑如何帮助那个需要帮助的人。个人之间的相互关系，人们之间的精神交流，对人道主义的培养起着特殊

① 《育人三部曲》，249 页。

的作用。

爱人类比帮助邻居容易。要了解人，必须了解人的具体个性。如果孩子们不能从朋友悲哀、恳求、痛苦的眼里看到他内心深处的苦闷，他的心就不可能被人的痛苦所触动。一个未能对人类生活的各个方面——幸福和痛苦都了解了的孩子，永远也不会成为关心别人和富有同情心的人。

我们班里发生过许多不幸的事，为此不必追溯得太远。正当集体发出愉快的笑声，充满朝气蓬勃的气氛时，个别孩子的眼睛却是忧愁的。瓦利娅进校三年以后，她父亲的健康状况急剧下降。小姑娘变得沉默寡言，经常陷入沉思。尼娜和舒拉的母亲在患重病，为了帮助父亲做家务，两个小姑娘只得经常留在家里。萨什科的奶奶病了。她几次被送进医院，在医院里有时住上一个星期，要不然就是一个月，对这个男孩子来说，这是一件很痛苦的事。

奶奶生病期间，这个男孩由他姨母照管。他姨母是一个很好的人，很关心萨什科，但是与奶奶分离却给他带来了痛苦。有一次，在秋天一个寒冷的日子里，萨什科决定去看望奶奶。他一句话也没有对姨母讲就到医院去了。路上遭到雨淋，他因感冒病倒了。几天以后，他被送进了奶奶住的医院里。

沃洛佳的家里也发生了不幸。他母亲是个抹灰工。她每天乘公共汽车上班。在地上常结薄冰的早春季节里，有一天公共汽车和卡车相撞，沃洛佳的母亲受了重伤。医生说，她将变成一个终身残疾的人。就在这个时期，曾为沃洛佳走上正确的生活道路而做过许多工作的祖父重病去世了。

科利亚的家里也遭到了不幸，但这完全是另一种不幸。他的父亲因窝藏赃物而被捕，判刑两年，关进了监狱。家中的道德气氛变纯洁了，但所发生的一切不能不使孩子感到极大的震惊。

每天见到孩子们的时候，我都要端详他们的小脸。孩子们悲哀的眼睛，可能是在教育的复杂过程中一件比较难办的事情。如果孩子们心中有痛苦，那他只不过是人在教室而已。他就像一根绷紧的琴弦：不小心轻轻地碰一下，就会使他痛苦。每个孩子对痛苦的感受各有不同：有的，你安慰一下，他就感到心里好受一些；有的，温柔的话语却会给他带来新的痛苦。在这种情况下，教育的艺术首先就要靠人类的智慧了：要学会怜惜伤痛的心，不要给受教育者增添新的痛苦，不要触动他心灵的创伤。因痛苦而极度不安的学生当然不能像以前一样地学习，痛苦会在他思想里留下伤痕。对教师来说，最主要的是，首先要看到孩子的痛苦、悲哀和他所遭到的不幸，看到并且要体验到这种心情。教师如何对待孩子的痛苦，他理解和感受儿童心理的能力如何，这是教育艺术的基础。

不能叫正处于痛苦中的学生来回答问题，不能要求他专心学习和刻苦努力。不能去问他发生的事情，因为要孩子们讲出这些事是很痛苦的。如果孩子信任教师，如果教师是孩子的朋友，那么孩子就会把能够讲的事情讲出来。

如果他默不作声，那就不要去触动他幼小心灵的痛处……教育中最困难的是教会人去体察感情。孩子越大，教师越难以触动他那（形象地说）人的心弦（这心弦的音响，往往会形成一种崇高的感情）。

为了使孩子们学会体察感情，学会看到他亲近的人的精神世界，教育者应善于珍惜孩子们的感情，首先要珍惜那种痛苦的感情。在成人和孩子之间道德情感的相互关系中，没有比成人为了消除孩子的痛苦而轻率地断言“孩子，你夸大了自己的不幸……”的做法更荒唐了。

首先应该懂得孩子们的内心活动。这是不可能通过什么特殊方法学到的，只有依赖于教育家高度的道德情感和修养才有可能做到。不管孩子痛苦的根源是什么，其中总有某种共同的东西，那就是在忧郁、悲哀的眼里令人惊讶地流露出不是孩子应有的沉思、冷漠、苦闷和孤独。正经受不幸的孩子，不会注意到同伴的娱乐和消遣，没有什么能诱使他摆脱痛苦的思想。对孩子的最细心和善意的帮助，就是既分担他的痛苦，又不去触及他内心的隐痛。

粗暴的干预会引起怨恨，而劝其不要灰心、不要绝望、要克制自己这一类的话，如果缺乏真正的感情，就会使孩子觉得是不切实际的废话。教孩子们体察感情，这首先意味把自己的道德情感修养传授给他们。没有对人的精神状态的深刻理解，就不可能具备道德情感修养。而这种理解只有当孩子在心里把自己置于经受痛苦和忧患的人的地位时才会产生。

当萨什科的祖母病倒的时候，他变得悲伤、沉默，而且总怀着戒心：有人对他一说点什么，他就哆嗦，好像触到了他的痛处。有一次，我看到他那双黑黑的大眼睛里充满了泪水。孩子们对我说：“萨什科哭了。”你如果以为孩子对自己的同伴或成年人会满怀同情，只是因为他是一个孩子，那是十分幼稚的想法。同情人是要教的，要像教他初学迈步时那样，十分用心地、精心而又谨慎地去教。同情心，这是认识的最细腻的领域之一，是用思考和心灵进行的认识。有经验的教师应该拥有培养同情心的强有力的手段——语言。

我乘萨什科一时不在班里的机会对孩子们说："遇到人有伤心事的时候，不能表示惊讶。萨什科十分忧伤，他只有唯一的一个亲人，就是祖母。他不记得自己的母亲。祖母现在突然病了。也许，她将被送进医院，那萨什科留下来跟谁呢？你们设身处地想一想，你们就会体验到，什么叫伤心事。你们还记得咱们在路上遇见的那位老爷爷吗？记得吗，他的眼睛显得有多悲伤？

"你们当时感觉到了：老爷爷有伤心事。为什么你们看不见同学眼里的忧伤呢？

"你们不是发现萨什科已经好几天都沉默不语、心事重重了吗？他人在教室里，但整个心思全在祖母床前。如果他待在家里几天不来，不要急着去问他，为什么没有到学校。一个人要讲出自己的不幸是很不容易的。平常，如果你们看到了有人有了痛苦和不幸，你们不要表现出好奇，而要帮助，不要去刺痛人家心中的创伤。如果你们已经知道咱们集体中有人遭到了不幸，你们要做到，不要因自己的任何一句话，任何一个行动给他加重痛苦。你们再想一想，可以怎样帮助萨什科和他的祖母。不过，这种帮助，不应该是为了显示自己，'瞧，我们多好，帮助自己的同学。'做好事给别人看，这非常不好。如果不是心在召唤你们要帮助朋友，那么不论你做出什么好事给别人看，都不会使你成为一个善良的人。"

萨什科回到了班里，我再也没有提到他，孩子们也领会到，为什么我马上转了话题。课间休息时，他们商量怎样帮助萨什科和他的祖母。孩子们给他送来了苹果和鱼，这一切都是出自最纯洁的心愿。萨什科的祖母被送进医院以后，他住在姨母家里，孩子们常去看望他。当孩子们知道萨什科遭了雨淋，生了病和祖母一起躺在医院里的时候，他们都十分难过。休息那天，我们都到医院去了。孩子们带了苹果和饼干。舒拉还拿了一大块巧克力，这是他父亲从外地给他带来的。我们用了半天时间，让所有的小朋友都能进病房去探望一下萨什科。

这件事使我既高兴又不安。须知这是这个集体热情突发的结果。有的孩子想给别人做好事，首先为了让人家看到自己这一崇高的举动。沃洛佳告诉我，他要把父亲不久前给他买的新冰鞋，作为自己的礼物给萨什科送到医院里去。

"父亲同意吗？"我问。

"当然，同意。"

"好吧，那么没有必要带到医院里去，萨什科现在又不能滑冰。等萨什科好了以后，你给他送到家里去吧。”

沃洛佳没有把冰鞋送给同学。精神的热情突发原是很微弱的……这件事使我思考如何培养善良、热忱和同情心。这是一些非常细腻、复杂的情感。

怎样才能使孩子做好事时，不指望受到赞许、得到奖励，而是发自善良感情的需要？善良的感情是什么？它是怎样发生的？当然，集体精神突发的热情对培养同情心起着巨大的作用。但是，这种同情别人的感情，应深入每个孩子的精神生活领域。

我力图使我所有的学生做好事（帮助同学或其他人）是出自内心的需要，并因此而感到极大的满足。教人做好事，就要这样去做，这想必是道德教育方面最困难的问题之一。那么，在实践中该怎么办呢？看来，最主要的是要发展孩子的内在力量，人有了这种力量，就不会不去做好事，也就是说，最主要的是要教孩子同情别人。但这又怎样去做呢？怎样才能使孩子在看到别人痛苦时，就能设身处地地感受那人的苦楚？怎样才能使鲜明的思想唤起鲜明的情感，使孩子自身与生活中遇到不幸的人融为一体，使孩子从正在经受痛苦的人身上，看到自己并感觉到自己呢？

我们经常召开的，用来探讨关于孩子精神生活和他们相互间关系的最困难、最复杂的问题的会议，逐渐变成了心理学方面的讨论会。不仅低年级的教师参加讨论，中年级和高年级的教师也参加了。成为我们关心对象的是人——儿童、少年和青年。在心理学问题讨论会上，我们做关于具体的孩子的精神世界的报告和报道，做了关于他的智力、道德、情感、体育和美育发展的源泉的报告和报道，做关于以前在学前时期和现在在校期间个人智慧、思维、意志、性格和信念形成的环境的报告和报道。低年级教师好似在用自己的报告给中年级和高年级教师对男女青少年施加教育影响做准备。集体教育的信念，越来越坚定了：为了使我们教育的对象，处于整个集体教育的影响之下，每个教师都必须深刻地了解每一个学生的个性，甚至其中的细枝末节。

要深入个别孩子复杂的精神世界中去，我们感到两个小时甚至三个小时都不够。当我做完了关于科利亚的个性的报告以后，M. T. 瑟罗瓦特科、科洛米琴科、Φ. A. 斯科奇科等老师对我的分析做了非常重要的详细补充，即孩子在集体中所看到的一切，在他的情感中是怎样反映的，换句话说，他是怎样感受人与人之间的关系的，怎样体验自己与他人的相互关系的。我们得出一条非常有意思的、经集体肯定是一个关于做好事的内在精神动机的新结论，即孩子怎样约束自己为别人做好事。

孩子们给予蒙受痛苦的同伴的精神力量越多，他们的心就变得越会同情人。在 2 月一个寒冷的日子，那时孩子们在三年级学习，米沙、科利亚和拉里莎跑来找我，他们好像很不安。

“万尼亚的哥哥廖尼亚牺牲了，”卡佳说，“给他父亲打来了电报，他明天就要到哈萨克斯坦去。现在怎么办呢？”

孩子们的眼睛在祈求：请告诉我们，该怎样去帮助同学呢？

我当天就知道了这件悲惨事件的经过。18 岁的拖拉机手廖尼亚在往饲养场送干草，路上他遇上了暴风雪。本来年轻人可以停下拖拉机，到离路边不远的村里去避一避，但是他没有这样做，他指望大风雪过后，能及时地把干草送到饲养场。可是风雪越来越大，严寒突然降临，于是廖尼亚冻死在拖拉机的驾驶室里了……万尼亚好几天没有到学校来。孩子们都感到十分悲伤，听不见他们的叽叽喳喳的声音了。全都在问：怎样去帮助同学？有人提议到万尼亚家去。我劝他们不要去：“这时候万尼亚、他的母亲、他的父亲、他的兄弟姐妹都十分难过。我们到他家里，他妈妈看见我们以后，会想起廖尼亚上学时的情景，她会更加伤心。我们过些时候，等母亲的内心创伤稍好一些以后再去。当万尼亚到学校以后，不要去问他哥哥是怎样牺牲的。去想、去讲这件事是十分痛苦的。大家对万尼亚要关心、体贴，不要使他再遭到任何心灵的创伤。”

万尼亚的父亲从哈萨克斯坦回来以后告诉我，新垦区国有农场居民区的一条街道以他长子的名字命名。我把万尼亚父亲的话又讲给孩子们听。那些天，我们班正准备参加少先队。孩子们在考虑，以谁的名字来命名我们的中队和三个小队。于是，他们自己讲出了我预期他们会讲的话：让万尼亚所在的小队就用他哥哥的名字——牺牲在战斗岗位上的廖尼亚来命名吧。万尼亚把这个消息告诉了母亲。我又向孩子们建议：我们挑一本画册，每人在上面都画一点关于学校的情况。当然，孩子们都渴望着画一点与廖尼亚以及与他的学生时代有关的东西。高年级的学生把廖尼亚在三年级读书时种的苹果树指给我们看。在物理教室里我们找到了廖尼亚和他的同学一起做的起重机模型。廖尼亚喜欢鸟，学校里常常回忆他和他的少先队一起为鸽子做笼子的事。

孩子们把这一切都画在画册里。我画上了廖尼亚的肖像。我们把这本画册献给了母亲，这对她是非常宝贵的。使她高兴的是，学校的集体没有忘记他的儿子。我们也为将要以廖尼亚的名字命名的小队，做了同样的一本画册。

十分重要的是，不要把善良的感情和所做的好事变成一种宣扬的“手段”。尽量少谈论做过的好事，不要为做好事给予任何夸奖——这应该成为我们的教育工作遵循的原则。最有害的是，孩子在思想上把人道的行为看成是自己的功劳，几乎认为是一种了不起的行为。这经常是学校的过错。一个学生拾到别人丢的十个戈比，交到班里，整个班集体一下子都知道了这件事。

记得在一所邻近的学校里发生的一件有趣的事情。一个女孩子拾到五个戈比，交到了班里，老师大大夸奖了她一番……第二天课间休息时，三个女孩和一个男孩跑来找老师，原来他们几个都拾到了同学们丢的钱，有的捡到一个戈比，有的两个。孩子们都盼着得到夸奖。老师感到有问题，发起脾气来，孩子们就是这样学会了端出“桩桩好事”，如果不为此表扬他们，他们就不满意。

好心应该像思维一样，成为人们的正常现象。它应该成为一种习惯。我们的教育集体力图使好心的、诚挚的、热忱的行为给孩子们带来极大的满足。

童年时代对别人精神上的深切关怀，是在教师语言的影响和集体情绪的感染下产生的。十分重要的是，要唤起所有孩子热诚关切他人的激情，愿为别人做好事。这种激情只有成为个人的行动的时候，才能使他的心变得高尚起来。

【问题与思考】

1. 学生做好事究竟要不要表扬？原则是什么？如何把握分寸感？
2. 现在的学生为什么不关心人？如何让学生学会关心？

〔3〕童年期和少年期教育的两个源泉①

有一件事使教师们震惊不已：科利亚·兹是一个大家公认的文静谦逊的少年，语文老师的骄傲（他的作文写得非常好）。突然，他做了一件可耻的事。在夜里他打开物理专用教室的窗户，爬进去从录音机里偷走了电动机，同时还弄坏了一些零件。他的家庭似乎没什么问题。父亲在一家工

① 《育人三部曲》，330 页。

厂工作，是一个不错的家长。他多次在家长会上头头是道地发言，大家都还记忆犹新：

“要是父母热爱劳动的话，他们就是一句话不说，这个家庭也已经在以实际行动来教育孩子们热爱劳动了。”

可突然发生了这件令人痛心的事。这是在战争结束没几年时发生的，物理专用教室还刚刚在筹建。录音机是学校的校友，一位军官送给母校的礼物，它是集体的骄傲。教师们都在想：“人身上的坏东西是从哪儿沾染来的呢?”

大家开始对培养道德信念和习惯这个复杂的教育过程进行深入的思考。教师们仔细地考察了科利亚·兹的家庭情况，结果发现了初看起来并不起眼，但却是非常令人不安的现象。父亲每天下班总捎带一点小东西回家：或是几段电线，或是几块金属片，或是一根小管子，或是一只轴承。儿子帮助父亲把这些小零件分门别类放在家庭工作间的许多小架子上。儿子从未问过这些东西是从哪里来的，因为这是明摆着的事。父亲并不认为这样做是可耻的，他没想到，他的行为能对儿子产生极其有害的影响。父亲从未拿过邻居的一根钉子，因为他认为这是偷窃行为。我们说了一些令这位父亲感到苦涩的话，把他曾对别人讲过的有关父母榜样作用的那段教诲用来提醒他。

这个事件开始让人们去思考道德教育的两个源泉问题。第一个源泉是预先计划好的教育工作，这包括：集体中多方面的道德、劳动、创造和公民政治的相互关系，这些相互关系是为培养人而专门建立的；教育者的话；把老一辈创造的、设法获得的或通过斗争才得到的宝贵财富传给青年一代。这一切都是由教育者事先规划、制定好了的。

但是还有另一个教育源泉同样相当重要。这个源泉在童年期尤其起特别重要的作用。这就是儿童周围的复杂关系。这些关系对儿童来说是一种氛围，是能向儿童揭示各种道德内容的直观课。谁也没有把这些关系当作一种专门的教育方法进行思考，可是，成年人越是不把这些关系看作是一种能对儿童的精神世界起影响作用的力量，这个力量所起的教育作用就越大。这里必须再一次强调一下“关系”这个词，因为儿童把自己周围的一切（不仅是人，还包括事物和现象）看作是具体化了的人的观点、判断、习惯和意向。

长日制班的教导员带着孩子们来到学校的食堂。他自然不会忘记，让大家在吃饭的时候要遵守行为文明准则，以便在满足自己需要的同时，进一步巩固道德的和审美的日常生活习惯。但是他带儿童来食堂，并不是为了对他们进行教育，而只是为了让他们吃饱肚子。这是最最主要的目的。在食堂里儿童不仅吃饭，还会看见许多事情，有好的也有坏的。这不，一个七年级学生把一个一年级小学生从餐品柜台边挤开，自己买到了需要的食品，而那个小男孩却被挤到了队伍的末尾。这不，学校食堂的女工，一位接近老年的妇女提着一桶脏水朝院子另一头的水坑走去。迎面走来两个十年级学生，他们比玛莎阿姨高出一头，力气显然比她大得多。他们都闪到一边，让玛莎走过去，生怕她提的脏水桶碰到他们的衣服上。他们皱起了鼻子，因为桶里的东西不那么干净。他们朝小窗那儿跑去，随即就已经从那边传来了他们的声音：

"怎么没有干净的大碗啦?"儿童看见两个女孩子走到餐品柜台前。一个女孩买了一块巧克力糖，另一个买了一张汤票。一个女孩在吃巧克力糖，她的女友忘了买面包，又朝餐品柜台走去。在乱糟糟的食堂里似乎谁也注意不到这些，儿童也不会动脑子琢磨他眼前发生的事，但是任何事情都不会消失得无影无踪，眼见的一切，都会反映到儿童的脑子里。这不，儿童已经注意到一件不寻常的事情了。在忘记买面包的那个小姑娘旁边，坐着一个顽皮的男孩。

他绷着脸，一副不满的样子。他面前放着一杯牛奶和一块白面包。他咬了一口面包，就把它放到桌子上，又跑到餐品柜台，买了些饼干。而面包已经被他推到了桌子角那儿。这不，儿童又看到洗脸盆那儿挂着一块脏手巾。谁愿意洗手就洗，不愿意洗就不洗，而谁都不想多此一举，因此谁也不去洗手。

窗台上摆着一盆玫瑰花，盆里扔着一些吃剩的苹果核。玻璃窗被苍蝇弄得很脏。厨房里传来一阵发脾气的声音：是一个男人的嗓音，他正在骂人，说窗户没擦净，脸盆架下面的墙壁没刷白。

儿童所看到的一切似乎只在他的意识表层一晃而过。教导员注意的是谁也别提前离开饭桌。吃完饭，孩子们就站起身（大家都想快点跑到运动场去），在教导员的指挥下齐声说："谢谢这顿午饭!"（教育工作计划上事先规定好应该这么做）这句话是用来感谢女厨师和玛莎阿姨的，可是她们现在根本顾不上这些，卫生检查员正在呵斥她们，威胁说为了什么事要在卫生手册上记上一笔。

人们的生活一幕幕从儿童眼前闪过，生活的每一个细节都反映到儿童的记忆中，有时是绕过意识，似乎不知不觉地就进入了记忆深处。生活不但反映到意识中，也反映到潜意识之中。记忆是自动工作的，来自周围世界的信息进入潜意识的要比进入意识的多。在潜意识里，信息不是杂乱无章地堆积在一起，而是分门别类、有系统地排列起来，而人的各种社会本能就是由此表现出来的。如果一个儿童吃完了一个苹果，手里拿着咬剩下的苹果核找地方扔，当他没找到垃圾箱时，就把苹果核揣进了自己的口袋里——这里起作用的就是人的社会本能，这种本能是通过潜意识中信息的长期积累而形成的。虽然这些信息并不是专门为教育提供的，却能产生强烈的教育作用。如果没有这种信息，一切善良的劝导都是徒劳的，对儿童来说如同对牛弹琴。

儿童在学校食堂的 20 分钟里所看到的一切，反映到他们的潜意识里，有好的东西，也有一些事实是与教师平常经常对他们讲的完全相反。这些事实乍看起来无足轻重，然而从教育角度来说就是危险的。儿童的意识和潜意识中，这种在实质上与教育者的教导相互矛盾的信息反映得越多，人的理智就变得越发软弱无力，因为理智如同人的主要守卫者和行动主宰。预测性、筹划性教育方法和非预测性教育方法（这是形成人的各种社会本能的媒介）之间的差异越大，培养和形成实践中所说的“良心的呼唤”就越难。良心的呼唤就是发自内心要求自己做出有益的、必要的和美好的行为。只有当预测性和非预测性、筹划性和非筹划性教育方法协调一致，良心的呼唤才能够形成。

良心的呼唤是一种力量，它能促使儿童在没有找到垃圾箱的时候把苹果核藏进自己的口袋；它能促使一个人懂礼貌地抢过妇女手里的脏水桶，把脏水倒进水坑，把桶还给那位妇女而不求人们对他的行动表示谢意。看来，这些都是很重要的。

在潜意识中，如果没有各种信息经常不断地积累，也就无从谈起良心。

因为这些信息中包含着人的高尚行为：热爱人，渴望互相帮助，对以暴力待人的现象疾恶如仇并决不妥协，对集体和社会的责任感，对饱食终日无所用心、怠惰懒散的寄生虫生活的决不容忍，尊敬老人，扶持弱者，富有同情心。

良知服从于意志和理智，即服从于人民的智慧所说的“大脑的主宰”，假如人不受制于这个主宰，假如人的各种高尚行为本身不能使机械的、逻辑的和情感的记忆变得丰富起来，那么这个主宰则毫无意义，因为人的高尚行为是人类自古以来积累起来的经验，如今，在人类道德修养的最高成就——共产主义理想（即用共产主义方式实现人的道德完善）的光芒照耀下，人的高尚的行为显得更加光彩夺目。

第一个教育源泉与第二个教育源泉的和谐统一，要求受教育者积极参与创造条件和建立环境的活动，以便加强各种筹划性、预测性教育方法的功效。

马克思曾写道："……但人并不是抽象的栖息在世界以外的东西。人就是人的世界，就是国家，社会。"① 教育人的工作只能在人的氛围中进行，人类的道德成就、人的世界、社会和国家的思想在人的氛围中所反映的深度，决定了教育者有筹划、有预测且目的明确的努力会有怎样的效果。道德教养归根结底就是指一个人努力做好事不去做坏事。在我们的社会里，善这个概念具有深刻而多方面的含义：为确立共产主义理想而积极工作，为人民忘我劳动，巩固祖国的强大威力，为祖国树立荣誉、增光添彩，爱劳动、爱人们、诚实、正直、谦逊，与一切坏人、坏事，特别是与祖国的敌人势不两立。善良是道德财富的顶峰，坚信这一点，人的行动就会有无比巨大的动力。

这种信念也就是人民的智慧所产生的、人类和人的世界所创造的"大脑的主宰"。但是人类世界的智慧只有在下述情况下才能驾驭意识：人除了懂得从逻辑上分清善与恶之外，还要有善与恶的情感，这是一种出自本性的情感，它已成为个人的良心和个人的观点。

一个有道德教养的人，看到妇女拿着力不胜任的重物，就会感到身边发生了某种不好的事情，如果他不去帮助这个妇女，就会感到自己很可恶。这时候发自意识和潜意识深处的良心的呼唤就立即提醒理智："注意！快行动吧！下命令吧！"理智马上就下命令，双手伸向那个妇女拿不动的重物。形成这种良心的呼唤的，是个人记忆中大量积累起来的实际经验，其中包含着崇高的道德思想。

对未来教育过程的前景和方向考虑得越多，我就越发深信：道德上的纯洁、精神境界的崇高、人与人之间关系的和美，形象地说，在很大程度上取决于一根连接童年期、青年早期（特别是童年期和少年期）的红线的牢固程度如何，观念、真理、思想都是在这个时期在年轻的心灵里确立起来的，这些对他们个人来说，都是不可动摇的、无限珍贵和神圣的东西。

我认为，使少年对世界的观察和他本人对客观现实、各种现象的态度与其内在的潜力、各方面的才能和具备的条件相适应，是教育的最主要任

---

① 《马克思恩格斯全集》第1卷，人民出版社，1956年版，452页。

务之一。祖国这个概念，是少年道德教育和道德成熟的基础。一个人在少年期的道德修养和精神财富，是他带着对祖国的责任感通过观察世界而获得的。对他来说，最珍贵、最神圣的东西是祖国的荣誉、光荣、强大和独立自主。通过一个人在日常生活中的各种行为（对人们的态度、帮助弱者、爱劳动、谦虚）可以判断出他对人民最珍贵的圣物的态度如何。我们的学校集体首先要关心的是，少年在了解共产主义建设者的过去和现在、生活和劳动的同时，应当感觉到自己是一个公民；应当使每个少年懂得，我们之所以努力在他们的内心激发一种人类的美，首先就是要让他们从中理解、感受那种鲜明的、有意义的、精神丰富的公民生活。公民的思想、公民的信念、劳动，这些构成了少年期精神生活的氛围，高尚的、敏感的和严于律己的良知（人的良心的召唤）就是在这个基础上形成的。我们的少年应该把自己当作一个公民来尊重，这样他才能够珍惜最宝贵的珍品——人民的圣物。少年期的公民生活是教育工作的一个重要部分。我总是力图使公民的思想、感情和活动有机地统一起来，以便使他们的感情和体验在高尚的行动中，在为人们、为社会、为祖国的劳动中表现出来。

教育中最细致的方法是表扬好的行为，称赞好人好事，鼓励人们做出从本质上表现人类高尚情操的行为。形象地说，表扬就如同是教儿童阅读那些叙述人类基本素养的书籍。家庭和集体的赞扬，能在儿童心目中提高他自己的地位，确立他的自豪感。但是，如果只有表扬才能给儿童带来欢乐，那就潜伏着一种危险。真正的教育技巧是使人们做好事而不指望表扬。

令人不无忧虑的是，有的学校对儿童的一些理应作为日常行为准则的行为过分夸奖（例如，把捡到的一个卢布放到了教师休息室的桌子上，墙报上就表扬了他的行为）。这是在戏弄人生，这种儿戏会使人养成道德上的不光彩：他洗手是因为人们看得见他的手，但他的脚仍然是脏的，因为反正穿着鞋，人们看不见……在人们面前，他极力表现得规规矩矩，可他独自一个人的时候就不是那么回事了。独自一个人时的诚实，是对人们、对社会尽责的表现，这是在童年期和少年期必须培养的重要的道德特征。

【问题与思考】

1. 道德的两个源泉，与两套大纲、有意识记与无意识记之间有什么类似之处？它们背后共同的原理是什么？

2. 你认为，在学校教育中，“儿童周围的复杂关系”主要包括哪些内容？或者说，哪些方面是教师特别需要注意的？

〔4〕道德习惯[①]

道德习惯的源泉，就在于高度的自觉性与对一些现象、人们之间的相互关系、他们的道德品质的个人的情感评价之间的统一。从少年心灵深处所进行的那些理智的和情感的过程来看，道德习惯的培养具有特殊的意义。道德习惯是道德观念和信念的入门。道德习惯的形成，是教育者深入被教育者的精神世界中去的途径，不通过这一途径就不可能理解一个人，也不可能用细腻的手段，即用语言和美感去对人施加影响。

由于有了道德习惯，社会觉悟和社会道德的规范就成为个人的精神财富。没有道德习惯就不可能做出自我肯定、进行自我教育，也不可能自尊自爱。道德真理成为一个人心中的某种神圣的、无条件的、极其珍贵的东西，这正是因为人把这一真理的崇高性铭记在心，闪电似的情感信号进入他的意识中：就是应该这样做，因为自尊心不允许他有另外的做法。习惯使内心中良心的声音高尚起来，情感总是保护着意识。这个复杂的过程只有在少年时代才能完成，因为人正是在这一年龄时期才开始理解道德观念的概括性。少年期似乎对各种思想敞开了通向心灵的道路。如果道德修养的最重要的真理在少年期没能成为习惯，造成的损失是永远也弥补不了的。

如何在少年期培养道德习惯呢？必须做些什么才能扩大觉悟的范围，使其包括成为个人的神圣的绝对真理的那些最重要的道德财富。

在少年期自觉性和道德情感的统一对于道德发展具有最重要的意义。道德情感是照耀人的行为道路的光线。苏联心理学家 П. М. 雅各布松写道："道德情感使人开始生动地理解社会的道德规范，如果没有道德情感，这些规范在本质上是与他格格不入的。"[②] 我努力促使我的学生对周围发生的一切产生关切的、同情的情感，对周围世界的现象建立起爱憎分明的情感评价，使少年把所有的一切都放在心上，不仅从意识上，而且从感情上去认识它们。

少年们和我一起去了解周围世界，而我仿佛是在向他们传达我自己对事物、现象、事件的态度，没有什么东西能让我们对它无动于衷。我们沿

① 《育人三部曲》，504 页。

② П. М. 雅各布松：《情感心理学》，俄罗斯联邦教育科学院，1958 年，210 页。

着树林走，等待着我们的是有趣的一天——休息、散步、阅读、观察、认识世界。

在路上我们看到：一辆卡车停在路上，司机在忙碌地检查发动机。他看到了我们，好像在问能不能帮他一把。我们感觉到，虽然这个人一句话也没说，但他在期待着我们的帮助。在这种场合必须对少年们说几句，促使他们深入地思考现象的本质，用道德真理去激励他们。我说了这样的话，这些话进到了孩子们的心坎上，可能这首先是因为这些话带有鲜明的情感色彩。我们忘掉了树林的诱惑。（当然，没有完全忘掉，我们还惦记着它，但良心告诉我们，袖手旁观是可耻的。）我们中的一些人到村里的机械维修站去，另一些人留下来帮助司机。

发现现象、人们之间的相互关系中的道德的方面，用心去认识世界，这是培养义务感的很重要的前提条件。公民的义务感是在基本的道德习惯中孕育的，这种道德习惯是在少年期通过正确的教育在人的心中牢固地形成的，养成了帮助人的习惯，就无所谓别人是否请求帮助。

很重要的是要使周围世界的现象，尤其是人们之间的相互关系，屡屡地激动少年，促使他们去体验各种各样的情感，从亲切的同情、分担别人的不幸，到对恶行愤懑不平。我坚信，如果少年养成了对周围世界的敏感性，他就开始用别人的眼光看自己，产生一些使自己不安的想法，例如，如果我对别人的不幸、恶行无动于衷，人家会怎么想我？人家会怎么想？……这个令他不安的想法，用形象的语言说，就像是一根灵敏的导线，情感信号沿着这根导线从心灵传递到意识：如果我对自己周围发生的一切熟视无睹，我就不能再尊重自己。只有这样道德概念才能成为习惯。使道德概念成为习惯的一个极其重要的前提条件是，对少年单独面对各种情况时的所作所为做出的公民的、集体的道德评价。集体中的精神交往应该如此地丰富，个人对集体的义务感应该如此的牢固，使得当生活要求少年发挥个人的主动性，表现出决断、毅力、勇气和诚实精神时，即使只有他单独一人，他也能感觉到集体的目光。

我们的任务是要使一些最重要的道德习惯发展成传统，首先要养成当为了他人的利益必须贡献出自己的力量时牺牲自己的利益的习惯。习惯向传统的转化，这是对意识进行的复杂的改造工作的一个组成部分，没有这种改造就不可能建成共产主义。长期形成的旧的传统，用列宁的话来说，是一种可怕的势力。在我们的时代正在进行着一项需要耐心和细致的工作，这就是建立起新的传统，这样的传统无论是现在还是将来都应该具有巨大的精神力量。成为传统的习惯，对人具有巨大的支配力，其教育力量就在于此。在少年时期的我的学生集体中形成了一种传统：集体对你个人的舆论，取决于你对母亲、姑娘和妇女的态度。这一传统成了推动自我教育的强大力量：每个小伙子都愿意以自己的言行举止来证明自己具有高尚的道德。

培养道德习惯的另一条重要的规律，就是对自己的行为，尤其是对那些能反映出对劳动、对自己的亲人、对集体成员的态度的行为，做出情感评价并进行亲身体验。我们总是力求使少年把独立完成作业当作一种乐趣来体验，自己的抄袭和白白享受别人的劳动的行为，使少年产生对自己的不满。

为了产生这种体验必须有一定的准备：要准备好能激发自我评价的词汇。培养和发展细腻的情感就需要发挥很大的主观能动性：一个人要对自己的行为做出情感上的评价，他就应该调动自己的意志的力量。就有关自我教育方面的问题提出建议，选择专门的练习，所有这些都是形成道德习惯过程的一部分。很重要的一点是要使少年不仅对好的行为，还要对那些不可以做的、不允许的行为做出情感上的评价。对“不可以”的体验，这就是培养个人在社会中判别道德方向。最主要的“不可以”，这就是不可以对周围发生的事情漠不关心，我们认为每个少年对这种“不可以”的体验是道德修养的基本特征。让每个少年体验到激动人心的快乐和充实的精神生活，积极参加那些初看起来不涉及其个人利益的活动，这一切在实际的教育工作中具有特殊的意义。

培养道德习惯的第三条规律，是使道德原则与教师促使学生做出的行为互相一致。热爱祖国、忠于人民的理想、坚持原则等共产主义道德的神圣真理，不必随时随地地反复强调，也不必与属于基本的道德修养的事情联系起来。一个少年在课桌上乱画，给同学下绊，那个同学摔倒了，碰破了鼻子，不必为了这些事开始对少年长篇大论地谈论对祖国的义务和英雄们的功勋。

所有的事情都应该有合适的场合，掌握分寸。

我们依据这些规律制定了道德习惯纲要。纲要中列入了下面这些道德习惯：做事要有始有终；做事不马马虎虎，而只能认认真真地去做；任何时候都不把自己的工作推给别人，也不盗用他人的劳动成果；帮助老弱孤寡者，而不管这些人是否是你的亲人或“外人”；自己的愿望要与满足愿望的道德权利相一致；任何时候都不允许为了满足我的愿望而使家长受到某些限制或造成困难；自己的快乐、满足和娱乐，要与别人的需要相协调；我的快乐不能给别人带来忧虑或痛苦；不隐瞒自己的不体面的行为，有勇气把这种行为坦诚地告诉你认为必须告诉的人。

培养道德习惯不需要采用什么特殊的方法或方式，道德习惯的培养体现在集体主义者的相互关系的本质之中。在道德教育的这一个精细的领域中，最重要的是使少年自己的良知和意志成为促使他做出好的行为的主要动力。

不应把教育归结为下命令和盲目地服从。少年应该始终感觉到，如果他缺乏意志，就不可能有好的品行。当环境本身要求少年正确评价自己的不良行为时，这一点就尤为重要。从孩子们来到学校的第一天起我就培养他们习惯于这样去思考：承认自己的不体面的行为，这是高尚的。不允许以惩罚相威胁来“逼供”，不允许采用惩罚去培养道德习惯。一般说来，采用惩罚这种手段需要很大的自制力和机智。一个好的、熟练的教师，他随时都准备好了这种手段，但是他从来也不采用它。在盛行惩罚的地方，在为每一件可能的不良行为都规定了相应的惩罚措施的地方，是谈不上道德习惯的培养的。马克思说过：“从该隐以来，利用刑罚来感化或恫吓世界就从来没有成功过。适得其反！”① 给儿童和少年带来最大危害的是未经过周密考虑的、头脑发热时做出的惩罚。这种危害就是使被惩罚者不需要调动自己内在的精神力量去使自己变好。Ф. М. 陀思妥耶夫斯基说，惩罚使人摆脱了良心的谴责。这句话饱含着高明的智慧。要让一个人为自己的过失难受，受自己的良心的谴责，是很困难的，与此相比施加惩罚就容易得多了。童年时期，尤其是少年时期的自我谴责、良心的召唤，能产生巨大的力量。我总是尽量让少年自己去思考自己的不良行为，然后他会产生这样一种思想：我不应该像现在这样。为自己的过失感到难过，这是对其他人的不良行为采取不能容忍的、毫不妥协的态度的重要源泉。

【问题与思考】

请尝试为你的班级制作一个“道德习惯纲要”，你能对苏霍姆林斯基的纲要做出哪些修正以使之更符合你的班级的实际？再想想，你将会采取哪些措施确保这些纲要成为一种道德习惯？

---

① 《马克思恩格斯全集》第 8 卷，人民出版社，1961 年版，578 页。

〔5〕集体的威力[①]

如果一个集体具有良好的道德风尚，并以此为骄傲，那么这个集体里的孩子也会自觉地努力争取在各方面都表现良好。

学校对一个集体的道德面貌做出一定的评价，是推动这个集体努力争取表现良好的动力。有了这种评价，每个孩子就似乎能意识到自己是这个集体的一个部分。

有一个班一年级学生，从一年级下半年开始，就和平行班的同学互相检查练习本、教科书和其他学习用具。每天，孩子们都要彼此互相检查书包，放练习本的夹子。对教科书检查得尤为认真仔细，要看书里有没有墨迹、污点，是否有书签。

几年前，每当进行这种检查时，大家经常给一个叫莉达的女生提出意见。她不是教科书的封面上满是墨迹，就是把钢笔夹在书里，而不是放在铅笔盒里，要不就是家庭作业完成得潦草，练习本里有许多墨迹。检查完毕后，女教师通常总要讲一讲应该怎样改正同学们指出来的这些缺点，她一再努力让大家明白莉达这种马虎的学习态度影响了全班的荣誉。但是，她的教导对莉达毫不起作用。至于班上其他孩子，对于班里有一个几乎天天挨批评的同学也不闻不问。

女教师感到必须改变教育方法。于是在总结检查结果时，她不再点出受批评的同学的名字，而是对整个班集体说："孩子们，今天咱们班只有两个同学受了批评，要不是因为他们两人，咱们班本来是可以在比赛中获得第一名的。"

孩子们对教师的这一提法，反应就完全不同了。他们开始质问这两个表现不好的学生："你们的练习本里为什么总是有墨点？"或者问"你们的书为什么总这么乱七八糟？"等等。课间休息时，孩子们请求这两个同学今后一定要努力做作业，不要把书和练习本弄脏。就这样，班里第一次出现了集体感。从此以后，莉达一月比一月变得更认真、更仔细，到学年快结束时，这个班在每天的比赛中都获得第一名。

一次少先队员们搞积肥活动。中队之间展开了竞赛，优胜者的条件是：中队里每个队员都必须参加这项活动，按人数平均积肥量最高。有一个中

---

① 《要相信孩子》，61 页。

队里的一个小男孩没有参加积肥，因此虽然他所在的中队按人数平均积肥量比其他中队要高出很多，也没有成为比赛中的优胜者，相反的，却被排在最末一名。

在总结比赛结果时，少先队辅导员说，因为一个队员懒散，使整个集体落到最后了。他并没有提到这个损害了班集体荣誉的孩子的名字，但孩子们听了，心里是有数的。于是他们谴责这个孩子说："你为什么没有积肥呢？你看，为了你一个人，我们都丢脸了。"孩子们直截了当的、简单的几句批评话，深深地触动了这个小男孩，使他第一次强烈地感到他是集体中的一员。从此以后，他开始想表现得好一些。下面的事实证明他确有这个愿望：一个半月以后，又开展了一次捡废铁的竞赛，条件和上次积肥竞赛一样。这个小男孩用小雪橇运来了 20 公斤废铁，还运来了一个不知从哪里捡到的古老的铜制神灯。过了一天，小男孩又运来了 20 公斤废铁，并且叮嘱说，先不要登记。少先队辅导员问他：

"这是为什么呢？"

孩子解释道：

"要是谁忘记了运废铁来，可以把这一份写在他的名下。"

如果一个集体中的孩子都能感到他们是属于一个整体的，那么这个集体就会变成一种强大的教育力量。这种力量并不表现在这个集体可以对他的每一个成员进行批评和惩罚，而是表现在他把一切好的和坏的东西都当成是自己的，并且对一切不好的行为承担责任。

一次，在一个少先队中队里，发生了一件不愉快的事情。春假时，孩子们帮助庄员们准备向日葵的种子。一个小男孩在自己的衣服兜里装满了葵花子，准备带回家去。这件事是孩子们在临回家前休息时发现的。少先队辅导员亲自看见，大家都注意到了这个小男孩的口袋莫名其妙地鼓了起来。他还看到：一个好奇的女学生走过去，从小男孩兜里掏出了一把葵花子。这件事使大家都感到很窘。孩子们缺乏足够的勇气当着庄员的面揭发自己的同学，他们把这个小男孩叫到一旁，由他自己悄悄地把葵花子倒了出来。

回家的路上，大家都沉默不语。辅导员清楚地看到，孩子们除义愤之外，还埋怨这个同学让大家都受了好大的委屈。

又过了几天，教师和辅导员都确信，孩子们似乎有些不好意思谈起这件不体面的事情来，因为这件事确实太严重，太应该惩罚了。最后当谈到这件事时，中队委员会主席说：

“我们早已惩罚过他了。春天他不能和我们一起去果园了。”

事情是这样的：春秋两季，孩子们都要去农庄的果园劳动几天，现在集体已经决定不让这个犯了错误的同学一同前往。

进行这一惩罚的时间，实际上推迟了三个月。但是孩子们谁也没有忘记这件事。当全班同学在果园劳动的时候，犯错误的小男孩悄悄地走到同学们身边，可是谁也不邀请他参加劳动。

一次，孩子们正在为星期日义务劳动做准备工作，大家只顾讨论第二天的计划，没有去注意这个小男孩。他一直坐在一旁，倾听着同学们热烈的谈话。后来他走过去胆怯地问：

“你们明天能带我去吗？”

少先队员决定带他去。他们三五成群地跑去找辅导员，为小男孩求情：“他以后一定什么也不会拿了，我们替他担保。”

辅导员当然只能同意孩子们的请求了，于是小男孩被批准和全班一起去果园摘水果，他没有辜负大家的信任。

孩子们提出为这个小男孩担保，是因为他们认识到他上次不体面的行为是一个错误，一种过失。而对犯错误的孩子来说，集体对他的保护则是对他的一次精神上的触动。他由此懂得了他的命运是决定于集体的。正是因为这个原因，犯了错误的孩子才努力争取不辜负集体对他的信任。

我们学校曾经有一个调皮的小男孩名叫瓦利亚。他干的淘气事，有时已超出了孩子淘气的范围，而妨碍了同学们安安静静地进行学习。比如在一次上劳动课前，当他把糨糊瓶分放到每个课桌上去的时候，故意在姑娘们的糨糊瓶里倒了一些水。被水冲稀了的糨糊看上去和正常的糨糊并无异样，但却粘不住。姑娘们怎么使劲儿也粘不好。瓦利亚和伙伴们却在一旁偷偷发笑。

就这样姑娘们一直到下课也没有弄清，到底为什么没能完成作业。课间休息时，大家才知道是瓦利亚干的坏事。孩子们把他围了起来，瓦利亚不得不承认这事是他干的。姑娘们决定按自己的办法教训这个瞎胡闹的小男孩。她们揪了揪他的耳朵，还揍了他好几下。教师对这一切当然都毫无所知。尽管他再三追问谁是肇事者，大家却什么也不说。到了快下课时，同学们才说，他们错把坏了的糨糊倒进瓶里去了。

一个月以后，瓦利亚又干不好的事了。他悄悄地把粉笔末撒到四瓶墨水里，使得好几个同学不得不在上课时找老师。教师宣布说，一定要把瓦利亚的家长请到学校里来。这下可把瓦利亚急坏了，他哭了起来。同学们知道瓦利亚的父亲一定会狠狠地惩罚他，所以又去找老师替他求情：

“请您不要请瓦利亚的父亲来学校吧！他今后再也不干任何坏事了。”

教师懂得按同学的请求去做，既可以使瓦利亚不致受到太严厉的惩罚，又可以加强他今后对班集体的责任感，因此，后来瓦利亚的父亲虽然来学校了，但教师却只字未对他提起瓦利亚干的坏事。

这件事情以后，瓦利亚有了显著的变化。有一次夏天，全班同学去海滨游泳，有一个小男孩一时心血来潮，想跟同学们开个玩笑。他搞来了许多荨麻叶子埋在孩子们将要躺在那里晒太阳的沙子里。这件事被瓦利亚发现了，他从沙子里把扎人的荨麻叶子一一拣出来扔掉了。此外他还干了一些好事，比如做了几根钓鱼用的竿梢送给同学们。当同学们去看降落在村边的飞机时，他一个人留在学校里值班。

如果一个班集体是坚强而团结的，那么它就有力量对最严重的错误承担责任。在这种情况下，犯错误的儿童或少年往往能深刻地意识到自己行为的错误性，并为集体帮助他认识了自己的错误而对集体感激不尽。请看下面的例子。

16 岁的少年阿纳托利是九年级时转来我校的，他当时已是一名共青团员。但是我们发现他和集体是对立的，总是回避班里的同学，对全班都为之激动的事情，他从不表示自己的意见，参加集体劳动也是勉勉强强的。后来他表示愿意学一门技术，但学得也很不主动。

读完九年级后的那个夏天，阿纳托利在农庄进行生产实习，当拖拉机手的助手。有一次拖拉机手请阿纳托利给中耕机的零件上油，他没有照办。两天以后，中耕机不能开动了，阿纳托利不得不承认他没有给零件上油。拖拉机队队长要求在全校共青团会议上分析这件事，并对犯错误者给予处分。

会议开得十分激烈。同学们批评阿纳托利不诚实，对社会主义的财产不负责任，还批评他不尊重劳动者。所有发言的人都一致认为，根据这种行为应该开除阿纳托利的团籍。

严厉的批评对阿纳托利产生了巨大的影响，他惊慌失措了。显然这是他第一次体会到集体意见的力量。共青团员们觉得阿纳托利并不是不可挽救的，还可以帮助他改正过来。犯错误的阿纳托利显得无依无靠，不知所措，非常可怜。这已经足以引起富有同情心的共青团员们对他的痛苦的同情。他所在的九年级的共青团组织请求，不要惩罚阿纳托利。他们集体为阿纳托利担保，保证他将来一定会成为一个模范的好团员。

全校共青团大会结束后，又开了班里的团员会。在这个会上，共青团员坦率地对阿纳托利说：

“我们为你担了保，就要对你负责，你千万别忘了这一点。如果你再做了什么坏事，受批评的不仅是你一个人，还有我们整个集体。”

阿纳托利保证以行动来证明，他将是一个好团员。

每个教育对象的生活中都有一些在他道德面貌形成过程中起重要作用的事情，这些事情有时我们看来是微不足道的。上面谈到的这件事对于阿纳托利就起到了这种作用。从此以后，他变了。他开始关心集体的利益，关心大家的痛痒，大家有求于他时他都一一应承，他遇到为难的事，也和大家商量解决的办法。

第二个学年开始时，阿纳托利请求允许他三天不上课。三天之中，他一直在农庄和那位曾被他欺骗过的拖拉机手一起劳动，原来这位拖拉机手的拖车连接员病了。

第二年夏天暑假开始的第一天，阿纳托利就去拖拉机队劳动了。拖拉机手对他反映很好。毕业后，阿纳托利成了一个很好的劳动者——在一个工地上当司机。

一次，五年级两个平行班到一个大城市去旅行时住在一所学校里。夜里五（2）班的一个小男孩发生了一件倒霉的事，他尿床了。五（1）班的孩子们你一言我一语地进行讽刺挖苦，不健康的好奇心大大发作……这刺伤了五（2）班全体同学的自尊心，他们决定无论如何不说出是谁出了这件倒霉的事。为了报复嘲笑他们的人，五（2）班的一个孩子竟想出了这样一个诡计，往五（1）班同学的三条床单上倒水。

“我们班一条床单弄湿了，你们班却湿了三条。”五（2）班的学生对讥笑他们的同学进攻说。后者不得不退却。这样，五（2）班巧妙而又机灵地把一件不愉快的事情变成了一个玩笑。此后，出事的小男孩处处努力表现出对集体利益的关心，成了小组中一个最积极的成员，各项集体活动从不缺席，并在帮助其他同学方面表现出极大的热忱。

教师对教育对象的关怀、爱护确实会在他们心中留下不可磨灭的印象，但集体的关怀往往会留下更深刻的印象。因此，教师的任务在于使每一个儿童都能体验到集体对他的关怀，以及在困难的时候给予他的帮助，从而对集体产生一种感激之情。

〔6〕行为训练是自觉纪律教育的一种方法①

与说服教育相结合，正确进行行为训练对文明行为习惯的养成有着良好的影响。在本文中，我们将跟大家交流一下在五年级一个班进行正确行为训练的试验。

在最初着手这个班的工作时，我们就注意到了男生格里戈里的操行。在四年级的两个学期里，他的操行评定均属低等。自此，他在学校里对待同学粗暴，对待教师的批评也满不在乎，总是摆出一副挑衅的架势。五年级第一学期结束时，格里戈里的操行评定又得了“3”分。第二学期开始了，但他的操行并无长进。请家长来校也罢，少先队开会批评格里戈里也罢，一概无济于事。于是教务委员会决定让他停学两周。

在五年级这个班里宣布教务委员会的决定时，我注视着格里戈里：他丝毫也不曾感到不安，听着我的讲话，反倒露出一副莫名其妙的高傲神情，走出教室时把门关得山响。我留意地扫视了一下全体同学，他们默然而坐，瞠目而视。没有任何一个学生赞同停学的决定，他们只是被迫服从，就连被格里戈里欺侮过、不止一次被他以拳脚相加和痛打过的人，对勒令格里戈里停学的决定，也很难掩饰自己的同情和怜悯。

原因何在呢？我们教育集体分析了在五年级这个班实行的全部教育措施后得出结论：在这个班里，集体尚未形成。格里戈里表现不好，甚至耍流氓，是因为看不到，也感觉不到对自己不良行为的谴责。个别学生抱怨他，恼恨他，但在班里并不存在集体的屈辱感，集体的义愤。

在班里举行过少先队队会，教师集体也讨论过格里戈里的操行。但我们回忆起那次少先队队会是怎样开的。中队辅导员向少先队员们提问：“格里戈里的行为是好还是不好？”少先队员们齐声回答：“不好。”他们和班主任一致赞同格里戈里玷辱了班级的荣誉。学生们对纪律好坏的外部特征非常清楚，但他们还不能得出集体的结论：格里戈里不仅损害了个别同学，也损害了整个班级。我们勒令格里戈里离开了集体，但集体对这种隔离感到意外，学生中甚至出现了这种隔离是莫须有的念头。这就是整个班级同情格里戈里的原因。这种默默的同情，在格里戈里听到对他不快的通知后，也成了他那种佯装的虚荣心理和做作的高傲劲头的依托。他离开班

---

① 《苏霍姆林斯基选集》，14 页。

级两个星期，却并无痛悔之感，也没有经受良心谴责的磨难。他感到的只是班级在他这边。

勒令一个学生停学两周，我们赢得了什么呢？班里的纪律乍一看来可能好了一些。学生们将力图不让教师发现表面上的违纪现象，因为依照孩子们的意见，格里戈里之所以被勒令停学，就是犯了这个忌讳。由此看来，我们实质上不是在加强和健全集体，而是在巩固它对纪律的错误观点。表面上违纪现象少了——这是我们赢得的东西。但对格里戈里的默默同情，不是两周就能完事的，他返校时将相信自己并无过错。所以，他在集体里将重新寻得支持。这是我们教育上的重大失误。

我们向自己提出了一项任务——培养学生对良好行为和不良行为的正确观点，培养遵守纪律不是做表面文章，而是对不良行为感到厌恶的情怀。我们决定，首先通过行为训练来培养良好行为。为了进行这种行为训练，我们选择的是触及全班利益，并与孩子们的学习活动紧密相关的行为。我们对五年级这个班的学生说，发生勒令停学这种事，你们班在全校是绝无仅有的一个班。

"难道你们真想让自己班成为全校最差的班？"我们向学生们提出了这样一个问题，这个问题可以帮助孩子们用全校和整个学校集体的目光来审视自己。当然，孩子都想成为好学生，而不是坏学生。但如何教会学生遵守纪律才不是做表面文章呢？我对五年级这个班的学生说：

"你们班今天恰好有两位同学没有背会功课，在此之前发生这种情况时，放学后老师照例要进教室跟这些懈怠的学生学习：学生做功课，老师陪着。为什么老师要陪着这些不愿完成家庭作业的学生呢？"

"好让他们不溜回家去……"一位女生腼腆地说。

"那么今天这两位没有背会功课的同学，能不能自动留在教室里，在老师不在场和没有老师任何监督的情况下学上半个小时呢？"

我谈到的这两位学生交换着眼色。全班都注视着他们。对孩子们来说，这种出乎意料的做法很是新鲜。他们已习惯于教师步步盯紧，时时检查，这样一来，孩子们自然而然地会觉得，谁也不相信他们。

"这样做将是非常美好、非常诚实和公正的。"我接着说，"谁也不在教室里，谁也不来盯着，谁也不来检查你们学习了多少时间。"

孩子们的眼里闪耀着欢乐的火花。我发现，他们对这种做法不仅感兴趣，而且为教师对他们的信任十分感动。但大家同时也觉得，对那两位没有背会功课的同学来说，这将是一种自我考验。我结束了谈话。我们与没有背会功课的那两位学生约定，自动留下半小时，谁也不去检查。全班都凝视着这两位同学，既寄予希望，也有点焦虑：他们会不会欺骗？而如果欺骗了，又有谁知道？

正是因为谁也不盯着他们，正是因为所有的学生都已回家，反倒迫使我们谈到的那两位学生放学后留了下来。他们感到，如果他们溜回家去，全班一定会知道这件事，一定会嘲笑他们。经我查明，这两位学生学功课学了整整一小时，只是在这以后才回家。这一点全班同学也心里有数。在我引用的这个例子之前，放学后留校学习功课，被认为是一种耻辱。一个学生在家里没有完成功课，是一种不良行为。这一点学生们是懂得的。然而，这种不良行为是由教师来指责，强迫学生放学后留校的也是教师，所以，有过失的人只是在教师面前感到难为情。放学后留校变成了对学生的一种惩罚，仅此而已。可是现在，放学后留校却伴随着其他多种复杂的情感，学生已感到自己的不良行为和集体舆论之间的联系了。

现在，放学后留校不仅是惩罚，而且是对意志力的考验。惩罚对学生来说已不再是惩罚，因为他感觉到这是在战胜自我考验之后，他在同学们面前体验到的已是一种克服困难的正当的自豪感。就这样，我们达到了目的，使本来是惩罚的事，变成了学生本人和全班同学训练良好行为的事。

学生们感觉到了自己在集体面前的责任，开始以巨大的责任感来对待完成家庭作业这件事。

当格里戈里回到班里后，他力图保持“受屈辱的胜利者”的姿态，但就连那些一度默默赞许他的“英雄气概”的学生，对他也抱着戒备的态度。格里戈里发现，现在人们已不像从前那样注重他，大家都在忙着什么引人入胜的新鲜事。

孩子们已经有了正确行为的初步习惯，但还须加以发展和巩固。我们向全班提出了如下任务：没有正当理由决不缺课。提出这项目标时，我们注意到的在为创建集体而奋斗的最初时刻已注意到了的同样的事情：激发出孩子集体谴责错误行为的感情。格里戈里正是在全班醉心于达到这一目标时回到学校的。离开始上课的时间越近，学生们的心情就越激动：还有谁没到班里？还有 3 位同学。人们都在等待着他们，所以对格里戈里没有特别注意。

在到校的头 3 天，格里戈里发现班里发生了某种变化。他起初以为，那些在他停学期间同情他的同学，在等待着他的某种新举动。然而，当格里戈里第一次破坏纪律时，全班简直不予理睬。那是在历史课上，他用纸叠了一只小船，把它扔到邻座的课桌上。教师当时正站在地图旁讲解新内容，没有注意到格里戈里淘气。格里戈里的邻座拿过纸船，把它揉成一团，放在墨水瓶边，继续用心听教师讲解。格里戈里诧异地向全班扫视了一圈，他以为，总会有那么一位同学回过头来，调皮地向他眨上一眼。但谁也没有左顾右盼，格里戈里感到自己孤立了。教师讲解完新内容后，向格里戈里提问。他没有听课，所以回答不出来。此时此刻，全班才注意到格里戈里，都扭过头来盯着他。但这已不再是格里戈里习惯看到的那种目光。在孩子们的眼睛里，从前那种使他摆出一副“英雄”的架势的依托已荡然无存。在每个同学的目光里，格里戈里都觉得有一个狡黠、嘲弄，但却严肃的问题：“瞧你现在说什么？”格里戈里羞愧难当，一双眼不知往哪儿瞧。

教师说，格里戈里放学后应当留下半小时，在教室里依据教科书和地图把功课学会。当停学在家时，格里戈里就听到班里发生的怪事。他就是不信，一个学生谁也不盯着就能留在教室里耐心地读书和完成作业。格里戈里当时想：“要是我，就溜之大吉。反正谁也不会知道这一点。”但对格里戈里说来，同学们的这种目光，这种一致的思想，以及全班对他的一致态度，在不知不觉之间就成了迫使他留在学校里学习功课的一种力量。还是在最后一次课间休息时，格里戈里就已发现，同学们都在窃窃私语，往他这边瞧。“难道他们会盯着我？”他不安地寻思。格里戈里已习惯欺骗，他以为别的同学会从欺骗的观点出发来猜测他的行为。他不知道，同学们这时相互议论的是他会不会留下。

格里戈里留下了。他觉得，同学们都在从每一个窗口、每一道门缝里盯着他。半小时将近终了，连个人影儿也没有。在格里戈里心里，突然产生出一种陌生的，他至今还不甚了然的情感——克服学习劳动困难后的满足感。半小时过去了，他又待了 5 分钟左右，这才回家。

第二天，格里戈里想向同学们打听一下是否看见他是什么时候回家的。但有一种羞耻感，一种 13 岁的少年初次感受到童稚的羞耻感，迫使他缄口不言。他对同学们已经有了某种依恋之情。同学们对待他就像昨天一样，可是有一个问题总是在折磨着他：“他们盯没盯着我啊？”当他确信谁也未盯着他也不想去盯他时，他是多么高兴啊！邻座“秘密地”向格里戈里解释说：“要是盯着，那就太没意思啦。”同学们相信他，他很快乐，也用自己的行为证明了他值得同学们的信任。

我们再也没有发现格里戈里有任何破坏纪律的现象。他成了一个模范学生。

我们回顾了教务委员会那次讨论格里戈里停学问题的情形，并坚定地得出了这样一个结论：停学是阻力最小的途径，这样做轻而易举，但如果实质上还不存在集体，使集体健全云云便是空话。当没有一个为同一目标和同一意向所鼓舞的集体时，也就不可能有集体的谴责，集体的屈辱，虽说也有不少进行谴责和感到屈辱的个人。而如果没有这种集体的谴责，这便意味着，破坏纪律者将把惩罚视同情况巧合的结果。我们的结论是：任何惩罚不仅应当与破坏纪律者的行为相符，不仅应当得到全班和学生舆论的认同，而且要使受惩罚者把每一种惩罚视为正确行为的训练。这种训练的特点应当是：在加之于个别学生的惩罚与整个集团的品行之间，存在着一种内在联系，这种联系便表现在集体舆论中。培养这种舆论或集体观念，是建立儿童集体道路上的第一步。

在集体中形成舆论，是教育工作中一项最重要和最困难的任务。如果教师的要求局限于从集体方面对好与坏的外部形式做出评价，那就永远也产生不出这种舆论。学生们很清楚什么是良好行为，什么是不良行为，什么能做，什么不能做。但假如他们已司空见惯，不良行为虽说受到谴责，却总是一而再地重复出现，那么，这种行为对他们说来便开始具有了截然不同的意义。经常受到教师谴责的行为的经常重复，在集体中会养成一种不守纪律的习气。学生们每天听到引自《学生守则》中的词句：你应当用心听课，你应当在家里准备功课，你应当抄写课文。但他们实际上看到的却是：可以不听课，可以不准备功课，可以不抄写课文。同学们的行为与教师提出的规定和要求是两张皮，这就在孩子们那里产生了只从表面上遵守纪律的意向：安静地坐在教室里，但却不听课，瞒过教师，有时也瞒过同学，偷抄别人的作业。渐渐的，在孩子圈里形成了一种看法：那些不善于从表面形式上遵守纪律的同学是“不走运的人”，受欺凌的人，而儿童的心灵对受欺凌的人总是同情的。这就是勒令格里戈里停学这件事没有得到一致赞同的原因。也是由于这个原因，在某些班级里，那些善于在表面形式掩盖下的淘气行为，有时甚至是流氓行为，引发出来的不是谴责，而是赞叹。

集体对不良行为的指斥和谴责，只有经由良好行为持之以恒地训练才有可能。上面已说到我们从正确和良好行为的训练入手建立学生集体的情况，我们给这种训练提出的主要条件是：完成一种良好行为不是为了得到夸奖，而是为了自己和自己的同学。我们认为，正是这一点，应当成为自觉纪律的主要前提。完成一种正确和良好的行为，不仅会使孩子们感到有兴趣，而且有助于我们在每一个集体成员身上培养出对同学的责任感，这也是形成集体的最初步骤。

正确行为的训练，在学校生活中时时刻刻都可以进行。这里举几个具体例子。我们知道，明天数学教师因病不能上班，代课的倒是有，但五年级这个班正处在艰难的教育过程中。我们不打算请人代课，于是我走进教室对孩子们说："你们的这堂课不上了，老师有病。为了不打扰别的班，请你们安静地坐在这儿，独立演算两道算术题。你们试着做到，任何一个人也不能离开座位。请把教室里没有老师这件事抛在脑后，一下课我就来，你们那时再告诉我，是谁没有做到这一点。"我撂下这个班离开了。下课后，我来到学生面前。孩子们容光焕发，根据他们的眼神就已清楚，大家都能完成向他们提出的要求。学生们兴高采烈地描述着他们安静地坐在课堂里的情况，格里戈里也笑着说："我还能再坐上整整一个小时……"

这也是正确行为的训练，但这种训练已不是以对不良行为的谴责为基础，而是以学生对正确和良好行为的向往为基础。如果我们说，严禁走出教室，破坏这一禁令者必将受到惩罚，由值日生记下所有破坏纪律者的名字，孩子们反倒会在教室和走廊里乱跑。但我们不是禁止，而是提出任务：试一试你能否做得正确，请自己检查自己，自己强制自己。这次训练也像以前的训练一样，是集体的训练。当然，有不少人要经受住这种"考验"是很吃力的，有不少人也恨不得哪怕就那么一会儿跑进走廊，往邻班瞧上那么几眼。但当谁也不跟你走时，当你显得孤立并会因自己的脆弱招来耻笑时，这种事又如何做得出来呢？

由此看来，集体的谴责已包含在集体的训练之中，这就排除了使自己与整个集体相对立的可能性。

对五年级这个班的学生说来，与在家里和在课堂上的提示和抄袭行为做斗争，也成了一种正确行为的严肃训练。从前，我们通常把进行提示的学生视为提示这种不良行为的"罪魁祸首"，批评都冲着他去，有的教师甚至对他采取特殊惩罚：谁提示，就在一段长时间里不许他提问。这样一来，在提示这种不良行为中，受到谴责的只是一方。而不良行为的另一个参与者（被提示的人）却"逍遥法外"。干出这种不良行为的是两个学生，但有过失的总是一个。众所周知，孩子们对替人受过的同学总是怀着虔敬的心情（我们顺便指出，儿童集体的这种心理特点我们常常会忘记）。由此看来，在两位一体的提示中受过的一方，就似乎成了"替罪羊"，这就在儿童集体的心目中赋予了提示以某种独特的高尚品位。孩子们都力求做到，在提示时不让教师觉察，并为此采取了一切可能的巧妙招法。提示受不到集体的谴责。

为使与提示的斗争成为一种正确行为的训练，我们向自己提出的任务是：要向学生指明，提示是有害集体的不正确行为。还要向学生解释清楚，这种行为无论是从进行提示的一方和接受提示的一方说来，都是不良行为。我们曾举出实例证明，有的学生在期待着提示，甚至向"不肯帮这个忙"的同学表示不满。

"那些等待提示的人做得对不对呢？"我向全班提出问题。

"不，不对。"学生们回答。

"你们要考虑到，"我接着说，"接受提示的人是要与进行提示的人分担过失的。这是双方的行为，在这里有过失的是两个人，而不是一个人。那么，为什么不向功课学得好的人进行提示呢？"

"因为他们自己也会。"学生们不好意思地回答着。

"那就是说，接受提示的也有过错吧？"我又向全班同学问道。

"有过错……"

"所以，具有良好行为的人不仅不进行提示，也不需要提示。为了在班里杜绝提示现象，你们就应当这样做。谁等待提示，谁进行提示，都是不良行为。"

正如以前的情况，我们进行正确行为训练是从说明和说服开始的。说明的目的，一是向学生指出，他们已经习惯和不以为耻的不正确的不良行为的内容；二是着意表明，提示也像其他大量不良行为一样，不是某个学生的行为，所以，在集体中出现不良行为也就触犯了集体的利益；三是这种说明的宗旨是向学生阐述清楚，一种不良行为的出现，并不取决于某个学生的动机，是他的同学在推动他干出这种不良行为。学生们从我们的说明中得出了结论：提示这种不良行为是由双方完成的。

我们接着向学生解释，怎样做才是正确的。我们说，为了做到这一点，首先要杜绝对提示的需要，不等待提示。如果你的同学不需要提示，而你偏要向他进行提示，你对同学是有责任的，因为是你在诱使他，使他成为不良行为的参与者。如果你功课没有学好，巴不得同学提示，你就是让同学做出不真切行为的怂恿者。不进行提示也不等待提示，这才是良好行为。

在这种说明和说服之后，提示的情况少多了，但还是间或存在。现在，五年级这个班的全体任课教师听到提示时就向全班同学问：

“这两个学生的行为是什么行为（提到名字的既有进行提示的人，也有接受提示的人）？”孩子们当然会把提示称为不良行为。但现在感到自己有过失的也有接受提示的人，而且，他的过失看来更胜于提示者。集体已开始确实地把提示视为一种涉及几个学生甚至全班的一种现象。对不良行为的经常不断地批评，已使提示这种不良行为在其出现时就开始遭到全班的谴责。接受提示的人开始感到自己有过错，这对我们说来是很重要的。这是训练下述这种更为繁难的正确行为（永远不向同学抄袭）的基地。

对提示的集体谴责，也触及了在班里除了提示还有别的不良行为的事实。

向同学抄袭——这种不良行为在学校里十分普遍。我们从实际工作的经验中确信，与这种错误的不良行为做斗争，首先应当运用“帮助同学”这种正确行为的训练。我们向学生说明，在抄袭中，做出不正确行为的不仅是抄袭者，还有允许抄袭的人。我们举出一系列具体例子向学生表明，向别人抄袭习题或练习的人，得到的分数一向是不及格。所以，让人抄袭的人只会使同学的成绩更糟。在做出这种不良行为时，让人抄袭的人实质上是撵走同学，不想帮助他。我们向学生证明，出现这种不良行为，首先要归咎于让人抄袭的人。正确的做法是对同学说：

“如果我让你抄袭，我就会使你的成绩更糟。我是你的同学，我想帮助你，还是让我们一起来做习题吧。”

在解释清楚这种良好行为的实质在于帮助同学之后，我们开始实施实际训练。这是行为训练中最难的一种训练，因为要在正常条件下对学生做作业的情况进行观察，很少有这种可能性。在课堂上的抄袭现象，我们这里已经绝迹，应当力求做到的是在没有教师监督的情况下杜绝做作业的抄袭。在检查家庭作业时，教师开始特别留意那些从前一贯抄袭的学生的作业。一出现抄袭情况，教师就说服学生不要做出这种不良行为，而要求得到同学的帮助。至于那些让人抄袭的人，教师则向他们证明，他们的“好心”会导致什么结果。渐渐的，学生们开始正确行事：功课好的学生不是让人抄袭，而是耐心地向功课较差的人解释习题和练习。学生们看到了这种良好行为的初步效果：从前那些弄不懂习题和抄袭答案的同学，现在已能顺利地解题了。个别的抄袭现象也开始受到了整个集体的谴责，其中也包括谴责让人抄袭的人。

就这样，我们在五年级这个班建立起了一个儿童集体。在进一步巩固这个集体的工作中，我们也经常采取正确行为的集体训练。当然，这种训练并非教育的唯一方法。谈话和少先队队会也起着巨大的作用，但具有决定意义的则是考虑周密和目标明确的集体训练。集体训练与其他教育方法的妥善结合，促进了儿童鉴别好坏的正确观点的形成，并由此推动了共产主义道德教育。

在正确行为的训练中，训练的任务和内容由教师确定。但在布置这种任务时要使学生感到：这不是强加给他们的，而是出于集体的自愿为整个集体所接受的。这种任务还应当用克服困难的过程本身去鼓舞集体。正确行为训练的审美的一面便在于此。当正确行为的训练鼓舞着整个集体时，这种训练便也包含着竞赛的因素。教师向学生提出任务之前，应周密地筹划这种健康的竞赛，应以此为目的并以此为依托。你们试试看，别离开教室，想象此刻老师就在教室里——在我们向学生提出这项任务时，我们指的是全班将执行这一任务，而不是指的个别学生。每个学生都将监督自己的同学，并感到全体同学也在监督自己。在这种对同学行为的经常观察中，也便开始了做好正确行为的默默竞赛。这种竞赛并不具有显示个人良好行为的性质。因为任务是整个集体接受的，竞赛也便具有了集体的性质。所以，每个人都力求让人看到的是自己的良好行为，而不是不良行为。这样一来，吸引学生的将不是良好行为摆样子的一面，亦即它的外部形式。他们掌握的也不是正确行为表现于其中的外部形式，而是良好行为的内涵。

由此可见，从我们正确行为训练的试验中，可以得出如下结论：

①自觉纪律的基础不是去仿效、去记住良好行为的表面形式，而是确信良好行为的必要性。树立这种信念不能单靠语言，采取说服与正确行为训练相结合的方法，方有可能使这种信念得以确立。

②教师应当向自己提出一个任务，就是要使恶劣品行和不良行为受到集体的谴责。

③如果班里对不良行为没有集体的谴责，不守纪律的学生离开班级也不能使班级健全，因为这种做法并未赢得集体的赞许。

④在对不良行为没有集体谴责的情况下，勒令不守纪律的学生离开班级，只会导致学生去竭力仿效遵守纪律的表面形式。在掩盖不良行为的意图得逞时，不守纪律的现象会愈演愈烈。表面上看来是听话了，而对良好行为的必要性却一无所知。

⑤在班集体的日常生活里，时时都有进行正确行为训练的机会，教师

应深思熟虑地选择训练课题。

⑥对存在着的不可容忍的不良行为，要做深入的剖析，这项工作应做在正确行为的训练之前。在这种剖析的基础上，应当在学生那里形成一种信念：不良行为触犯的是整个集体的利益，而良好行为的形成也不能依靠个别人，而是依靠整个集体。

⑦良好行为的训练应当是一种集体训练。如果任务提出得正确无误，力所能及，每个学生完成良好行为将不是为了做样子，而是为了集体的利益。

⑧在良好行为的集体训练中，包括在克服困难的过程中的行为具有的情感色彩，具有巨大的意义。我们所指的这种困难是使个人意志服从于集体意志。

⑨正确行为训练的巨大意义在于，它本身还包含着纪律教育的另一种方法（赞许和谴责方法）的前提。如果任务提出得正确无误，如果教师善于在学生那里激发出完成此项任务的强烈愿望，完不成此项任务的人就会受到班级舆论的谴责。这种谴责不是表面上的、形式上的，而是内心的，它源自对正确行为的必要性的信念。

⑩为了成功地完成正确行为的训练，也可采用像惩罚一类的教育方法。但前提必须是对此种训练进行过认真严肃的周密考虑，能感受并认清此种惩罚的性质的将不是个别学生，而是整个集体。

对良好行为的表扬，教师必须十分谨慎。无论在任何情况下，都不应在学生那里形成这样的看法：完成本当完成的一般良好的、正确的行为，是为了得到表扬。孩子们把自己的良好行为不应视作特别了不起的行为。

以上这些，便是我们从提出和完成正确行为训练的实践中得出的结论。

【问题与思考】

自我教育的训练是必需的，但任何这种训练必须有一定的语境，即教师必须创设某种条件或情境。如果你决定在班级尝试“无人监考”，你认为需要做哪些工作，“无人监考”才能够顺利地实施？请尝试描述。

〔7〕教育和自我教育[①]

教育学，无论是作为教育理论还是作为教育实践，对人的个性都还没有给予充分的注意。这里指的是个人的创造力和才能的形成，是理想、兴趣、志向的培养。在话题只涉及儿童时，如果说教育中的这些缺点还不特别引人注目，那么就少年而言，忽视个性就可能导致，而且往往导致严重的后果。

少年时期和青年早期，是个人智能、道德和社会意识自我肯定的年龄期。在这个年岁上，学生精神上的正常发展，取决于他在集体人际关系和活动的一切领域中（在智力生活中、在劳动中、在道德信念的形成中）自我肯定的深刻程度。只有当少年不仅学会仔细观察周围世界，而且学会仔细观察自己时，只有当他不仅渴望认识自己周围的事物和现象，而且渴望认识自己的内心世界时，只有当他心灵的力量集注于使自己变得更美好、更完善时，他才能成为一个真正的人。这里谈的是在精神生活一切领域里的自我教育。

我们来留意考察一下学校里的少年教育工作。它与儿童教育有什么不同呢？常常是毫无差别。少年也跟一年级的小娃娃一样，往往只被当作教育的对象。教师的全部注意力都倾注在往他的头脑里尽可能多地灌输周围世界的认知、灌输科学和道德真理。少年已经认识许多东西，懂得许多东西，却不认识、不懂得他自己。

要知道，道德真理只有在它们被开采、获取、体验到的情况下，只有在它们被少年独立转化为个人信息的情况下，才能成为心灵的财富。教师应该经常地去提醒少年：你已经不是小孩子了，要好好去想自己的命运，自己的未来。但为了让一个人去沉思自己的未来，他就应当在自我教育方面有所作为——接受某种考验、检验自己的力量，锤炼自己。然后在他们的精神生活中，这种自我检验和自我锤炼的机会是否很多呢？

就拿一切教师公认为教育最强大手段的劳动举例吧。绝不可说少年劳动得少。但这种劳动是否成为自我教育和自我肯定了呢？他们往往只把自己的劳动视为一种例行的义务。

学校向少年传授人和人类历史的广泛知识，但掌握知识的这种过程在

① 《苏霍姆林斯基选集》，331 页。

多大程度上服务于自我教育的呢？教师在讲叙教材时往往是面对抽象的学生，而没有考虑坐在自己眼前的具体学生的思想特点。于是，关于人的知识云云，少年在“把握和领悟”时，常常是缺乏热情，无动于衷。他们以把握树叶在阳光作用下形成有机物的同样无动于衷的心态，去“把握和领悟”托马佐·康帕内拉的生平——他坐牢近30年，一再高傲地拒绝以背弃信念换取自由和平安的引诱。

班主任，少先队和共青团组织非常关心让少年做造福他人的事情。但对某些孩子来说，这种活动有时候变成了什么呢？变成了不可推脱的事。在与他人的关系中，少年没有自我否定，也没有把自己的知识和技能奉献给他人并由此使自己变得更美好的感觉，倒使男孩和女孩觉得是一种累赘。莫不是许多少年对待帮助残疾人和老年人这种“缺乏诗意”的事情漠不关心？不，绝不能说他们不愿意干，但这种活动往往没有使人发生高尚的影响。十七八岁以前，一个人总能感觉到自己仅仅是个受教育的人，只有别人来教育他，而他自己却不能教育任何人。他连自己也不能教育，因为他没有在与他人频繁接触的人际关系中的自我肯定。我深信，使少年成为比自己年幼的同学的教育者——这是德育中最复杂、最困难和最重要的任务之一。严格地说，自我教育始于一个人对他人的关心，始于渴望那个在他人身上看到自身具有的美。

许多教师相信，应该采取更多的措施“控制”少年，吸引他们参加文化教育机构和体育组织的活动。少年成了罪犯或破坏了道德规范，大家都痛心疾首：我们的俱乐部、青年咖啡馆、运动馆太少啦，少年不得不聚集在街头——由此也便发生了放任自流和犯罪现象。对犯罪根源的这种解释，会把家庭、社会人士、共青团和学校引入迷津。在这种解释里，有一种牢牢抓住少年之手一步不放的强烈意愿，害怕他独身自处时就抵御不了坏榜样的诱惑和罪恶的钓饵。

然而，可以把这称作教育吗？要知道，一个人在生活中往往要独自面对自己的良心。少年应当做到的不仅是谨防坏东西玷污自己，而且要积极地与之斗争。假如经常提心吊胆，害怕让一个人独自面对生活中的困难，这样做难道会教会他们生活？要尽可能安全稳妥地组织学生的生活——我们的这种意愿有时甚至闹到了荒谬可笑的程度。共青团组织要求，就连星期日也要在学校里组织青少年集体休息，为的是让教师逗他们开心，并盯住他们，以防他们落入坏人的团伙。所有这一切对少年道德性的虚假关怀，引起了令人不安的思虑：我们培养的究竟是什么人？一个人，如果直至成年还害怕撤去他的尿布，如果一味拿满足和欢乐当饭喂，空虚和苦闷就会在他的心灵里“安家落户”。他不知道往哪儿打发时间。家庭、父母、兄弟姐妹、爷爷奶奶、家庭责任——这一切在他看来都是平淡无奇、索然无味、不屑一顾的。

假如教师和共青团组织从所谓爱惜少年出发，寻求的只是什么才能引起他的兴趣，考虑的只是为他组织好星期日的娱乐，那么我们大家对学生表现出来的便是百分之百的漠不关心，因为我们没有教会他独立和合理地利用独立支配的闲暇时间。

我十分坚信，能激发出自我教育的教育，才是真正的教育。比起组织星期日的消遣来，教会少年自我教育要困难得多。比起直到少年走出校门沉醉于无拘无束的自由空气之前抓住他的手不放来，教育少年自我教育也要艰巨和复杂得多。唯有能激发自我教育的教育，才能解决这个难题。我在学校干了近1/4世纪，我多年的教育工作经验已使我对此深信无疑。

自我教育何时和由何开始呢？有一句古老的至理名言：“战胜自己是最难的胜利。”认识自己便由此开始，自我教育也由此开始。在童年和少年早期，在7~11岁时，就要教会一个人自我管理。而如果需要的话，还要学会“强制自己”的能力。若是错过了这个时期，以后就会不可避免地出现重新教育的问题。

在童年和少年早期，学生很容易接受长辈的劝告，兴致勃勃地去做有益、需要和必须做的事情。他开始照料自己，也开始在自己身上区分和评价什么是好，什么是坏。教师可以向男女孩子们提出建议：要早早起床——别晚于6点，而夏天在5点；要做早操，并利用早晨的时间工作两小时——或开动脑筋读读书，或在花园里干干体力活（浇浇树木，照管花草）。孩子们来到学校会你一言我一语地议论开来——谁干成了什么事：这个人能“强制自己”，那个人还做得欠佳。在克服自身懒散懈怠等弱点的胜利中，孩子们会渐渐看到某种高贵的意志品质，并为起初觉得是游戏的事情所吸引。在我们学校的校园里，每个学生都有自己在夏天应当浇灌的树木，而且不止浇灌一次。班主任不指定完成此工作的时间，可大家在浇灌的时候都能来到，而且都以巨大的兴趣对待这项独立劳动。

在自我教育中，身体锻炼占有非常重要的地位。每个学生家都有淋浴设备，应当强制自己黎明即起，进行淋浴。冬天，9~10岁的男女少年要开始学习用雪擦身。这件事不那么容易，为了按时完成这种锻炼，得有足够的顽强精神和意志力。假如教师方是简单地强迫学生，也许不会有任何结果。许多人会欺骗他，使他相信他们已做到了要求他们做到的一切，而事实上却在被窝里贪暖。全部问题在于：应当自我强制。孩子们叽叽喳喳，会说出谁做到了什么，谁怎么也下不了决心去收一桶雪，脱下衣衫，用冰冷的雪团擦身，到头来还是请人“帮的忙”。这是自我教育和自律特别重要的一个方面。

劳动纪律、作息制度、身体锻炼、增强体质——这一切都是精神生活领域，而且随着一个人接近青年早期，它们会越来越牢固地根植于自我教育之中。如果一个人在童年时代就体验到了成功克服自身弱点的欢悦，他就会开始以批判的目光看待自己，由此也便开始具有了自我认识，而没有这种认识，则既不可能有任何自我教育，也不能有任何自律。不管一个小小年纪的人对懒散不是好事这个道理掌握得多么好，记忆多么牢，理解多么深，但如果这种感情不曾强制他管束自己，他就永远也不会成为一个意志坚强的人。

我们学校不做早操——每个人只是在家里锻炼，要么用雪团或凉水擦洗身体，要么进行淋浴。还是在10～11岁的年纪上，男女孩子之间就这件事情上展开了默默的竞赛。在这方面，在自我强制的能力方面，应当首先开展竞赛。

在7～8岁时，每个学生都要在校园里栽一棵树——栽下它纪念一个敬爱的人。而且，人人都是独自干这件事。乍一看来，这似乎忽视了集体劳动的作用，忽视了它的教育力量。而实际上，这是真正的集体劳动。每个人自己管理自己，不仅是因为感觉到了懒散可耻，而且是因为他不想让别人认为他是个没有意志的人。照管这棵树要持续五六年。在第四学年或第五学年，学生还要栽一棵树，一直照管到毕业。这是集体的园林，所以每个学生都应当参加劳动。可谁也不迫使你干，是自己凭着良心干——这种思想贯穿在集体相互关系的整个风气中。谁也没有提醒某个少年说，他的劳动同学们时时都看得见，但他自己能感觉到这一点。

而如果某个时候懒惰占了上风，同学们会直接把这个少年称作懒骨头、懒虫。他们指责和嘲笑的不单纯是懒惰，还有意志薄弱，没有克服自己的弱点和管束自己的意愿。少年对个性的这种道德评价特别敏感，他仿佛在用别人的目光审视自己。在自我教育中起着如此重要作用的自我认识，其实质便在于此。如果在集体中没有高度严格的要求，没有对每个少年道德面貌、劳动和行为的集体评价，他的自我意识也就无从谈起。

学习这种智力劳动，也为自我教育提供了极为丰富的有利条件。还是在四五年级，我们就激励学生努力增强意志力。“请尝试尝试吧，强制自己在早晨6—8点完成全部家庭作业，”教师建议说，“你会相信的，这样做会怎样减轻智力劳动的负担，给你腾出许多自由支配的时间。”少年们渐渐确信，早晨做作业比起放学后做作业来，效果要好很多。下午3个小时做不完的作业，早晨一个小时就能做完。

但问题不仅在于此。学生的一天是由学习劳动开始的，他强制自己完成了这种劳动，对得起自己的良心。这在德育中起着特别重要的作用。学生们学会了珍惜时间，珍惜自由支配的分分秒秒。只有在少年时代就品尝到劳动的欢乐，体验到能强制自己按时工作的人，才会珍惜闲暇时间并善于利用它。不单纯是劳动，还有劳动中的自我教育——这才是医治无所用心地消磨时间这种病症的主要药剂。

这个问题已经搅扰我不止一年：为什么少年这么不愿意阅读有趣的科学和文艺书籍，为什么只有轻松读物，只有像短命的螟蛾那样留不下任何印记的低劣的惊险小说，才能吸引他们。我坚信，少年往往不知道什么是真正的阅读。真正的阅读，就是深入思考读物的内涵。这是智力的竞技，这是对艺术珍品的享受。缺乏真正的阅读，缺乏抓住理智和心灵的阅读，缺乏激发出对周围世界和自身的思索的阅读，缺乏迫使自己审视和细察复杂的人心和深思自己命运和未来的阅读，是精神空虚的原因之一。怎样使聪慧和美好的书籍成为自我教育的工具呢？怎样做到使学生迷恋的不仅是磁带录音机和电唱收音两用机，不仅是跳舞厅和电影院，而且是聪慧和美好的书籍呢？少年应当学会阅读，所以我们建立了“思考室”，在这里集中了几百本最聪慧和美好的书。“思考室”里设置了一架书，有关于杰出人物生活的，有关于宁肯牺牲生命、受尽折磨、坐穿牢底而不背叛真理的人们的浩然正气和不屈精神的——他们是托马佐·康帕内拉和亚历山大·乌里扬诺夫①，尤里乌斯·伏契克②和卡莫③，穆萨·嘉里尔④和卡尔

---

① 亚历山大·乌里扬诺夫（1866—1887）：列宁的哥哥，因参加1887年3月1日刺杀亚历山大三世的准备活动被处绞刑。

② 尤里乌斯·伏契克（1903—1943）：捷克斯洛伐克民族英雄、共产党员、作家，1942年被德国秘密警察逮捕，后遭杀害。在狱中写成《绞刑架下的报告》一书。

③ 卡莫（1882—1922）：职业革命家，共产党员，在地下工作中做出传奇式的特殊贡献。

④ 穆萨·嘉里尔（1906—1944）：苏联鞑靼诗人，共产党人，写有大量颂扬苏联人民坚贞不屈和大无畏精神的诗歌。1942年受伤被俘，在法西斯狱中被处死。

贝舍夫①将军。描绘所有这些伟大的书籍，是青少年教育的百科全书。没有理想就没有人的个性和核心。而理想的事物最鲜明地反映和体现在书籍里。自我教育——这便是用某种尺度来比较和衡量自己。非常重要的是要使大无畏的人们的生活成为衡量的尺度。

在讲述亚历山大·乌里扬诺夫和托马佐·康帕内拉的生平时，教师出示了从中可以了解到他们生平大多有趣事实的书籍。目的已经达到——少年们会入迷地阅读这些书籍。阅览室逐渐变成了朝气蓬勃的精神生活发源地。在孩子们那里，出现了专用的练习本和笔记本，每个人在其中跟自己坦诚地对话。这是自我教育法非常重要的一个梯级，只有在人类的道德财富里为自己找到榜样的人，只有渴望从人类历尽磨难、艰苦奋斗才获得的珍宝里学到点什么东西的人，才能登上这个阶梯。

书籍的海洋包围着学生。有成千上万的书，它们中有一些是平淡无奇之作——没有任何为理智和心灵可取的东西。还有一些是有害的。有材料证明：一位最热心的读者一辈子能读完的书不超过两千本。可见多么需要审慎和严格地挑选书籍，多么需要巧妙地为青少年指明阅读书籍的方法。少年首先要找到的是这样的书籍：阅读这种书，会成为一生中的一个完整阶段，就像是一个转折点。在没有找到这样的书籍之前，应当跟每一个人个别交谈。这不是一项轻易的工作。在教师集体里，往往应当克服漠不关心和消极无为的态度。绝不可单纯等待少年跟“切合”他的书籍邂逅相逢，应当努力揭示出这种书籍的真正的美，只有这样他才会找到“切合”他的佳作。

在向少年建议读什么样的科普读物时，教师要研究他们的兴趣、志向和才能。最主要的是要使这种阅读逐渐成为一种精神需要，激发出认知的欢悦情感。我们认为，如果一个学生对阅读科学读物还没有入迷，就是我们还没有找到通往他心灵的门径。在阅览室读完基本书籍之后，在学生感觉到认知的欢悦之后，他们就会找到一些书籍来独自阅读。

我们通常把劳动称为伟大的导师。但只有当一个人在劳动中肯定自己，了解到自己的力量、本领和才干的情况下，劳动才成其为强大的教育力量，也只有当劳动为人们所喜爱时，劳动才成其为真正的导师。十分重要的是：在众多劳动活动类型中，要让每个人在少年时期都能找到通往自己幸福的道路。个人的自尊感和荣誉感，是个性的精神核心，这种情感的获

---

① 卡尔贝舍夫（1880—1945）：苏军中将衔工程师，卫国战争初期被俘，死于集中营。

得，有赖于一个人在自己劳动的成果中看得见自己，看得见自己的技能和创造能力。我们力求使每个少年都能在劳动中发现自我。我们学校现在有四百五十多名学生。我们创设了几十个为他们所喜爱的活动场所，每个学生都可以在那里从事有趣的活动，考验自己的力量和才干。这些场所便是车间和操作间，温室和果园，学校养蜂场和集体农庄畜牧场，生物和农业化学研究室，无线电实验室和校办青少年机务队。

让每个少年每天有几小时自由支配的时间，这点十分重要。他可以根据自己的意愿和选择利用它去探究自己喜欢的事情。为什么毕业后参加工作时青年们苦于不知道往哪儿打发自由支配的时间呢？因为学生时代他没有这种时间。他不懂得，也感觉不到，时间是使人精神富有的巨大财富。为少年男女合理利用好自己自由支配的时间——是我们全体教师最不容易办到的一件事。要让孩子们习惯于在早晨预备功课，要让他们的下半天空出来，得付出多大的气力啊！但空出来不是无所事事，而是为了学生和教师紧张地去进行活动。懒惰和懈怠是青少年最可怕的敌人。

在自我教育的指导中，我想提醒青年教师和校长，要你们突破最主要的难关，是施加教育影响的有意性和创造性。要花费很大的气力，才能使少年感觉不到被人循着既定的目标牵着鼻子走。在每一个车间和操作间里，在温室和教学试验田里，学生们完成着需要持续进行的劳动任务。例如，在钳工车间里，他们为教学试验田制造播种机。教师在此项目工作自始至终的全过程里交代任务。他检查零件加工的准确程度，孩子们向他请教。然而，他们的工作是完全独立的。劳动成功的欢乐会使少年成为自觉和自主的劳动者，会医治好他们的软弱性和依赖性。培育学生的心灵——这意味着使每个人把自己的精力、智慧、意志、发明才干都倾注在劳动的物质成果上，在自己用双手和心智创造出来的物品中看到自己。我们非常忧虑此类学生的命运：都快十三四岁了，可他们还不曾体验到自身劳动的愉悦。这种愉悦是人的自尊心的根源，同时也是严格要求自己的源泉。只有已经体验到成功的欢乐的人，才会情不自禁地希望自己变得更加美好。

我们学校里还有几处培养兴趣和爱好的场所。这便是困难任务攻关室、小型机械化研究室、育种学和遗传学研究室。没有对心爱的事物激情满怀的迷恋精神，也便没有废寝忘食的创造性劳动，要形成少年的个性也是不可想象的。

在学生的精神生活里，还有鲜明体现着自我教育的一个领域，这便是关心他人，把自己一点一滴的劳动、智慧、毅力、知识、技能奉献给他人的活动。这要从小开始——年纪大一些的帮助年纪小一些的干点什么。教师对七年级学生说："你们在学习法语，而二年级和三年级的小不点也想学会说法语。你们中有的人也许会担当起这项工作吧？"有10个人愿意带几个"小学生"。过了两三个星期，有3个"小老师"打了退堂鼓，而其余7个"小老师"却一天天越来越迷上了这项有趣的工作，为"小学生"的进步感到高兴。他们还心贴心地关切"小学生"的忧虑和不安，成了"小学生"的知心朋友。而且，他们关心的不仅是让自己"管教"的"小学生"记住单词和正确念出每个句子，还关心他们的学业成绩。他们情不自禁地想使小不点儿们变得好上加好，因为在小不点身上已倾注着他们的心血。这种愿望是自我教育最重要的源泉之一。我深信，在每个少年身上使这种愿望成为一种精神需要，这便是教育艺术和教育技巧之所在。只有当一个少年在他人身上看到自身精神美的点滴反映时，他才开始具有真正意义上的自我教育。

与比自己小的同学建立友谊，是道德自我意识教育一个非常重要的方面。我们力求使个人爱好成为这种友谊的基础，使少年把自己对书籍和创造性劳动的迷恋之情传导给其他孩子。在车间里，在实验室里，在操作间里，围绕着酷爱劳动的少年，会形成同样想从事有趣活动的儿童小组。儿童技术小组和儿童农业小组就是这样产生的。这些小组的组长都是学生自己。少年机务小组的劳动对儿童特别具有吸引力。少年自己也跟儿童一样玩游戏，但他们已使游戏接近于真正意义上的劳动。少年跟儿童一起发动和关闭小发动机，操纵玩具汽车，兴致勃勃地安装电气化铁路模型。在所有这些活动中，劳动和游戏水乳交融，少年感到自己是大哥哥，小弟弟在期待着回答数不清的问题。在少年和儿童之间建立了一种有趣的关系：这既是同辈人的友谊，又是大哥哥对小弟弟的关心。在游戏和劳动中，少年要使某种拿得住人的新东西经常展现在小小年纪的儿童面前，这将激励他不断去学习，去获取新的知识和技能。

人们称少年期和青年早期为困难年龄期。在这个体力、智力、道德意识蓬勃发展的时期，教师面前也会出现许多困难。唯有在教育和自我教育融会在一起的情况下，才能克服这些困难。

【问题与思考】

1. 教育者常常会陷入困境，即"一抓就死，一放就乱"，而很难做到收放自如，你有过这样的体会吗？你认为问题出在哪里？

2. 小学生的自我教育与中学生的自我教育有什么区别？请分条列举并陈述原因。

〔8〕德育中的教师语言[①]

教师的语言，是感化学生心灵不可取代的手段。教育的艺术，首先是灵犀相通的说话艺术。我确信，学校里许多结果很糟的冲突，往往是由于教师不善于跟学生说话引起的。

教师个人对学生无与伦比和不可取代的影响，已属老生常谈的真理，然而人们在重复这一真理时却很少意识到，教师在学生面前应当是一个言行一致的人。教师在言谈话语中表现着自己的修养、道德和自己对待学生的态度。

决定教师语言效果的真谛是诚挚。学生对诚挚的话语具有最敏锐的感觉，并能敏感地做出反应。他们对不真诚和虚伪的感觉尤为敏锐。

教师的情感修养是教师个人修养的一个组成部分，具有非常重要的意义。真正的教育行家在对学生的行为做出道德评价时，往往不使用特意挑选出来的尖刻的“强硬”词语，而首先使用普通词语的情感色彩，就拿“你做得多不好……”这句话来说吧。有的教师说出来，能激起学生痛切的良心自疚，甚或惶恐不安；而有的教师说出来，却引不出任何感情，学生无动于衷。我们要说，第一位教师的特点是具有情感修养。这一点刻意仿效是学不到的。它最紧密地与道德修养、人道主义精神和对他人体贴入微的心灵联系在一起。第二位教师的语言没有人道主义的内涵，他经常力图用高声的训斥弥补语言的空虚。在学校里有多少仅掌握情感音阶上愤怒这个音符的教师啊！他们真叫人深感遗憾。他们对学生的感化作用等于零。

教师语言感化力量的条件包含着广阔的内容，也因教师对学生教育的不同目的而千差万别。教育的不文明现象，常常表现在一位教师用语言跟学生打交道时往往只知道两三种目的——禁止、允许、责备。而一位教育行家跟学生打交道时却有许多目的，其中最常见的目的之一是阐明道德真理、概念、规范。只有了解并认识学生对待自身长处和缺点的态度，以及他们批判地对待自身不足的能力，方可达到预期的效果。有经验的教师在阐明道德概念时，经常直接面向学生的内心世界，并力求让学生分析自己

---

① 《苏霍姆林斯基选集》，465 页。

的某种行为，剖析自己操行中的某种特点，用别人的目光审视自己。

劝诫，要求教师花费巨大的精力。劝诫的条件是：教师深信自己的每一句话，并把思想的正义性和语言的鲜明、有力、生动有机地统一起来。有经验的教师担心产生以权威自居的专断印象，并非经常采用劝诫的手段。他更多的是让坚定的信念发挥影响，从逻辑上证明种种规范和种种规章的正确性。教师应知道如何说服青少年。如果说，小学生最喜欢从令人信服的生活故事中获取真理，那么少年人，尤其是青年人，说服他们的办法则是通过哲理思辨与周密的推敲和思考。

一位具有高度教育修养的教师，能教会学生通过公开表述自己的意见进行思考，他向青年人叙说自己的疑难，恳求他们说出自己的主张，邀请他们共同推敲。这样一位教师的语言是自然而然地倾吐出来的，是发自内心的，它确立起一种信任、坦诚、融洽的气氛。教师与学生的这种交谈，奠定了他们的善恶观和道德价值观的统一，会使师生亲密无间。而一切企图要花招"穿过后院"进入学生精神世界并达到与学生亲近的想法，通常都会以失败告终。教师只有尊重和热爱学生，相信他们每一颗年轻的心灵都有善良的因素，并对种种做作、虚假、伪善的东西毫不妥协，才会拥有获得他们坦诚之心的道德权利。

对学生进行德育的另一种有效手段，是把他们领进道德思想对抗的世界。我们认为，这是利用暴露对立思想和倾向、活跃青少年思维的苏格拉底法。采用语言媒介的这种方法，不仅在教学中非常重要，在德育方面也是必需的、很有意义的。

教师用激励的方法可轻易地检验自己的教育技巧和自己本人。它能激励学生去创造性地完成各种任务，克服困难，不懈地把意志力量和智慧力量集中于达到某种目标，或激励同学间的相互帮助，等等。激励几乎总是直接寄希望于学生的人格和自尊心，但这种希望不应转化为过分夸奖，而应非常微妙地在不知不觉中唤起学生确立自身尊严的心愿。无论如何不可把基本的道德文明表现作为大肆夸奖的对象。某些教师把乐于助人等当成英勇精神加以夸奖，这是不对的。只有当学生大大超出道德文明的起码要求时，才应当夸奖。

称赞或表扬一个学生或一个集体——是一种巨大的教育力量：受到表扬的人，其自尊感必定大大增强，从而产生出做得更好的愿望。"矬子里拔将军"式地去表扬某些学生或某些集体，是万万使不得的。

教师不仅应当善良、富有同情心，而且应当严格，与懒惰、谎言、伪善和残忍势不两立。假如不得不跟道德败坏、无法无天、不愿履行基本行为规范的个人打交道，那就必须毫不犹豫地拿起教育中不怎么常用的手段——强制。

卢梭写道，毁掉一个人的准确方法就是给予他一切，而不向他提出任何要求。“那时报答你的效劳的将是一个暴君。”下述原则是根植于劳动人民世代经验的教育智慧中的一个真理：给予一个人的愈多，向他索取的也应当愈多。必须把这个真理变成我们学校生活的规范和准则，体现于晚辈与长辈之间的关系。但应当再一次提醒，强制这一如此激烈和不无危险的教育手段，是人对人的支配力的表现。学生对社会履行的义务——首先是学习和掌握知识。要让学生明白他学习好就是对社会所给予的报答，可这并不那么容易。因此，必须向儿童深入灌输这种思想，使他们在进入少年期以前就已经懂得并感到自己的学习和劳动的公民意义。做不到这一点，他就不能理解强制的意义。除此之外，对何时终止不会学习与何时开始不愿学习，做到心中有数十分重要。在绝大多数情况下，不会学习是懒惰和懈怠的最初原因，而由不会学习转入不愿学习之后，教师却记不得不会学习的终止时刻，照他的看法，在他面前的是个彻头彻尾的懒汉。但假若分析一下现象的根源，那么，教师未能及时了解不会学习的不幸，似乎正是不愿学习的祸根。因此，不能把强制当作一种独立的手段，认为它可以不依赖从其他方面和角度采取的教育手段。

惩罚不仅是强制的极端形式，也是对学生品行做出公民评价的一种形式。只有当教师使学生信服某一原则，并迫使他思考自己的品行和对待他人的态度时，惩罚才能起到再教育的作用。我们仅把责备视为这种惩罚的形式。

教师对学生的责备是否具有教育力量，取决于教师自身的道德品质，取决于他的分寸感和威信。不管对学生品行的评定有多尖锐，有经验的教师从不采取一棍子打死的做法。在机智的责备中，往往包含着惊诧的语调：“我期望你的可从来不是这种行为，你比你的行为表现要好得多。”这些话不能平板地说出，而应当“流露出字里行间的意味”——责备的艺术正在于此。如果教师不是巧妙而机智地运用责备，而一味地“诉诸”咒骂，凌辱学生的人格，这势必激起学生的失望、怨恨、孤僻、蛮横，视教师如同仇敌。责备的艺术在于严厉和善意的机智结合：学生在教师的责备中感觉到的不仅是公正的严厉，而且是仁爱的关怀。

表示不信任有好几种不同方式。由于漫不经心和轻举妄动干下了不体面过失和轻率行为的学生，如果不是初犯，有时可以运用“警告性的”不信任。

表示不信任也是一种相当激烈的手段。教师的教育修养将在运用这一手段时首先受到考验。只有严格遵守仅在个别场合才采用，不信任才会产生应有的教育感化作用。切不可向另一些学生表示对某个学生的不信任，更不用说面对整个集体了。

常有这种情况（在好的学校里很少见），个别学生明知自己行为的实质，却粗暴地破坏纪律。假如这样的学生从外校转入我校，我医治这种毛病采用的是“谴责性的”不信任，并把它与其他卓有成效的方法（加强管理、监督、强制）结合起来。我再重复一次，这一切之所以被采用，是针对那些缺乏家教和学校失策犯下的种种错误，善恶观念反常，利己主义膨胀，对他人内心活动的感受完全迟钝的学生。“谴责性的”不信任，是集体不把团体做种种好事的活动和履行具有荣誉义务性质的职责托付给这种学生。我曾把这种手段应用于一个刚刚转入我校的七年级学生，情况是这样的：

春天，班里要为“母亲花园”植树。这项并不轻松、却很光荣的劳动任务摆在 9 名男生（班里的全体男生）面前：到树林里去挖在隆重的母亲节栽种的树苗。当感觉到安德烈即将脱口冒出“我不想去”这句话时，我赶忙说出了下面这番话，使他大为惊愕：“这项劳动任务是这样光荣，所以不能把它交付给每个人。对于那些心目中没有任何神圣事物的人，我们不能把最纤弱、最娇嫩的东西——为纪念母亲节移植的树苗的生命托付给他。你们很清楚，我说的是谁，而且我认为，你们会赞同我的意见。”所有男生都把目光投向安德烈。他在同学们的眼睛里看到了谴责。大家还记忆犹新，就在几天前，安德烈深深地凌辱了母亲这个神圣的名称。安德烈力图装出无所谓的样子，但他未能做到这一点。我的话使他折服了。应当说，在这以后，他不再那么蛮横了。

假若集体不支持、不赞同，那么“不信任”作为一种教育手段将失去任何意义，其后果也将适得其反。教师在采用这种手段之前，应当进行长期的工作，使集体在精神上有准备。这种准备首先是培养对无所事事、寄生生活、不守法则、纪律涣散等现象毫不妥协和不可容忍的态度。

禁止这种教育手段只要使用得当，也是非常必要和非常有效的。假如在禁止后面有发出禁令者必不可少的道德威信作为后盾，许多不幸（生活中的“放荡”，青少年对不是通过自身劳动应分得到的生活福利的虚妄追求……）都可用禁令来防止。要知道，未成年人的愿望有如一棵小果树上的新枝：树上抽出许多新枝，其中有一部分是“疯长”的所谓“蘖枝”，园丁会把它们剪去，留下的只是果枝。对一个人童年时代和少年时代的愿望也应当这样：学生想要的东西太多了，他的愿望没完没了。但是，如果让一切长绿叶的枝条蔓生，果树就会野化，“疯长”的“蘖枝”就会挤得果枝发育不全。假如成年人一味满足孩子的任何愿望，成长起来的就会是一个任性的人，一个刁钻古怪的人，一个亲人们的折磨者。愿望的教育，是一位作为“园丁”的明智而果断、敏锐而严厉的教师的一项非常微妙而细致的工作。他要善于剪掉“蘖枝”而留下结果的果枝。

愿望的教育，这是学校和家庭协同工作的一个极为重要的方面。看来，限制和禁止是愿望教育中的决定因素。学生凭借自己的经验，在童年和少年时期就应当相信，有这样一个严厉的字眼，就是“不许”。我们力求使孩子的愿望适合于父母的承受力。谦让精神，将迫使青少年拒绝父母投其所好而准备的物质和精神享受，而且往往是那些对他们说来似乎是非常必需的享受。谦让教育——是德育体系中一项非常重要的任务。形成谦让精神，不可能脱离其他品质。只有劳动成为其个性的表现形式和精神生活一部分的人，才会懂得谦让和适度。一个小小年纪的人，他的自尊感的发展，若是基于为他人造福的劳动，他才可能感觉到任性的要求是一种不道德的行为。什么也不给予他人的人，他的愿望是不可遏止的。而甘愿自觉劳动的人，则往往善于节制自己的愿望和需要，对生活不奢求，已能让人放心地由他确定自己的福利尺度。

信任是任何年龄的学生都最易接受的对其人格的尊重。教师无须说出肯定学生道德品质的任何话语，只要表示出信任，就不仅认可了这一点，而且在学生面前展现出他的道德进一步发展的前景。教师流露出一种情感：深信已具有某种道德财富的人，明天必定会拥有新的道德财富。

如果对每个学生个性没有深刻的了解，如果没有对善的深刻信念，就匆忙采用表示信任或不信任的手段，是不可思议的。唯有在正确无误运用此种手段的条件下，这种最机智的手段才是有益的。假若教师对马卡连柯教育体系中表示信任的辉煌成果只是道听途说地了解一点皮毛，就决定我也这么干，这会一无所获的。学生会觉得，教师是在把他当玩具耍弄；对教师来说，这样的“信任”往往会事与愿违：学生会变得闭塞孤僻、戒备警惕、疑心重重、怨恨凶狠，对善意的话语听起来也觉得不是滋味。

信任的表示有如一阵清新的微风，会把学生良心里微弱甚或行将熄灭的火苗吹旺。假使教师能正确选择和确定表示信任的情境，学生将把目光投向自己，发现和认清存在于自身的善与恶，激起在自身确立向善的追求，在人们面前表现得更好，而这种追求便成为一往无前的道德力量。

给予信任的艺术，要求教师在表示信任之前首先珍视人的善意苗头，而忘却人的恶意。个别教师教育修养极低的特征，是在给予信任时却提醒学生：你有数不清的毛病，这一点我是记得的，可是你瞧，我还是信任你。教师的这类话，是向人的心灵创伤撒盐。学生会觉得教师想出这套表示信任的戏法，只是为了加强监督，所以他多半会打翻教师的如意算盘。一个学生不辜负信任的事实，无论如何也不能成为夸奖的对象，一般说来，也不能成为教师和学生集体特意表扬的对象。

选择对学生表示信任的事情，要恰如其分和审慎周密。这种事情应当是真正的自我检验，是良心的考验，要让学生在其中表露自己的意志力量。

教师运用语言的技巧和艺术表明，他能为学生创设出一种精神饱满的气氛。在这种气氛里，不仅会有科学的、知识的探求和发现，而且会有道德的、审美的探求和发现。学校里的这种气氛，是道德发展的基础，也是对发展的激励。在学校里创设有助于热爱知识、迷恋阅读和陶醉于艺术和音乐等环境，归根到底都取决于教师的语言……诚然，这里还有必不可少的物质因素，但第一位的是教师的语言——反映教师真实的精神向往和精神需要的语言。

应当在学生身上培养出来的最主要的精神需要，是对人际交往、精神交流和真正同志情谊的需要。做不到这一点，就谈不上对学生的完美教育。一位注重学生丰富充实精神生活的教师，他关怀的是学生间日常交往的精神基础。教师若能使学生在少年早期就乐于与同龄人不仅交换有关游戏、娱乐的想法，还乐于就有趣的书籍和生活中碰到的现象交换想法，他就可以把这一点视为自己教育工作的最大成绩。这一点单凭建议和愿望是激发不出来的，它取决于学生生活的总趋向，也取决于思考在他们内心世界所占的地位，以及研究态度在他们学习中的渗透程度。但这种地位和程度同样取决于以日常工作为后盾的教育的语言——富有教益的热情而机智的语言。

教师的创造性语言，产生学生的创造力。正是教师的日常语言，播种着创造性劳动的幼芽得以从中生发出来的创造性思维的种子。

精神财富（知识和技能）的不断交流，是一位真正的教师把集体团结起来的主要力量。这样做的第一个条件是：教师不仅传授知识，而且培养对知识的渴望；第二个条件是：师生之间在精神上经常有来有往——知识里和生活中的问题，成为师生交谈、争论和学生思考的对象。这一切是每个学生展现独特“创造禀性”的背景。在每个学生身上探明和开发“创造禀性”，以及对“加工提炼”此种“创造禀性”的学生进行鼓励，都离不开教师体贴入微和周密精细的品质。

成为学习和创造性劳动中的佼佼者的愿望——是对学生身上应千方百计予以发展的人的高尚特点。我们的教师集体孜孜以求的是：让每个学生在其精神发展的一定阶段上，都能体验到处在优胜地位的无与伦比的欢乐。每个人都需要精神支柱，特别是由于极不相同的环境而感到自己平庸的人。如果教师的智慧在每个学生身上“发掘”到“创造禀性”，如果他善于说出的每句话都能激发出对富有创造才能的生活的向往，在学校里将不会出现任何平庸的人。这意味着，在生活里将不会出现任何不幸的人。

对于力求完善自己的技巧的教师而言，对一个学生的和一个班集体进行持续和长期的观察，具有极大的意义。

让我们回到语言的感化力量以及本文开始时谈到的教师使用任何一种手段的条件上来：教师的每句话，每个举动，都应当是他的个性、道德、仁爱、善良、诚挚等的反映。总而言之，学生认识人的世界是从教师开始的，显而易见，这就意味着教师是榜样。为使教师个人日常生活的自我表现成为影响学生自我完善的动力，教师应当拥有巨大的精神财富。不管教师说出多少动听的语句，如果学生在教导者自身的生活里看不到所有这些言辞和号召的体现，它们对学生来说都将成为空话。做自己学生的个人榜样——这首先意味着经常在课外与他们交往，作为教导者的真正的教师，有不少最微妙的渠道从课堂上通往同志式的交谈、争论和关于书籍的话题……

〔9〕不要轻易惩罚孩子①

惩罚是一种敏感性极强、不无危险的教育手段。许多教育工作者在使用这一手段时经常会犯错误。一般说来，孩子对大人加诸他们的不公平是

① 《要相信孩子》，50页。

很敏感的，哪怕是对极小的不公平也如此。此外，他们对于“公平”“不公平”“好的”“坏的”都有自己的概念。对于儿童们的这些概念，教师在工作过程中必须予以考虑。有时教师自以为是极轻的惩罚，儿童接受起来却认为是对他极大的不公平，因而委屈万分。事实上，如果对事情进行认真的分析，往往会发现儿童确有其正确的一面，全班同学的感情都在他这一边，教师的惩罚明显依据不足，当然也就是不公平的。

实践证明，学校里进行的惩罚十有八九是不公平的。正因为绝大部分惩罚是不公平的，所以学生中就形成了一种看法，认为惩罚本身就是不公平的事情，学生不得不忍受罢了。

不公平的惩罚往往是从小事情开始的。比如孩子们由于没有经验和无知而不自觉地干了一些不体面的事，教师就错误地对他们大发脾气。我在从事教师工作的最初几年里也犯过这样的错误。记得我第一年在学校工作的时候，曾经有一个非常聪明而成熟，但有些过分活跃和淘气的孩子名叫斯捷帕。他有一次不小心，折断了教室里的一株玫瑰花。这株玫瑰花是同学们十分珍爱的，因此，我向他大喊大叫，说他是没有心肝的人。总之，我是想尽量触动他，刺痛他。后来班上的孩子们又搬来了三盆花，每天精心地照料着，而斯捷帕却在我的参与下被排斥在这项集体活动之外。从此以后，斯捷帕变得不像先前那样爱说爱笑了，也不那么淘气了。我还以为这是好事，是我对他的批评起了作用。直到后来我才明白，时间越长，斯捷帕越认为这样对他是不公平的。因为他折断花枝完全是无意的，而且已经十分后悔，并很愿意尽一切努力来改正自己的错误，而我对孩子想要改正错误的心愿竟置若罔闻。非但如此，我还对孩子真诚悔过的纯真感情，从所谓“教育作用”出发，大泼冷水。可是这一切我都是在过了好几个星期之后才醒悟过来的。事情是这样的：

一次课后，我留在教室里，斯捷帕也在教室里完成一项未完成的作业。当他发现教室里只有我和他两人时，马上窘了起来，并急着要回家去。我没有注意到他情绪上的变化，还若无其事地让他和我一起去草地上采野花，他不自然地苦笑了一下，接着泪珠就簌簌地流了出来，而且赶在我前面飞快地往家里跑去。这时我才恍然大悟，原来我对他的惩罚给他带来了极大的痛苦。

这是使我受到教训的许多事例之一，这些事例使我坚信惩罚是一种“福祸莫测”的不可靠的手段，还是不用为好。

孩子所干的坏事情不论有多么严重，只要不是蓄意的，就不应该给以惩罚。在孩子的生活中，故意捣乱的情况是极个别的（一百个儿童中未必有一个是成心干坏事的）。因此也只有在极个别的情况下才能对学生进行惩罚。

我对无意干了坏事的儿童一律采取谅解的态度。这种态度深深地感动着他们具有自尊感的、敏锐的心灵，并激发他们心灵深处坚决改正错误的积极性。这样做的结果孩子们不仅深为自己所犯的错误后悔，而且还会以积极的行动来改正自己的错误。

有一次五年级学生柯斯佳和根纳季在院子里跑着玩，碰坏了一株小苹果树。这株苹果树是孩子们两年来一直精心照料的。回到教室后，我坐在桌旁，不知该说什么好。柯斯佳和根纳季自动站在黑板前（虽然谁也没有让他们这样做），脸色苍白，不知所措。30 双眼睛看着他们，但是孩子们的目光里没有谴责，没有恼恨，有的只是同情。在一个友爱的集体里，这也是很自然的：小伙伴有了伤心事，伤心事当然是引人同情的。在这种情况下，难道还谈得上给这两个闯了祸的孩子以什么惩罚吗？惩罚是不能奏效的。

于是我让他们回到自己的座位上去。我对发生的事表示了惋惜，然后对大家说应该想个挽救的办法。我告诉孩子们夏天也可以移植树木，但需要特别细心管理。话音刚落，马上就有孩子表示愿意试验一下，在原来的地方重新种一株新的苹果树。下课以后，班上的孩子们便和柯斯佳、根纳季一起上苗圃去了，他们在那里选中了一棵小苹果树，并小心翼翼地把它运到学校来了。

从此以后，谁也没有向柯斯佳和根纳季提起那件事，谁也没有强迫他们两人照管新栽的小苹果树，可是他们俩却成了最关心、最爱护果树的孩子。秋天，他们给春天在校园里种下的所有树木的根部都培了一圈土，还灭掉了果树上的害虫。孩子们如此高涨的劳动热情难道单纯是因为他们深刻地认识了自己的错误吗？不是的，不完全如此。激发他们劳动热情的主要源泉是大家对他们的信任，对他们内心世界的体贴和关切。

在有些情况下，谅解对一个人在精神上的触动要比惩罚强烈得多。

有一年，学校少先队搞了一块高产玉米田。孩子们往地里施了肥，还做了积雪用的拦雪板。冬天，孩子们把拦雪板分插在玉米地里，每下完一场雪后就由一个少先队员去重新插一次。这件事干起来不困难，但却需要有责任感。有一次轮到了一个叫柯利亚的孩子干这件事。这是一个谦虚而又爱劳动的孩子，谁也不会想到他会不能完成任务。但是我察觉到他这一天一直在滑冰，到了黄昏时分，我问他：

“你把拦雪板重插了吗?”

“已经重插过了。”柯利亚吞吞吐吐地回答说。于是我就毫不怀疑，他是玩得入了迷，忘了这件事而不得不撒谎了。

“那咱们一块儿去看看吧！看你插得怎么样。”我说这话时，好像在暗示，如果他插得好就可以受到表扬。

柯利亚拖着步子随我来到玉米地里，拦雪板还在原来的地方。柯利亚低着头，难为情地站在我的面前，不知如何是好。几年来柯利亚是第一次撒谎，促使他犯错误的原因是太热衷于滑冰了。我们沉默了一会儿。我忽然对第一次陷入尴尬境地的柯利亚同情起来，他是那样束手无策，那样可怜，他用眼睛祈求我的原谅。我对他微笑了一下，做出没有发现他对我撒了谎似的，提议说：

“柯利亚，咱们俩把这拦雪板再重新插一次好吗？你看，这不是又下了好多雪了吗。”

柯利亚如释重负地叹了一口气，马上敏捷地插起拦雪板来。柯利亚未必相信我真的没有发现他撒了谎，但是他显然感觉到了教师由于了解他的苦衷而原谅了他。我当时这样做更能让他认识自己的错误，比起揭穿他不诚实、说谎话、缺乏对集体工作的责任感要强一百倍。柯利亚把拦雪板又一一加固一遍，他连一个小土坡也没有放过（风已经把土坡上的雪吹下来了）。干完活以后，他精神抖擞、情绪激动地走出玉米地，把自己高兴的和懊恼的事情都一一讲给我听。当我们路过学校园地时，柯利亚发现苗圃里有些幼苗的小尖从雪里露了出来，于是他说：

“应该用雪把它们盖住，可能有大寒流到来。”

希望读者们不要误以为我们一味主张对学生的错误行为采取原谅的态度而根本反对进行惩罚。惩罚也是一种有效的教育方法。但是不慎重的惩罚往往会削弱集体，造成学生抱团共同对付老师的现象。出现这种现象的初期，学生往往认为抱团只是反对教师的不公平态度，维护班集体的正当手段。大家都知道，在低年级是从来没有抱团现象的。孩子们坦率地、真心地愿意把同学们的错误行为告诉老师，犯错误的孩子和向老师反映情况的孩子之间没有什么争执。坦率地向老师反映情况的孩子也并不被叫作“小密探”“小汇报”，或者被赠予其他一些带侮辱性的绰号。这些绰号都是在有了“抱团”现象以后才出现的。

二年级学生斯拉瓦在课间休息时故意绊了柯利亚一脚，柯利亚摔倒在地，受了一点儿伤，便哭了起来。他在气头上感到很委屈，就跑到老师那里去告了斯拉瓦一状。这是在大课间休息开始时发生的事情。到了课间休息快结束的时候，柯利亚不但已经不生气了，而且早就把自己的委屈忘到脑后去了。他和斯拉瓦又互相你追我赶跑来跑去。柯利亚两次用脚绊斯拉瓦，随手在一个一年级小同学的背上捶了一下，还揪了揪站在旁边的一个小女孩的小辫子。当然教师对这一切细节可能没有见到，但是她必须了解孩子们的各种情况，她应该知道柯利亚告状的目的无非是想让老师说一句“斯拉瓦做得不对”，而别无他意。

但是教师没有考虑到这点。她认为对斯拉瓦的行为应该进行惩罚，于是课间休息以后她就在课堂上审问起斯拉瓦来，问他为什么要绊倒同学，以后还干不干这种违反纪律的事。斯拉瓦什么也没有回答。对这些问题孩子们确实无法回答。同学们用同情的目光看着斯拉瓦，有的孩子还不时地看看柯利亚。他们的目光是焦虑的，带有埋怨柯利亚的神情。柯利亚深深感到他是使斯拉瓦受罚的罪人，所以当斯拉瓦难受得哭起来时，他也跟着哭了。

教师对斯拉瓦的眼泪——犯错误同学的眼泪感到满意。实际上斯拉瓦并不是因为受了良心的谴责，而是因为受了老师的冤枉而伤心得落泪。

这件事情以后，班里再没有人向老师告状了。同学们都尽量“不出卖”闯祸的孩子，不管他闯的祸有多大，都互相护着。这样就形成了学生一致对付教师的局面。天长日久，孩子们的这种建立在不健康的、错误基础上的“团结”越来越牢固，并逐渐地开始把严重的、绝对不能允许的行为也隐瞒起来。

不论促使学生相互包庇的事实是什么，归根结底产生这种情况的原因是在于教师没有正确地使用惩罚这一敏感性极强的教育手段。

有时教师还想让班集体支持对某个学生的惩罚，使犯错误的孩子感觉到舆论的压力，甚至试图以集体的名誉对某个学生进行惩罚。这种方法往往带来很多害处，因为这只能在儿童贫乏的社会经验里增加模糊不清的是非概念。如果能让孩子从低年级起就学会从不良现象中看出同学们的错误，并努力帮助其纠正错误，效果会好得多。当然这种帮助里也可以包含一定的谴责，但这种谴责必须是善意的，不会使儿童感到冤屈的。

有经验的教师往往善于用班里已具备的条件，让集体对不良现象进行善意的、恰到好处的批评。

三年级学生别佳上学经常迟到，他的父母每天早上 5 点去上班之前，总是把闹钟拨到7点，放在儿子床边。但是别佳每次都是被铃声闹醒后又很快睡着了。教师几次找别佳谈话，劝说他，让他学会管理自己，但是没有任何效果。后来同学们都知道了别佳有贪睡的毛病。于是教师请全班同学来帮助别佳改掉迟到的毛病，教师把迟到的事当作他的一种困难交给大家。在号召大家对别佳进行帮助时，教师很巧妙地向同学们提到惰性的问题。同学们领会了教师的意思，便积极行动起来。他们每天早上到别佳家里来，在前廊里等待着闹钟的铃声，一听见铃声，他们马上敲别佳的窗户，然后齐声喊道："快起来呀别佳，闹钟响了！"

这种善意的帮助比任何惩罚都取得了更好的效果。班上同学毫无恶意地和别佳开玩笑，这实际上是另一种形式的严肃批评。它能触动别佳的自尊心，但又不使他感到受了侮辱。最后他终于学会了不要闹钟，不要同学们的帮助自己按时起床了。

五年级学生阿纳托利在课堂上不好好听讲，而悄悄地从口袋里掏出一些火柴盒，搭小房子玩。盒子里有时还发出一些奇怪的声音，原来里面放着阿纳托利捉来的各种小甲虫和小蝴蝶。班上同学对阿纳托利搞的小玩意儿很欣赏。因此根本不可能要求他们对自己认为有趣的、吸引人的事情去进行谴责。相反，还有不少同学竟效仿起阿纳托利来……必须想办法让班集体对这件事进行真诚的批评。

于是我走到教室里，像是无意中和同学们谈起阿纳托利似的说道："阿纳托利在课堂上感到很寂寞，所以他才天天带了各式各样的玩具来解闷，但是看来他的玩具不多。你们可以帮他的忙吧，谁家里有什么玩具，明天都带到学校里来。姑娘们，你们给他做一个布娃娃，也许你们给他做的玩具更能让他开心。"我说话的时候虽然语调严肃，但孩子们完全领会到：按校长的话去做，准会把阿纳托利置于可笑的地位。孩子们对此很感兴趣，果然带来了许多玩具：小盒子、小口哨、拨浪鼓和洋娃娃。

在此之前能让阿纳托利解闷的火柴盒，现在只能使他感到懊恼了。因为他已感觉到同学们在取笑他，就再也不把不必要的东西带到课堂上来了。

综观以上几点，我想对年轻的教师和辅导员们说几句话：不要急于对学生惩罚。应该认真地考虑一下，是什么因素促使儿童干这一件或那一件事，把你们自己放在儿童的位置上，你们就会相信儿童是能够通过自己的努力改正错误的。

【问题与思考】

1. 为什么在多数时候，说教是无效的？为什么明知说教是无效的，许多老师又以说教为主要手段？

2. 为什么要慎用惩罚？惩罚在什么时候是有效的？在什么时候是无效的？

解　读

道德是一个涉及面非常广泛的话题，苏霍姆林斯基进行了非常全面和深入的探索。

他的道德教育理论，有丰富的实践做支撑，涉及了道德教育的方方面面：

究竟什么是道德？道德的源泉是什么？

道德教育有哪些途径？如何培养良好的道德习惯？道德与智力构成怎样的关系？

如何将教育与自我教育结合起来？怎样利用集体对孩子进行教育？

……

此外，他还广泛地讨论了表扬、惩罚等具体问题，德育中的教师语言问题，儿童期与少年期道德教育的差异问题，并提供了丰富的案例。

一、什么是道德

苏霍姆林斯基所说的道德究竟是指什么？

长期以来，有一种根深蒂固的误解，想当然地将苏霍姆林斯基所说的道德片面地定义为“共产主义道德规范”，而忽略了他的道德思考的真正精粹。

在《全面发展教育思想的一些问题》一文（这是苏霍姆林斯基为数不多的论文之一）中，苏霍姆林斯基这样说道：

培养全面发展的、和谐的个性的过程就在于：教育者在关心人的每一个方面、特征的完善的同时任何时候也不要忽略人的所有各个方面和特征的和谐，都是由某种主导的、首要的东西所决定的。在一个全面发展的、活生生的、有血有肉的人身上，体现出力量、能力、热情和需要的完满与和谐，教育者在这种和谐里看到这样一些方面，诸如道德的、思想的、公民的、智力的、创造的、劳动的、审美的、情绪的、身体的完善等。在这个和谐里起决定作用的、主导的成分是道德。

这是培养全面发展的个性的过程中一个非常细致的、也可以说非常微妙的问题。这个问题的实际解决，恰恰在于不要把学校和学生的精神生活仅仅局限在掌握教学大纲所取得的成绩上。培养全面发展的个性的技巧和艺术就在于：教师确实善于在每一个学生面前，甚至是最平庸的、在智力发展上最有困难的学生面前，为他打开精神发展的领域，使他能在这个领域里达到顶点，显示自己，宣告大写的“我”的存在，从人的自尊感的泉源中吸取力量，感到自己并不低人一等，而是一个精神丰富的人。

这个领域就是道德发展。在这里，通往顶点的道路对任何人都没有封锁，这里有真正的毫无限制的平等，这里每一个人都可以成为伟大的、独一无二的人。只有在这样的条件下，即共产主义道德贯穿于人的个性的各个方面，在每一个人的面前打开了通往公民的、思想的、创造的、劳动的、审美的和智力的财富的道路时，全面发展的思想才可能得到充分实现。

学校应当成为一个道德丰富的——即在每一个人的行为中，在人们的相互关系中，都有共产主义的道德、有向往和有激情的——炽烈地燃烧着的策源地。解决这个问题的途径，就在于要使我们的每一个学生在某个活动领域中获得幸福和欢乐，这个活动领域的顶峰是道德的美和道德的完善。

我们学校的毕业生中有几个女孩子，曾经在掌握知识方面感到极其困难。从少年早期，我们就让这几个四、五年级的女生当小朋友（学前儿童、一年级学生）的教养员。她们从这项充满着高度道德意义的高尚活动中得到了体验自己的人格尊严感的幸福。否则，早在童年和少年时期，她们就会感到自己是不幸的人。后来，这项劳动成了她们寄托生活的意义和生活的目的的事业。

这几段话透露出了苏霍姆林斯基教育学中的“道德”概念的关键点：

1. 道德是全面发展中的主导的成分，起着决定性的作用。

2. 精神发展的领域，就是道德发展。意思是说，所谓道德发展，是指发展和拓展儿童的精神领域。所谓的发展，或者说打开精神发展的领域，是指让孩子体验到成就感并进而增强自尊心。（后面提到几个四五年级的女生当小朋友的教养员，就是体验成就感与尊严感，这就是发展道德。）

3. 所谓的共产主义道德，应该就是让每一个人成为“完整的、实在的、全面的、完善的、有教养的人”。也就是说，作为一个道德上的绝对原则与愿景，这一条将是一切教育的基础与出发点，全面发展不是若干个方面的拼凑，而是这个原则的扩充、扩大。

4. “解决这个问题的途径，就在于要使我们的每一个学生在某个活动领域中获得幸福和欢乐，这个活动领域的顶峰是道德的美和道德的完善。”这句话是关键：“这个活动的顶峰是道德的美和道德的完善。”我们还可以说，这个活动的起点，是道德的美和道德的善，即一种意愿，一种渴望，一种意向。而通过这个活动，道德获得发展与完善。

那么，什么是苏霍姆林斯基所说的道德呢?

一言以蔽之，是指一种愿望、关系、态度。或者说，一种自尊、自信，一种想成为高尚卓越之人的愿望。或者说，道德是我们内心的一种倾向性，一种想成为好人的倾向性。一个儿童，当他的内心充满了一种想发展自己，想帮助他人，想成为好人的愿望时，我们就说他是一个道德发展的人。

因此，这种道德，既可能体现于智力领域，指一种积极的自我肯定，通过不断地克服困难而获得成就并进而自我肯定的态度，也可能体现于交往领域，指一种想要帮助他人的愿望，一种渴望通过帮助他人获得自我认同以及尊严的愿望。

在教育学循环中，这种道德既是发展的起点，又是发展的顶峰。好的教育就是促进这种发展的良性循环。

这种道德与通常所谓的道德有何区别?

①通常所谓的道德，是儿童需要加以发展的众多领域之一，所以往往德智体美劳并称。这是从外在标准对于完整的生命的元素一种分类表述。而在苏霍姆林斯基这里，道德是内在的一种愿望，贯穿于通常所谓的“智体美劳”之中。（外在的分类表述的问题在于，不能从生命内部说清楚“德”与“智”等的关系，即使说“德育为先”，也是外在的关系，因此会出现诸如“有才无德”等情形。而在苏霍姆林斯基这里，这些是一体的，是在一个循环之中，不存在脱离道德的智力发展。）

②通常所谓的道德，更为强调外在的规则尺度，是一套儿童需要遵守直至内化的一种规则系统。例如这个社会认为帮助他人是有道德的人，因

此一个儿童去帮助了他人，就会受到这方面的认可（当然，这里有底线道德与美德的区别）。而在苏霍姆林斯基这里，道德则更是一种内在的积极的自我肯定，是一种促进生命本身不断发展的内在愿望。一个儿童在老师的组织下，去老人院里帮助孤寡老人，并不一定是苏霍姆林斯基所说的道德。

举个例子，一个儿童去帮助一个需要帮助的人。从通常所说的道德的角度看，这种行为会被认为是道德行为，解释是“他牺牲了自己的一些东西（时间、金钱等）去让需要帮助的人获益”。而从苏霍姆林斯基所说的道德的角度看，这种行为如果被认为是道德行为，解释是“他通过帮助别人而获得了成就感（包括：增强了能力、增加了意义感、显示了自己的力量……），并进一步加强了想成为一个好人，一个帮助他人的人的愿望”。

很显然，前一种道德行为有可能通过训诫、强迫来完成，倘若如此，这在苏霍姆林斯基看来并非道德行为，因为这种行为也有可能获得良好的自我感受，例如被表扬等，但这是一种不可持久的外在的交易。但后一种道德行为，则是基于儿童的内在感受，基于儿童积极的自我肯定。

总之，苏霍姆林斯基所谓的道德不是从外在的德目（例如德智体美劳并称），而是从生命内部来理解的：道德感、美感、认识与创造的冲动、交往的需要……

正是在这个意义上，苏霍姆林斯基强调要“爱护生物和美”，“活着就要天天关心人”。他说：

家庭的知识、美育、道德爱好和要求越贫乏，孩子犯罪的程度就越重，他缺少人性、残忍、愚昧的程度就越重。在这些违法犯罪的少年的家里，没有一家有家庭藏书，哪怕是少量的。而在我上面讲到的那个犯罪少年的家里，除了又破又脏的课本之外，甚至连一本书都没有。我统计了一下，在所有460个家庭里，算上给学前儿童看的连环画，总共有786本书（不包括教科书）。

在犯罪或违法的这些人中，没有一个人能说出一部交响乐、歌剧或室内乐作品，没有一个人能说出一位作曲家的名字，无论是古典的，还是现代的作曲家。曾经让这460个少年听过两首音乐作品：П. И. 柴可夫斯基的芭蕾舞剧《天鹅湖》中的“小天鹅舞”和 Э. 格里格的《爱尔菲舞》。对这些作品中美的理解和感受是一个少年基本美学修养的标志。这些少年中没有一个人能说出作曲家通过音乐形式所描绘的是什么样的情景。从少年们的眼睛里我看到：音乐旋律没在他们当中任何一个人身上唤起任何情感，没有引起任何回忆。

一个孩子随意采摘大家辛辛苦苦栽种的鲜花；

一个孩子在学校里干干净净的墙壁上乱涂乱画；

一个孩子随意地撕掉蝴蝶的翅膀或虐待其他小动物；

一个孩子捉弄有身体缺陷的同学以此取乐；

……

你如何理解孩子的这些行为？这些行为与长大以后的诸多恶习乃至于犯罪行为有何关联？

这些是学校里的日常行为问题，也是最常见的道德问题。

这些现象，往往并非有意识地“道德败坏”（久之，自然走向道德败坏），而是源于孩子的麻木：对美的麻木、对生命的麻木、对他人的不幸的麻木。

这些，反映出孩子们的不成熟状态。不成熟状态的特征是未摆脱幼稚的自我中心主义。例如：

1. 孩子以自我为中心来考虑问题，而缺乏站在他人立场考虑问题的能力。即缺乏同情心，同理心，不能体会他人的感受，也不能拟想小动物的感受。

2. 孩子缺乏对美好事物的感受力，因此倾向于占有而非欣赏。

3. 孩子缺乏关心他人的能力，即对他人不幸或困难的感受力。

苏霍姆林斯基多次提及这类现象，他之所以特别强调培养孩子对生命的敏感，对动物植物的爱护，对美的欣赏，就是因为道德教育的起点和核心，是培养孩子的敏感，这敏感，同时也是道德敏感。或者说，是不麻木，对艺术不麻木，对生命（无论动植物还是人）不麻木，对是非善恶不麻木。而对教师来说，首先要对孩子不麻木。包括对孩子的喜怒哀乐不麻木，对孩子的道德及认知发展水平不麻木，始终保持一种关切（姿态上的）和洞察（理解上的）。用儒家的语言来说，凡此种种，均是培养孩子的“仁心”，即活泼泼的不麻木之心。麻木必然不仁，麻木必然意识不到责任。

那么，受苏霍姆林斯基的启发，今天我们有哪些途径可以培养孩子的道德敏感或者说对生命的敏感？

儿童课程（诗歌、绘本、故事……）的浸润；

艺术（音乐、美术……）的熏陶；

种植，以及对动植物的照料（教室里养花草、鱼等）；

关心他人，以及必要的情感修养；

……

二、道德心与道德规范

苏霍姆林斯基既强调道德心，又强调道德规范，那么这二者之间是什么关系？

我们不妨依据苏霍姆林斯基，又超越苏霍姆林斯基地予以梳理。

什么叫道德？

想象一下，一个人在社会中（或学习、劳动中）克服种种困难，取得成功（包括不可分割的个人和社会意义上的成功，二者是一体的），进而获得高度的自我感受，体会到做一个人的尊严（对自身力量的积极肯定），并不断增强了进一步克服困难的力量（包括责任感、勇气以及新的挑战困难和服务社会的动机），我们就可以说，这个人是一个道德的人（当然，换个角度，可以说他是个和谐的人，全面发展的人等）。

因为你可以预测这个人的行为：

1. 他能够比较好地认识自我（包括恰当的自我定位，避免自卑或狂妄），长此以往，就形成了一些品质：谦卑、克制、诚实、自信……

2. 他能够比较准确地定位自我与他人的关系，并能够积极地肯定他人的长处以及与他人和谐相处。长此以往，就形成了一些品质：遵守规则、恭敬、善良、宽容、谦让、同情……

3. 他会比较容易从帮助他人或服务社会中得到成就感，从而增强幸福感（觉得自己是有用的，有力量的）。长此以往，就形成了一些品质：责任心、乐于助人……

4. 他会比较喜欢不断地挑战困难，通过挑战困难增强积极的自我感受。长此以往，就形成了一些品质：意义感、勇气、意志力……

显然，前面所说的，就是教育学循环：

生命在劳动（学习）过程中克服困难、获取成功，进而获得高度的自我感受（自信自尊），以及责任感与意志力，和渴望再度通过学习、通过克服学习（劳动）中的困难而获得幸福的动机。这是一切优质教育的基础，我可以称之为苏霍姆林斯基的教育学循环。

这个循环，事实上是一个成长结构（完全可以翻译为皮亚杰，或埃里克森，或马斯洛的结构）。

在教育教学中，学生经常地经历这个结构：学一篇课文（甚至是一个生字），读一本书，做一道数学题目，解决一件事情……（做过这些事，未必是经历这个结构，只有经历这个结构，才是成长。教育的艺术，就是让孩子不断地经历这个结构。）

凡是与这个成长结构保持一致的思想与行为，就是道德的，会有助于形成种种道德品质；凡是阻碍破坏这个成长结构的，就是不道德的，会形成种种不道德的品质。

我们知道，处于这个循环核心的，是一个人的自我肯定（自尊感）。那么同样的，这也是道德的核心。奴才也可能有顺从的美德，但那不是道德，因为他缺乏自尊感，他是出自恐惧才顺从的。所以我们也可以说，道德感就是自尊感。

在苏霍姆林斯基看来，这是一个人身上首要的、主导的东西。既是一个人发展的起点，又是一个人发展的顶峰。

所以道德，是从某个角度对生命的一种描述。

后来，人们把其中的若干因素抽取出来，就构成了道德体系。例如，分为私德与公德，或分为底线道德与美德。

再后来，人们建立了不同的道德理论来描述道德的本质，最有名的是效果主义与动机主义，将道德动机（良心）与道德产生的结果割裂开来，各执一端。

这种割裂的结果，是我们忽视了道德不是一些被抽取出来的态度，例如诚实、善良、乐于助人……而是一种积极的成长结构的全部，是对这个整体从某一角度的一种命名。杜威是这样说的：

我们某些性格的特征和我们的社会关系有明显的联系，强调地说，称它们是“道德”——例如诚实、正直、贞操、温和等等。但是，这不过是说，这些特征和其他态度比较起来是核心的特征，它们带动了其他态度。这些特征所以是强调意义上的道德，并不是因为它们是孤立的和排他的，而是因为它们和其他我们还没有明确认识的无数态度有很密切的联系，这些态度也许我们还没有名称给它们。把它们孤立起来，称它们为德行，就好像把骨骼当作有生命的身体一样。骨骼当然是重要的，但是，骨骼的重要性正是在于它们支撑身体的其他器官，使这些器官能从事统一的、有效的活动。我们特别称为德行的性格特征也确实是这样。道德和整个性格有关，而整个性格又与人的全部具体特性和表现相等。一个人有德行，并不意味着培养了少数可以指名的和排他的特性。所谓德行，就是说一个人能够通过在人生一切职务中和别人的交往，使自己充分地、适当地成为他所能形成的人。

甚至可以简单地说，生命朝积极的方向走，就是道德，朝消极的方向走，就是不道德。这里的“积极”“消极”的尺度是：生命被发展，还是被抑制。

再从中国文化传统中的“道德”的演变来理解。“德”，就是“遵道而行”。“道”是什么？“道”就是自然，或“法自然”。什么叫“自然”？生命成长，乃是自然。生命不成长，就是反自然。

显然，在这里儒家与道家有了分歧。在道家看来，人为即“伪”，所以让生命自然而然地发展，这是道德，不要施加外在的影响，否则，就违背了自然之道，是“不德”。但对儒家来讲，所谓“自然”，就是通过施加力量，让生命以最好的样子生长，这是生命的自由。你说成为一个浑浑噩噩的老师是自然，还是成为一个榜样老师是自然？道家会说，任何对生命的改造就是反自然的，而儒家会说，普通老师成为榜样老师，这是让他的生命的可能性尽可能地显现出来（存在的真理之显现），是可能性之实现，因此这才是自然，或曰自由。

但无论如何，儒道的一致性是：道德，是指生命的整体成长，而不是只给予成长中的某些因素命名。

这既是道德的起源、本根——从生命的整体发展出发。也是道德的最终目的——促进生命的整体发展。

但是，人类不能总停留在最初的混沌阶段。所以对道德的抽象、分类、辨析……这些都是精确化阶段，标志着人类道德认识以及道德实践的发展。

但这种发展，既是道德之显现，也是道德之遮蔽。

例如，我们从生命发展中提取出“孝道”，这是一种显现，是对生命发展中养育传承的一种揭示。但是，道学家又将孝极端化，从生命发展的整体中割裂出来了。例如，先是“父母在，不远游”“三年不改父之道”守孝三年等，这就已经在一定程度上妨碍了生命发展，等到了“二十四孝图”，就出现了许多令人发指的残害生命的“孝”（例如“郭巨埋儿天赐金”），这就从道德出发，走向了反道德。五四运动检讨“孝”，就是重新回到了生命发展本身，可惜不够自觉，到现在都不够自觉，不能返回原点重新思考。而读经运动，更是不能返回儒道原点重新使传统的文化以及道德在当下焕发生机，反而死守后世的教条，令人生厌，也是违背中国文化之精神的。这种远离本源的道德观，就是对道德的遮蔽，是道德的沉沦。于是，仁心丧失，礼节堕落为形式并愈演愈烈。

所以道德发展，既要精确，也要不断地在更高水平回到原点，这也是“浪漫—精确—综合”之循环，也可视为“体—用—体”之循环。

认识到这个问题，有什么实践意义呢？

当一个人积极成长之际（即符合教育学循环），他身上的道德问题就比较少。一旦成长受阻，他身上就会滋生出种种道德问题（撒谎、懒惰……）。那么一个老师，既要解决具体的道德问题，这是治病（标）；又要促进他的生命朝积极方向转化，这是健身（本）。

一个班级在欣欣向荣地发展之际，班级的纪律问题就比较少。一旦班级发展受阻，人心涣散，班级的纪律问题就会变得严重，各种稀奇古怪的事层出不穷，甚至好学生都可能更多地犯各种错误。那么一个老师，既要解决具体的纪律问题，这是治病（标）；又有更高的眼光，通过一些策略促进班级的整体发展，班级整体朝积极方面转化了，具体的纪律问题就会大大减轻，许多“病”会“不治而愈”，这是健身（本）。

一个老师，总是治病，会发现病越治越多，问题解决者逐渐演变为问题制造者；

一个老师，治病的同时治本，会发现越来越没病人可治，而人或班级更依赖于发展而非维稳，老师的挑战变成了：愿景、目标、价值观、课程……

三、道德教育的途径

从根本上，从起源上，并且，从最终的目标上，道德教育都要着力于人的全面的精神发展，着力于儿童的自尊心和向上感，这是毋庸置疑的。

在这个背景下，道德教育当然还有自身的明确的任务。或者说，应该有清晰的道德教育的“第一套大纲”。苏霍姆林斯基称之为“道德习惯纲要”：

我们依据这些规律制定了道德习惯纲要。纲要中列入了下面这些道德习惯：做事要有始有终；做事不马马虎虎，而只能认认真真地去做；任何时候都不把自己的工作推给别人，也不盗用他人的劳动成果；帮助老弱孤寡者，而不管这些人是否是你的亲人或“外人”；自己的愿望要与满足愿望的道德权利相一致；任何时候都不允许为了满足我的愿望而使家长受到某些限制或造成困难；自己的快乐、满足和娱乐，要与别人的需要相协调；我的快乐不能给别人带来忧虑或痛苦；不隐瞒自己的不体面的行为，有勇气把这种行为坦诚地告诉你认为必须告诉的人。

他还说：

道德教育大纲好比是蓝图，我们教师就是按照这张蓝图对材料进行加工、锤炼而使之成为人的。德育大纲中应当非常明确、具体地规定，在每个人身上要确立些什么，并把哪些东西变为他的精神财富。这是要在人的心灵里培植善良的大纲。至于教育工作大纲应当包含什么内容，仅用十几行字是很难说清的。但是我认为，编写大纲的人应当遵守一条很重要的原则：大纲应当明确规定，我们的学生要爱什么和恨什么，用他们整个生命、行动和斗争去维护什么和摒弃、鄙视、反对什么。大纲应当规定，什么东西将成为学生心目中唯一的、神圣不可动摇的真理，什么是共产主义理想，怎样引导学生向着这个理想攀登。——这就是教育大纲的实质所在。

那么，通过什么样的途径，才能让这些道德纲要化为学生的道德习惯？

在《童年期和少年期教育的两个源泉》中，苏霍姆林斯基列出了道德教育的两条途径或者两个源泉：

第一个源泉是预先计划好的教育工作，这包括：集体中多方面的道德、劳动、创造和公民政治的相互关系，这些相互关系是为培养人而专门建立的；教育者的话；把老一辈创造的、设法获得的或通过斗争才得到的宝贵财富传给青年一代。这一切都是由教育者事先规划、制定好了的。

但是还有另一个教育源泉同样相当重要。这个源泉在童年期尤其起特别重要的作用。这就是儿童周围的复杂关系。这些关系对儿童来说是一种氛围，是能向儿童揭示各种道德内容的直观课。谁也没有把这些关系当作一种专门的教育方法进行思考，可是，成年人越是不把这些关系看作是一种能对儿童的精神世界起影响作用的力量，这个力量所起的教育作用就越大。这里必须再一次强调一下“关系”这个词，因为儿童把自己周围的一切（不仅是人，还包括事物和现象）看作是具体化了的人的观点、判断、习惯和意向。

（一）直接教育

直接教育的方式是多种多样的，包括劝诫、激励（或称赞、表扬）、强制（或惩罚）等。

1. 劝诫

劝诫有两种方式，对低年级孩子来说，更多的诉诸故事，包括童话或小说、英雄人物、各类榜样、同学中的卓越者，等等。对于高年级孩子（尤其是少年）来说，更多的是诉诸理智，通过明辨是非培育他们的德行。（新教育的儿童课程，就同时是极好的道德教育课程。）

但从根本处，这二者是一致的，都与理智有着密切的关系。哪怕诉诸故事，也是诉诸形象思维的一种方式，孩子通过故事不但是在体验，更是在思考。孩子进入角色（主人公，或榜样人物），同样在自觉不自觉地做出理智上的判断抉择。

苏霍姆林斯基特别强调了理智在少年道德养成中的重要作用：

一位具有高度教育修养的教师，能教会学生通过公开表述自己的意见进行思考，他向青年人叙说自己的疑难，恳求他们说出自己的主张，邀请他们共同推敲。这样一位教师的语言是自然而然地倾吐出来的，是发自内心的，它确立起一种信任、坦诚、融洽的气氛。教师与学生的这种交谈，奠定了他们的善恶观和道德价值观的统一，会使师生亲密无间。而一切企图耍花招“穿过后院”进入学生精神世界并达到与学生亲近的想法，通常都会以失败告终。教师只有尊重和热爱学生，相信他们每一颗年轻的心灵都有善良的因素，并对种种做作、虚假、伪善的东西毫不妥协，才会拥有获得他们坦诚之心的道德权利。

对学生进行德育的另一种有效手段，是把他们领进道德思想对抗的世界。我们认为，这是利用暴露对立思想和倾向、活跃青少年思维的苏格拉底法。采用语言媒介的这种方法，不仅在教学中非常重要，在德育方面也是必需的、很有意义的。

这段话，一方面强调老师的诚恳，即不能粗暴地、专制地进行道德灌输，而要确保“信任、坦诚、融洽”，让少年感受到自己被尊重，自己的思考（无论多么幼稚）被重视。老师对学生的道德权利源于这种信任，这种道德权利是道德教育的基础。

另一方面，更核心的，是重视道德教育中的理智因素，把少年引入种种包含着冲突观念的道德情境，或者引入不同观点交锋处，或对少年身上出现的问题进行公开或私下的讨论，让他们径由思辨而理解道德观念。实际上，未经思考而接纳道德观念，这种方式本身就是不道德的。少年尤其要经历这种价值澄清的过程，才能既深入地理解不同的道德观念，又能形成自主建构而非外在灌输的道德观念。在苏霍姆林斯基看来，没有高度的智力修养，少年必然“头脑简单、情感贫乏、道德不坚定”。

2. 表扬

表扬学生也是一门学问。苏霍姆林斯基的论述非常精微：

十分重要的是，不要把善良的感情和所做的好事变成一种宣扬的“手段”。尽量少谈论做过的好事，不要为做好事给予任何夸奖——这应该成为我们的教育工作遵循的原则。最有害的是，孩子在思想上把人道的行为看成是自己的功劳，几乎认为是一种了不起的行为。这经常是学校的过错。一个学生拾到别人丢的十个戈比，交到班里，整个班集体一下子都知道了这件事。

记得在一所邻近的学校里发生的一件有趣的事情。一个女孩子拾到五个戈比，交到了班里，老师大大夸奖了她一番……第二天课间休息时，三个女孩和一个男孩跑来找老师，原来他们几个都拾到了同学们丢的钱，有的捡到一个戈比，有的两个。孩子们都盼着得到夸奖；老师感到有问题，发起脾气来，孩子们就是这样学会了端出“桩桩好事”，如果不为此表扬他们，他们就不满意。

好心应该像思维一样，成为人们的正常现象。它应该成为一种习惯。

我们的教育集体力图使好心的、诚挚的、热忱的行为给孩子们带来极大的满足。

教育中最细致的方法是表扬好的行为，称赞好人好事，鼓励人们做出从本质上表现人类高尚情操的行为。形象地说，表扬就如同是教儿童阅读那些叙述人类基本素养的书籍。家庭和集体的赞扬，能在儿童心目中提高他自己的地位，确立他的自豪感。但是，如果只有表扬才能给儿童带来欢乐，那就潜伏着一种危险。真正的教育技巧是使人们做好事而不指望表扬。

表扬是一种肯定学生的手段。但是，要特别注意的是：

（1）一切表扬，都暗含了标准。一个孩子，只有当他超越了自身原有的水平，才应该给予表扬。一个一贯考五分的孩子，又一次考到了五分，就没必要特意地表扬，但一个一贯考一分的孩子，突然考到了三分，就应该特别地予以表扬。也就是说，表扬的尺度，应该视班级或学校的公共尺度，以及这个孩子的内在尺度（这个更为重要）而定。一般的孩子，安安静静地坐在教室里听课，没必要再专门表扬他的安静，而一个向来多动的孩子，破天荒地在某一节课或某一段时间内能够安静下来，就要予以表扬。甚至，一个孩子上周犯了十次错误，这周犯了五次错误，也可能需要予以表扬。

（2）不要轻易表扬孩子（更不能轻易给予物质奖励，事实上物质奖励应该降到最低）。轻易表扬孩子的弊端：一是降低了标准，也就降低了孩子的道德习惯水平，将本来理所应当的事也当成了表扬的对象；二是降低了表扬的含金量，孩子会不珍惜表扬，表扬的力量会大大降低；有些孩子，尤其是优秀的孩子，甚至会因此瞧不起老师的表扬，甚至视表扬为一种羞辱。——为什么表扬有些时候会成为一种羞辱？因为标准过低的表扬，隐含了对孩子的低期待，而这种低期待，会伤害这些孩子的自尊心。

（3）要预测表扬的后果，即表扬究竟给孩子带来了怎样的感受？包括给其他人带来了怎样的感受？是情绪的愉悦，还是内在的尊严感，以及对高标准的再次体验？如果是前者，那么孩子的焦点将放在表扬上，而不是放在做一件好事所带来的自我肯定感（我有能力帮助别人）上，这是很危险的。许多教师将表扬当成一种控制与收买孩子的手段，这时候表扬就成了一种交易，而无法真正地促进学生德行的形成。

（4）无论如何，表扬都是一种外在手段。德行的发展最终是不依赖于表扬，而依赖于孩子内在的道德律令。所以表扬永远需要，但从低年级到高年级，从儿童到少年，表扬要逐渐减少，表扬的标准要逐渐提高，直到最终，孩子自己感觉到不需要表扬。这时候，道德行为就主要是依赖于内在的道德律令，而维持它的动力，则源于孩子的自尊心或者说自我肯定，他通过道德行为获得尊严，展示了自己的力量或者说精神世界。

总之，是否需要表扬，何时表扬，如何表扬，均取决于对具体情境尤其是儿童道德发展水平的洞察，权衡怎样做才能真正地促进儿童以及集体的道德发展。

3. 惩罚

和表扬相比，惩罚更是一门学问，是一个危险的工具。

在这里，要将惩罚与体罚分开来。教育要坚决杜绝体罚，慎用惩罚。

体罚是一种原始的野蛮的行为，苏霍姆林斯基指出：

> 千万不能使用体罚的方法“教育”儿童——用皮带抽、打后脑勺、拳打脚踢，这会使儿童的心灵变得迟钝、凶狠，变得冷若冰霜和残酷无情。

体罚是培养仇恨的方式，哪怕是为了正确的目的。而且孩子会通过体罚学习这种身体反馈（而不是精神反馈）的模式，这正是暴力之源。

与体罚同样可怕的，是“精神的体罚”，即对学生的呵斥、羞辱、讥讽等言语暴力。学生的粗鲁、蛮横、冲动、庸俗无礼、残酷、缺乏羞耻心，以及无意识的破坏现象，均与此息息相关。

在运用惩罚这一工具之前，首先要有自我禁令，体罚与精神羞辱，应该成为绝对禁止的惩罚行为。在此基础上，还必须思考：为什么惩罚学生？

你是因为学生犯的错误让你感觉到面子受损，所以用惩罚来泄愤，还是抓住某一个学生的错误严加惩治，目的是杀鸡儆猴？或者，是通过警告学生来显现老师的权威？

教师在决定惩罚学生之前，一定要深思熟虑，防止冲动之下的惩罚。通常，惩罚只有两个紧密关联的目标：

（1）维护规则。

（2）发展内在德行。

前者即所谓的形式正义，对成人世界而言，惩罚（例如法律）的目的主要是维护规则，即维护形式正义；但对教育而言，实质正义（发展学生的内在德行）更为重要，这意味着在两者发生冲突时（通常不冲突）要以后者为主，即实质正义高于形式正义，这与成人世界的法则是很不相同的。

所以在做出惩罚的决定之前，要问自己：这个惩罚有助于维护规则的尊严吗？有助于发展学生的道德理解力吗？

苏霍姆林斯基有这样一段话：

> 惩罚不仅是强制的极端形式，也是对学生品行做出公民评价的一种形式。只有当教师使学生信服某一原则，并迫使他思考自己的品行和对待他人的态度时，惩罚才能起到再教育的作用。我们仅把责备视为这种惩罚的形式。
>
> 教师对学生的责备是否具有教育力量，取决于教师自身的道德品质，取决于他的分寸感和威信。不管对学生品行的评定有多尖锐，有经验的教师从不采取一棍子打死的做法。在机智的责备中，往往包含着惊诧的语调："我期望你的可从来不是这种行为，你比你的行为表现要好得多。"这些话不能平板地说出，而应当"流露出字里行间的意味"——责备的艺术正在于此。如果教师不是巧妙而机智地运用责备，而一味地"诉诸"咒骂，凌辱学生的人格，这势必激起学生的失望、怨恨、孤僻、蛮横，视教师如同仇敌。责备的艺术在于严厉和善意的机智结合：学生在教师的责备中感觉到的不仅是公正的严厉，而且是仁爱的关怀。

在这段话中，包含了两个极端重要的原则，不符合这两个原则，惩罚就是没效果或者只有反效果的：

（1）惩罚必须基于"仁爱的关怀"，惩罚越严厉，作为惩罚的基础的爱应该越深厚。"只有热爱人的人才有权利责罚人"（泰戈尔语），这是千真万确的道理。惩罚只有以爱与信任为前提才有效果，只有在这种情形下，惩罚本身才包含了一种肯定（即你有能力达到某一标准，但是你没有做到。虽然你没有做到，但你是有能力的，这就是一种肯定）。换句话说，必须使惩罚成为肯定的一种形式。孩子一旦感觉到老师的惩罚怀着恶意或怨愤，无论惩罚多么公正也会引发抵触；相反，孩子一旦感觉到老师的惩罚中所包含的"怒其不争"的关切，那么纵然惩罚过度，也容易引发孩子的羞愧感。

（2）惩罚必须让学生信服。这种信服包括三种含义：一是孩子信服惩罚据以作出的原则，例如校规或班规，或者大家公认的价值观（这一点非常重要）；二是惩罚是公正的；三是孩子感觉到惩罚是公正的，即孩子理解了他所犯的错误，没有这种理解，就没有对惩罚的心悦诚服的接受，而没有对惩罚心悦诚服的接受，惩罚就无法起到促进道德发展的效果。

反之，只是运用惩罚，孩子不可能发展道德理解，反而经常觉得自己受了委屈。或者，惩罚抵消了孩子的负疚感。更重要的是，未被理解的惩罚尤其是过量的粗暴的惩罚，会进一步降低孩子的道德敏感力，并促使孩子不是防止错误，而是逃避惩罚。因为他的注意力会在惩罚上，而不是在自己所犯的错误上。

那么，什么样的惩罚是好的惩罚？

除了遵循上述原则外，好的惩罚往往是：

（1）等值的惩罚。即惩罚必须与错误相适应，不能过度也不能不及。尤其是有些老师因为生气，经常随意地加大惩罚力度，这是非常错误的。

（2）好的惩罚，会让孩子体会错误的后果，或承担责任。例如，让孩子以实际行为弥补过失，体验自己的错误所带来的麻烦。

（3）必要的时候，要延迟惩罚，给予孩子以反思和纠正的时间。

例如：

有一次五年级学生柯斯佳和根纳季在院子里跑着玩，碰坏了一株小苹果树。这株苹果树是孩子们两年来一直精心照料的。回到教室后，我坐在桌旁，不知该说什么好。柯斯佳和根纳季自动站在黑板前（虽然谁也没有让他们这样做），脸色苍白，不知所措。30 双眼睛看着他们，但是孩子们的目光里没有谴责，没有恼恨，有的只是同情。在一个友爱的集体里，这也是很自然的：小伙伴有了伤心事，伤心事当然是引人同情的。在这种情况下，难道还谈得上给这两个闯了祸的孩子以什么惩罚吗？惩罚是不能奏效的。

于是我让他们回到自己的座位上去。我对发生的事表示了惋惜，然后对大家说应该想个挽救的办法。我告诉孩子们夏天也可以移植树木，但需要特别细心管理。话音刚落，马上就有孩子表示愿意试验一下，在原来的地方重新种一株新的苹果树。下课以后，班上的孩子们便和柯斯佳、根纳季一起上苗圃去了，他们在那里选中了一棵小苹果树，并小心翼翼地把它运到学校来了。

从此以后，谁也没有向柯斯佳和根纳季提起那件事，谁也没有强迫他们两人照管新栽的小苹果树，可是他们俩却成了最关心、最爱护果树的孩子。秋天，他们给春天在校园里种下的所有树木的根部都培了一圈土，还灭掉了果树上的害虫。孩子们如此高涨的劳动热情难道单纯是因为他们深刻地认识了自己的错误吗？不是的，不完全如此。激发他们劳动热情的主要源泉是大家对他们的信任，对他们内心世界的体贴和关切。

这就是一个成功的案例。

当然，也不乏可以商榷的案例，例如：

我曾经教过一个任性的、胡闹的、一点也管束不住自己的男孩子罗曼。他会无缘无故地一会儿打了这个同学，一会儿又把另一个女孩子的连衫裙故意弄脏。

有一天早晨上课前，小女孩廖霞哭着来找我，罗曼已经把她扎小辫子的丝带扯去了。我把罗曼找来，对他说："你听着，罗曼，你的自由是一种野蛮人的行为，它会使你在生活中跌跤的。要是成年人干出这种事，人们就会剥夺他们的自由，把他们关进监牢。我们对你将采取另一种办法。把你的右手伸出来……"

他伸出了右手。我从口袋里掏出一根绷带，把他的手掌和手腕缠住，然后把他的手牢牢地捆在衣袋里，使他不能使用这只右手。

"罗曼，我们今天就这样生活，不使用右手。为了不使你一个人觉得孤单，让同学们把我的右手用同样的办法扎起来。"

孩子们照我给罗曼的做法一样，对我的右手做了同样的处置。罗曼惊奇地等待着，下面将会发生什么事。

我说："好吧，现在我们就准备这样生活……让我们试一试，这样生活是不是轻松……"

一整天，我都跟罗曼在一起，在校园里，在花园里走，在教室里上课，一起吃饭……这孩子能够体会了：如果有一天真的失去了自由，生活将是一种什么滋味。后来，我又不得不给他上了几课，只是比较轻一些，没有那一次的严厉。罗曼终于学会了约束自己。

在这个案例中，苏霍姆林斯基的高明之处在于，他不是抽象地讲道理，而是让学生体验自身行为可能导致的后果。他的逻辑是：一个做坏事的人会受到相应的惩罚，学生体验这种惩罚，就会小心翼翼地防止做坏事以免招致惩罚。

但这里有一个问题：如果学生以后在做坏事的时候，发现自己能够逃避惩罚呢？

所以在这里，苏霍姆林斯基有一个不小的问题：究竟应该让学生体验什么？

学生的不良行为有两种后果：一是对他人带来了损失或痛苦；二是自己有可能招致惩罚。所以更好的办法，是让学生体验前者。

体验前者的方式有两种，一种是象征性地承受类似的苦痛；一种是补偿性的体验，即承担相应的责任。

也就是说，罗曼体验的，是自己失去自由的感觉。而不是受伤害的小女孩的感觉。

总之，对儿童的错误进行惩罚的最好方式（而不是唯一方式），是让他体验（或替代、模拟体验）他的错误对别人造成的伤害，并让他对他所造成的伤害进行弥补，这就是所谓的“等值的惩罚”。因为教师应该使惩罚具有教育意义，这种教育意义，一方面是让儿童以同理心去体验自己给别人造成的伤害从而引起内疚（这种内疚是形成道德感的重要因素），另一方面是让通过承担后果的方式，来形成责任感。

在这里，苏霍姆林斯基只是让学生体验惩罚，即未来成为成年人后，如果做出类似的事情，将会遭受到的失去自由的感觉。显然，这只是一种外在的约束（这也很有必要），儿童是出于对失去自由的体验而约束自己，而不是因为体验到了自己错误对别人造成的伤害而发自内心地感觉到内疚，这是这个案例的不足之处。

（二）道德气氛

但道德教育还有另一种方式，更持久、更有效，并且是直接地作用于学生的无意识，这就是苏霍姆林斯基所说的道德教育的另一个源泉，即利用“儿童周围的复杂关系”。这种方式与直接教育的方式，类似于言传与身教的关系、无意识记与有意识记的关系，或许也可称之为间接教育吧。

人们的生活一幕幕从儿童眼前闪过，生活的每一个细节都反映到儿童的记忆中，有时是绕过意识，似乎不知不觉地就进入了记忆深处。生活不但反映到意识中，也反映到潜意识之中。记忆是自动工作的，来自周围世界的信息进入潜意识的要比进入意识的多。在潜意识里，信息不是杂乱无章地堆积在一起，而是分门别类、有系统地排列起来，而人的各种社会本能就是由此表现出来的。如果一个儿童吃完了一个苹果，手里拿着咬剩下的苹果核找地方扔，当他没找到垃圾箱时，就把苹果核揣进了自己的口袋里——这里起作用的就是人的社会本能，这种本能是通过潜意识中信息的长期积累而形成的。虽然这些信息并不是专门为教育提供的，却能产生强烈的教育作用。如果没有这种信息，一切善良的劝导都是徒劳的，对儿童来说如同对牛弹琴。

显然，言传与身教必须保持一致，这应该成为教育中非常重要的一条原则。这意味着：

——教师的德育语言，以及一切的道德教育所依据的原则，都必须是自己实实在在确信的，并且在自己的言行中鲜明地体现出来。教学生诚实的老师，必须时时刻刻保持诚实；教学生一丝不苟地对待学习的老师，必须一丝不苟地对待工作；教学生助人为乐的老师，必须经常热心地帮助他人；教学生文明礼貌的老师，更不能出口成脏……学生不但听老师讲道德，只有他能够从老师的身上无时无刻感受到一种道德的力量的时候，他才能真正地信服，并润物细无声地化入他的生命。

——教师所创造的一切教育环境，都必须是道德的环境。班级的风气应该是道德的，一切不道德的行为都会被谴责或被干涉，例如抄袭作业或作弊，谩骂或打架，迟到、早退或旷课等；学校跟家庭，或教师跟家长的关系应该是道德的，是彼此坦诚以待相互支持，而不是相互拆台彼此指责的。这种氛围，甚至不限于校内。

如果缺乏道德气氛，那么，学生的意识与潜意识就会发生冲突矛盾，意识层面的教育成果便会被削弱甚至颠覆。久之，学生就会认为，老师说的话是不可信的。这样，老师的言辞就会一天天地在学生眼中变得空洞起来，最终沦为形式主义的东西。

所以，道德气氛，乃是道德的直观体现（苏霍姆林斯基所说的“能向儿童揭示各种道德内容的直观课”），是具体化了的活生生的道德观念。

一所学校必须明白，决定一所学校的，主要不是那些挂在墙上，写入文件的条文（例如校训之类），而是弥漫于一所学校的道德气氛。道德不在别处，就在学校里的每一个角落里，在学校里人与人之间活生生的相互关系中。

一个教师必须明白，决定一间教室的，也主要不是那些道德训诫，而是一个教师的道德人格，以及这种道德人格在教室里造就的一种气氛。“己立立人，己达达人”，这才是更为根本的道德教育的方式。

苏霍姆林斯基的这一认识具有重大的实践价值，道德教育离不开教育者的自我教育，教育者的自我教育是教育者教育学生的前提和基础。只有教育者在自己的言行中努力地体现一切，他才真正地拥有道德教育的权利，而道德教育才能真正地收到效果。

（三）集体教育

关于集体教育，苏霍姆林斯基讲得很多，还专门写了一本书《培养集体的方法》。

受时代限制，苏霍姆林斯基所说的集体，必然也遵循那个时代所理应遵循的原则，即保持所谓的“思想先进”“政治正确”。但苏霍姆林斯基的伟大之处在于，他在相当程度上纠正了当时集体主义思想中存在的偏颇，即在集体与个人的关系中，使集体凌驾于个人之上，而使个人成为集体的工具。

苏霍姆林斯基本质上是个人道主义者，因此他特别强调人的个性发展。在集体与个人的关系中，他强调的是二者的和谐：

> 我们的时代在这个极其重要的道德问题（它同时也就是个性全面发展的问题）上开辟了新的境界。这就是社会的利益和个人的利益相结合，就是个人幸福和社会幸福取得和谐。使个人服从社会义务，应当符合人的个人愿望。这就是责任感的含义。

显然，如果只是个人服从集体，那么和谐将永远无法产生。所以苏霍姆林斯基说，需要“使个人服从社会义务，应当符合人的个人愿望”，即不应该是一种强迫。换句话说，集体的存在，并不以个人消泯个性为代价。只有这样，集体才能成为个性发展的丰富的背景与源泉，而个人也是集体欣欣向荣的血液。

这一点，在道德教育中当然有着重大意义：

> 如果一个集体中的孩子都能感到他们是属于一个整体的，那么这个集体就会变成一种强大的教育力量。这种力量并不表现在这个集体可以对他的每一个成员进行批评和惩罚，而是表现在他把一切好的和坏的东西都当

成是自己的，并且对一切不好的行为承担责任。

在这段话中，最生动地体现了个人与集体的和谐性。正因为个人从根本上与集体是不矛盾的，集体才会对个人产生积极的影响。

想想看，在一个和谐的集体中，每个人都感觉到自己是集体的一部分，与集体荣辱与共，他的贡献，就是给集体增光添彩，也大大地提升了自己的自尊感。而集体的退步（无论是由谁，由什么因素造成的），也会让他感觉到羞愧，觉得与自己息息相关。那么，在这种情况下，集体本身就构成了强大的教育力量。

在这种情况下，每一个个体的道德错误，都会引起集体的关注，而不再是孤立的个人事件。而对集体的珍惜，也是个人羞耻心的重要源泉。显然，集体的关注，就是一种压力。而这种压力显然包含着多种因素，既有责备，也有关切，既协助个体纠正错误，又不抛弃个体，甚至更显示出“我们是一个整体”。

相反，如果只有集体，没有个人，或者说，集体凌驾于个人之上（这正是那个时代的流行思潮，连马卡连柯这样的教育家也不例外），那么集体就很容易成为摧残个人的强大力量。个人在集体面前必须驯服，必须臣服，必须消泯个性，成为集体中的一颗螺丝钉，否则便会遭受到集体无情的打击。在这种情形下，必然造就虚伪温驯的个人，而无法造就个性鲜明的个人。

还有一种情形，就是根本不存在真正的“集体”，班级就是一团散沙，这时候是根本谈不上集体教育的。

总之，在苏霍姆林斯基看来，什么是正确的集体教育？

1. 教师要善于利用集体，形成正确的舆论力量，使每个人无形中受此力量的制约，从而增强是非感，形成负责任的道德态度。

2. 但是，又要防止使集体成为打击人排斥人孤立人的力量，相反，集体的一切压力，都应该建立在对个体的尊重的基础之上。也就是说，集体打击的不是个人，而是个人所犯的违背了集体价值观，甚至给集体带来损失的错误行为。这种打击本身，也是建立在对个人的爱护的基础之上。换句话说，要将对个体错误的抨击纠正，与对个体的爱护结合起来，每一次对个体进行批评的同时，都必须同时显现这种爱护。

3. 慎用集体的力量，尤其是涉及隐私可能伤害到个体时，更应该谨慎。

（四）自我教育

在教育中，历来有两种错误的倾向。

一是认为生命应该按某一种样子生长（例如有名的螺丝钉理论），教育应该通过灌输、诱导以及奖惩的方法，把孩子引向指定的方向。人文主义、白板说等，都有这种倾向。有些老师（甚至是大部分老师），都会有意无意地将自己的观念（偏见）当成绝对真理，然后以各种方式灌输给孩子。

一是认为生命不应该受到任何抑制，不应该受到各种干涉，主张生命自然而然地发展。例如以卢梭为代表的自然主义教育观。反映在道德教育中，就是主张不用任何明确的道德目标去影响学生，让学生自由选择。

但是，成熟的老师，会对自己的观念进行区分：（1）必须坚持的共识，例如道德领域、纪律领域以及学习领域的基本规则，以及应该加以继承的文化传统，这是学生顺利发展的保障；（2）不确定的、必须通过对话来不断相互启发和达成共识的部分，例如涉及兴趣爱好以及学习方式等内容。

举个例子，假如将道德养成或学习比作吃饭，老师与学生一起进餐，那么：

1. 饭菜的种类越丰富，越有利于学生的健康；（建立在共识基础上的价值多元……）

2. 尽可能是自助餐，越是自助餐，越能够满足学生的身体需要，因为每个身体的状况都不一样；（每个人都是道德抉择的主体……）

3. 自助餐并不意味着饮食的绝对自由，老师有义务绝对禁止有毒以及过期食品，无论它们看上去多么诱人并且学生强烈地想吃；（任何道德抉择都不是绝对的，都必须基于传统以及底线共识……）

4. 老师要不断地介绍各种食物的利弊，示范合理饮食，或表扬能合理安排饮食者，这会形成良好的导向，协助学生做出正确选择，但导向不是强迫规定，而且导向的重点不是食物本身，而是食物与人的关系；（教师秉持在与传统以及异质价值观对话的过程中形成主导价值观，并以此作为共同体的方向……）

5. 如果学生长期偏食，老师要进行积极干预，确保学生理解偏食的危害并逐渐纠正，必要时也要采取强制措施。（学生丧失了自主能力或自我教育能力时，教师要果断干预并培育道德自主力……）

总之，道德教育的最终目的，是让学生从他律逐渐走向自律，从被动地接受外在规范走向形成自己的良心法则。显然，在这个过程中，教育与自我教育必须紧密地结合起来，教育的最终目的，是促成学生的自我教育。因为孩子的道德感，必须源于主动的建构，而无法进行外在的灌输。

学生自我教育能力的培养，从小就应该开始：

在童年和少年早期，在 7 ~ 11 岁时，就要教会一个人自我管理。而如果需要的话，还要学会“强制自己”的能力。若是错过了这个时期，以后就会不可避免地出现重新教育的问题。

这种培养，其实就是各个领域（或者说全部精神领域）的自我控制训练。包括生活习惯的自我控制，身体锻炼的自我控制，劳动的自我控制，尤其是智力领域的各种自我控制（这在小学尤其重要）。教师的作用，是通过劝告、监督反馈等各种手段（甚至包括必要的强制），来提升学生的自我控制力，增强学生的自主感以及自我负责的能力。

而到了少年期，就进入一个非常特殊的阶段：

少年时期和青年早期，是个人智能、道德和社会意识自我肯定的年龄期。在这个年岁上，学生精神上的正常发展，取决于他在集体人际关系和活动的一切领域中（在智力生活中、在劳动中、在道德信念的形成中）自我肯定的深刻程度。只有当少年不仅学会仔细观察周围世界，而且学会仔细观察自己时，只有当他不仅渴望认识自己周围的事物和现象，而且渴望认识自己的内心世界时，只有当他心灵的力量集注于使自己变得更美好、更完善时，他才能成为一个真正的人。这里谈的是在精神生活一切领域里的自我教育。

也就是说，在这一时期，自我教育其实已经成为少年或青年内在的强烈诉求，外在的强制越来越无法令少年或青年信服。少年迫切地需要自我肯定，急于显示自己的力量。而对学校教育来讲，最重要的任务不是训诫，而是提供丰富多彩的途径，让少年了解和显现自己的力量与才干，在不同的领域尤其是自己热爱的领域里获得成就找到幸福，一天天地发现自我，形成自己的个性。唯其如此，道德发展才是可能的。而在这个过程中，少年更容易与他人建立关系，关心人，帮助人。这些领域，可能包括各种各样的劳动（例如帕夫雷什中学众多的兴趣小组），可能是一些公益性的活动（少年特别喜爱这些活动）。

除了通过劳动或活动获得自尊感和荣誉感，进而发展道德之外，阅读也是少年自我教育的重要途径。这不但是指阅读能够培养学生的学习兴趣，帮助学生在感兴趣的领域中获得更好的发展，更是指阅读会刺激学生思考自我与人生。而在这类阅读中，以传记类作品的阅读最为明显。因为少年迫切地在寻找自己，想知道“我是谁”这个问题的答案，而在传记类作品中，少年更容易找到自己的榜样并燃烧起向榜样学习的热情，这是塑造个性的重要途径，也是道德发展的重要途径。所以在少年时期，给学生提供更多的机会，让他们通过阅读思考自己甚至找到自己倾慕的伟大人物或卓越人物，是非常重要的一件事，远比说教更为有效。

另外，苏霍姆林斯基特别强调了闲暇的问题，即要让学生自我教育，必须有时间和空间让他们自由探索。他很反感对学生的过度控制：

> 许多教师相信，应该采取更多的措施“控制”少年，吸引他们参加文化教育机构和体育组织的活动。少年成了罪犯或破坏了道德规范，大家都痛心疾首：我们的俱乐部、青年咖啡馆、运动馆太少啦，少年不得不聚集在街头——由此也便发生了放任自流和犯罪现象。对犯罪根源的这种解释，会把家庭、社会人士、共青团和学校引入迷津。在这种解释里，有一种牢牢抓住少年之手一步不放的强烈意愿，害怕他独身自处时就抵御不了坏榜样的诱惑和罪恶的钓饵。

这种情形，源于一种恶性循环。一方面，学生在学校里被控制得死死的，被机械地灌输各种所谓的知识；另一方面，只要一放假，学生就仿佛囚犯出了监狱，又厌恶任何学习，常常容易迷恋于一些低级幼稚的活动，包括上面所说的“放任自流和犯罪现象”。到现在，这种现象更加严重，许多孩子的闲暇时间，都交给了电脑游戏，QQ聊天，以及另外的一些低级的活动，而不肯从事有意义的探索。

为什么会出现这种情况？即课上与课下割裂，校内与校外割裂？杜威有一段话一针见血：

> 凡是所做的事情近于苦工，或者需要完成外部强加的工作任务的地方，游戏的要求就存在，只是这种要求往往被歪曲。通常的活动进程不能给情感和想象适当的刺激。所以在闲暇的时候，不择手段地迫切要求刺激，不

惜求助于赌博、酗酒等。或者，在不怎么极端的情况下，求助于无所事事，寻欢作乐，消磨时间，但求即时的惬意。休闲活动，按英文原意是恢复精力的意思。人类天性没有比恢复精力更迫切的要求，或者说没有比这更少要避免的。有人认为这种需要能够加以抑制，这是绝对错误的。清教徒的传统不承认这种需要，结果造成大量的恶果。如果教育并不提供健康的休闲活动的能力，那么被抑制的本能就要寻找各种不正当的出路，有时是公开的，有时局限于沉迷于想象。教育没有比适当提供休闲活动的享受更加严肃的责任；还不仅是为了眼前的健康，更重要的，如果可能，是为了对心灵习惯的永久的影响。艺术就是对这个需求的回答。

由此可见，课外或校外的问题，或者学生是否能有效地利用闲暇时间发展个性的问题，即自我教育的问题，与学校教育密切相关，必须坚持教育与自我教育相结合的原则。

案　例

柯利亚①

在我的记事簿里记载着许多孩子的事例。这些孩子后来都成了优秀的少先队员、共青团员，或者是捍卫祖国的英勇战士。但是他们之中没有任何一个人在童年时期没有犯过错误或者干过错事。下面我将谈到一件发生在20年前的事情：

三年级学生柯利亚是家兔饲养小组的积极成员。他十分精心地照看着这些小动物，每当母兔需要特别照管时，他一天好几趟来到学校的教学实验养兔场。一次，这个热爱劳动的小男孩竟偷走了一对兔子。这件事他在和我谈话时当面向我承认了。是什么思想指使柯利亚偷兔子呢？这使我回想起柯利亚曾经准备为他最心爱的兔子做个新笼子，希望每天都能照看它们的事。正是在这种思想指使下他才下决心把兔子拿回家去。这种行为当然不能称之为偷窃。柯利亚做这件事情的动机里既有应该受谴责的一面，也有纯洁的一面，二者交错在一起。他拿走了集体所有的东西，这是该受谴责的，但是他这样做却是为了更好地照看兔子，为了给学校繁殖更多的小兔，因此我认为没有必要把这件事告诉给班集体。因为孩子们完全可能不理解这件事情的复杂性。

我帮助柯利亚认识到他这样做是不好的，并建议他把兔子拿回学校来悄悄地放回到笼子里去。养兔小组的孩子们见到兔子又在笼中之后感到很

---

① 《要相信孩子》，10页。

惊奇。我在大家都很高兴的时候，提出一个建议，每个孩子都可自愿地拿一对兔子回家去饲养，并繁殖出小兔子，过三四个月后，把原来领回来的一对兔子连同繁殖出的小兔子一起送给集体农庄，或是送给每年夏天在学校里组织的夏令营。

孩子们非常高兴地接受了我的建议，每人领走了自己选中的一对。柯利亚当然急忙拿走了他心爱的那对多灾多难的兔子。

一生中从未犯过错误的人是很难找到的。童年时期当道德面貌正处于形成阶段时，犯错误的可能性就更大些。但是儿童们的任何行为都不能与成年人的类似行为相提并论。儿童中出现的偷窃现象和成年人的类似行为绝不是一回事。如果对待儿童的错误行为像对待成人一样进行揭发和谴责，那么在儿童敏感的心灵中就会长时间的，甚至终生留下伤痕。犯了错误，又被公开批评过的儿童往往会变得沉默寡言，不愿意接近同学。更不好的是他们争取做好事的愿望和热情会因此而减退，甚至连争取做一个诚实而道德高尚的人的愿望也会随之削弱。因此在处理儿童各种不良行为时，对待偷窃问题必须特别慎重，特别细致，特别有必要深入研究儿童的内心世界。

【问题与思考】

为什么柯利亚的行为不能称之为偷窃？小学低年级的偷窃与高年级的偷窃通常有什么区别？为什么苏霍姆林斯基强调，“对待偷窃问题必须特别慎重，特别细致”？

米　沙①

有时儿童感到得不到成年人的尊重，而又不善于把自己在道德方面的优点表现出来，所以便想出各种方法来引起别人对自己的注意。最常见的方法就是干一些不好的事情。

这样的儿童是很难教育的，他们总愿意做那些不允许的事情，而要求做的事他们却偏偏不干，有时甚至把事情弄到可笑的地步。如有一次，一位班主任在一次到森林里去的集体野营活动中，为了摆脱一个令人讨厌的

① 《要相信孩子》，13 页。

调皮孩子米沙，故意采取命令他必须参加这次活动的方法，不出所料，米沙果然没有到森林里去。跟老师对着干已经成了米沙行动的主要准则。米沙的执拗和不听管教常常超出了应有的限度。为了他一个人，整个班集体的工作都无法正常开展。我们经常请米沙的母亲来学校，同时也尽量开导米沙本人，但是这些做法都没有收到明显的效果。每一次都往往是母亲无可奈何地两手一摊，儿子紧锁眉头避而不答。最后儿子虽做出改过的保证，但显而易见，这种保证纯粹是为了尽快摆脱这场使他心烦的谈话。

久而久之，本无恶意的孩子式的淘气逐渐变成了严重的不良行为，孩子气的自由散漫逐渐变成了懒惰和游手好闲。我们就如何教育米沙这个任性而执拗的学生的问题进行了多次讨论，这是一个使我们整个集体都为之焦虑和不安的问题。

米沙不信任教师，这是大家都不怀疑的。他对人有戒备之心，总是抱着怀疑的态度。但他是否从来如此呢？不是的，他并非从来如此。是强加在他身上的教育使他变成了这个样子。母亲一味对他吹毛求疵，责怪埋怨。我们教师也是如此。不论给他提什么意见，总是带着责怪和不信任的口吻，或者是用善意的开玩笑的形式，但这种带有宽容意味的善意玩笑更使孩子难以忍受，因为他除了从中感到对他的不信任外，还感到了对他的嘲笑。

当米沙没有完成作业时，老师对他说：

“我早就知道，米沙准是又忘了……”

当米沙作业完成得好的时候，老师当然是满意的，但说话时又表示出惊讶的感情：

“米沙终于下决心好好学习了……”

总之，随时随地都有各种各样的小事使米沙想起自己是有一大堆缺点的孩子，这就使米沙和教师以及和集体之间的本来就紧张的关系越来越紧张起来。

个别老师认为，不能再让这个孩子继续留在学校里了。教师集体不同意这种观点，认为读完七年级后，一定要让米沙升入八年级，并应改变对他的教育方法。

当时学校正在盖一幢新楼房。我有意识地请米沙到工地去清点一下存砖的数目。米沙对我的请求感到不知所措，但还是完成了这次任务。清点后，发现所存砖数不多，用来砌墙只够两三天。我焦虑地说：

“怎么办呢？拉砖要到工厂那边去，可是现在又派不出人来。”

我希望米沙能从我的话里听出我在请他帮我出主意，帮我解决这个问题。我希望他能把我当成一个向他求援的长者，而把自己当成一个劳动者。但是他的脸上却显出了迷惑不解的神情，他不理解这一席谈话的用意。紧接着，这种迷惑不解的神情又变成了难以掩饰的惊慌。他在尽量揣摩校长究竟给他设下了什么圈套。于是我又一次对派不出人来而表示焦虑，又一次用征询的目光看了看他的眼睛。

“要是咱们同学里有人能答应去拉砖又不耽误上课就好了。”我自言自语似的低声说道。

空气紧张到了极点，现在不是米沙，而是轮到我需要掩饰自己的不安了。我不安的是不知米沙究竟会不会响应我的号召。

米沙沉默不语。再这样继续考验下去是不行的，米沙什么也不会说的。我这一番本来是极其平常的话，在米沙心中却引起了极大的波动和不安。

谈话以后两小时，我来到米沙所在的班，和班里的同学们又一次谈到学校的建筑工地上的困难，建议他们自愿报名参加夜间劳动，而且次日清晨照常来校上课。这是一次可以表现勇敢精神和意志力的好机会，它对十四至十五岁的孩子是很有诱惑力的。孩子们的手都举了起来，好像森林里的一棵棵树一样。在自告奋勇者的行列中也有米沙。他的面部表情似乎显得很无所谓，眼睛里也没有表现出任何热情，但是不难看出，他经过很大努力才掩饰住了各种矛盾的感情在他心中所引起的极大波动。

我从报名的同学中挑选了十人，其中包括米沙，并让他们课后集合起来。

显然这种做法加重了同学们的负担，但这是极其特殊的情况。此外，为了培养勇敢坚毅的精神和为实现崇高理想而奋斗的决心，也应该让孩子们克服一些真正的困难。

自愿兵兴高采烈，三五成群地来到集合地点，唯有米沙一个人显得郁郁不欢。我宣布说，这次任务没有老师带队，由同学们自己独立完成，因此责任重大。我的这一宣布使孩子们的情绪更为激昂。

“你们的领队是米沙。”我最后说。

我以为这一决定会使孩子们感到惊讶，但是相反地却响起了一阵愉快的欢呼声。米沙的表情更严肃起来，只是眼里透出了一点热情。

孩子们从当天晚上 10 点，一直干到次日清晨 5 点，中间休息了几次。回到家时已经 7 点，而 8 点钟又来学校上课了。教师有意识地不提问参加劳动的孩子，可是这些孩子却把手举得高高的，而且还为没有被提问而不高兴。虽然孩子们的眼睛几乎都睁不开了，但还竭力表现出并不困的样子。

共青团委员会对整个小组进行了嘉奖，学校《共青团大事记》里也专门记载了这一次劳动。

从此以后，米沙像其他使我终生难忘的任性孩子一样，开始了他艰苦的长期而曲折的转变过程。

此后，他还是像以往一样，凡碰到触动他自尊心的事情就十分敏感。当我们偶尔忽略了他的这一特点时，就又表现得很粗鲁，很不听话，甚至故意让人看到他的毛病，但这种情况毕竟越来越少了。因为共同的目标和共同的意志逐渐把教育者和被教育者联合起来了。

弗拉季米尔①

在生活里我们常常会遇到所谓不可救药的孩子，他们被周围的人谴责，有时还使周围的人发怒。

我常常回忆起几个最难教育的孩子和他们的经历。他们在几年过程中一直属于难教育的学生，但是最终走向生活时却变成了诚实而热爱劳动的人。

现在我还能经常见到我们区里一个拖拉机队的队长弗拉季米尔。他是集体农庄里的劳动能手之一。他所领导的队正在为争取“共产主义劳动集体”的称号而奋斗。每当我见到弗拉季米尔时，我都不由得想起他刚转到我们学校四年级时的情景。他刚来不久教师就说弗拉季米尔可能很难于管教。当时班上的孩子们正忙着准备观看两个少先队小队演出的文艺节目，大家正准备服装，练习歌曲。虽然孩子们已经和弗拉季米尔认识了，但却没有一个小队邀请他去，于是弗拉季米尔就站在外面从窗户往里张望。他一边看，一边学着猫叫，把同学和老师都惹恼了。为了惩罚弗拉季米尔，教师没有允许他去看文艺节目。

教师对弗拉季米尔的教育就仅限于此。而且为了害怕班集体受他的坏影响，教师甚至不让孩子们接近弗拉季米尔。弗拉季米尔感到大家都有意回避他，就越发想显示出他的机智和敏捷，经常想出各种意想不到的方法来引人注目。

---

① 《要相信孩子》，18 页。

五一节快到了，四年级少先队员被派往森林里去为营火会准备干树枝，并把弄回来的干树枝堆放在营火会会址附近。接受任务以后，大家又很自然地想把弗拉季米尔排斥在外，怕他会想出什么花招来故意捣乱。全班同学乘了三辆大车出发到森林里去了。弗拉季米尔一个人穿过草丛和沟穴向森林奔去。半路上他不知从哪里捡到了一个羊脑袋，于是他把自己装扮成一个可怕的怪物，忽然从小树林里钻出来，把两个小姑娘吓了一大跳。

节日前的那天早上，村边忽然出现了火光。原来是少先队为营火会准备的干树枝着火了。

孩子们气极了，他们跑到我面前愤愤地说：

“一定是弗拉季米尔干的，除了他谁也干不出这种事来。”

我认为出了这样的事情老师有责任，我更有责任。我们都忽略了弗拉季米尔积极要求参加各种活动的难以满足的强烈愿望，忽略了他因为教师对他不信任而采取的，虽然不可原谅但却十分合理的强烈反抗。这难道不是我们工作中的缺点吗？

我和弗拉季米尔谈话后证实，干树枝确实是他点着的。但此时他已不再逞强了，只是为他造成的后果感到害怕。当然就这一行动本身来说，完全应该受到严厉的惩罚。但是，如果仅仅采取惩罚的措施，必将使弗拉季米尔进一步脱离班集体。不仅如此，而且会引起他再一次采取某些愚蠢的，不理智的行动来表示反抗。因此我们决定暂缓对他的错误行为进行惩罚。

我和同学进行了谈话，说服他们同意暂时不惩罚弗拉季米尔，因为第二天就是节日，首先应该考虑如何把营火会需用的干树枝运回来。

我对孩子们说：“弗拉季米尔犯了严重的错误，现在他认识了自己的错误，愿意接受惩罚。他请求让他一个人到森林里去把树枝运回来。”

孩子们都表示同意。第一次弗拉季米尔单独一人运回了干树枝，第二次和第三次他就有了帮手，班里同学自愿帮助他。干树枝终于又准备好了。开营火会时弗拉季米尔是最早来到会场的一个，他心情愉快，情绪高涨。同学们把粗的大的树枝都交给弗拉季米尔劈，他都努力地完成了任务。

此后一连几天，弗拉季米尔都主动认真地完成班上交给他的最重、最没有人愿意干的活。就这样，他逐渐地参加到集体生活中来了。这种转变，无论是他自己还是班上同学都没有感到任何不自然。从此，弗拉季米尔旺盛的精力被引导到干好事而不是干坏事上来了。

过了一个月以后对弗拉季米尔进行了惩罚：一星期不得参加学校任何活动。多数孩子主张免除对弗拉季米尔的处分，但我仍坚持对这种行为必须进行惩罚的原则。孩子们对将要离开集体整整一周的弗拉季米尔就像对待遭遇到了什么不幸的孩子一样，非常同情。弗拉季米尔也很痛心，但他认为这次惩罚是他自己的错误行为所造成的、必然的、不可避免的后果。一犯错误立即进行惩罚往往容易因一时冲动，缺乏深入思考和仔细斟酌而做出不恰当的决定，而且也会引起孩子们的骚乱和强烈的情绪波动。这次对弗拉季米尔的惩罚则避免了这种弊病。

离开集体一周的惩罚，使弗拉季米尔深深地感到难受，他非常想念集体，一星期的时间长得似乎永远过不完。一星期以后，弗拉季米尔回到班里，同学们把他的归来简直当成了一件大喜事。

所以我认为处理任何问题都要等感情平静下来以后。如果学生所犯的错误不大，几天以后我们就会觉得当初决定进行惩罚是错误的，甚至是可笑的。如果所犯错误确实应该受到惩罚，那么过一星期以后，我们还是会认为非进行惩罚不可，为时并不晚。此外，即使是进行处分，我也主张对待被处分的孩子要像对待遭到不幸的孩子一样，对他采取同情的态度。我一般总是这样做：一方面对发生的事情表示惋惜，同时又坚贞不渝地贯彻一个原则，那就是和犯错误的孩子保持一种纯洁而高尚的人与人之间的关系。这样，犯错误的孩子就能把处分看成是一种必要的措施，从而深刻认识自己的不良行为，把自己所做的坏事真正当成一种错误来对待。

对儿童的无微不至的关怀，并不是原谅他们的一切缺点和错误，也不是对他们的错误进行毫无休止地说教。不认真考虑儿童今后前途的一味地善心，实际上等于对他们采取漠不关心的态度。真正无微不至的关怀，应该是培养儿童优秀的道德品质，并不断地使这些品质得到巩固。

【问题与思考】

为什么在多数同学反对的情况下，苏霍姆林斯基还坚持对弗拉季米尔进行了惩罚？这对你有什么启发？

尤 拉[①]

在一所学校里发生了这样一件事，它迫使教师们对师生关系问题进行深思。一年级来了一个叫尤拉的学生。这孩子活泼好动，从开学的头几天起就给女教师添了许多麻烦。

女教师对尤拉的母亲抱怨说："他在课堂上太不守规矩，连一分钟也不能安静地坐着。"

这类抱怨逐渐变得越来越强烈了："尤拉不经允许就随便说话……今天在课堂上无缘无故地高声大笑……他对同桌的同学叽咕了一阵，逗得那个同学笑了整整一节课……"

"那该拿他怎么办呢？"母亲发愁地问。

"这么办吧，"女教师提议说，"我们搞个联系手册，我每天给他打个操行分数，再把他所有的过错都写在里面。您就采取措施吧。"

母亲高兴了。但是女教师说的"采取措施"的话却又使她不安，她想："采取什么措施呢？"

于是，联系手册里开始出现这样的记载："尤拉在上课时放纸叠的飞机……老师提问别的学生时，尤拉给他暗示……您的儿子变得没法教育了……"

每一次，妈妈都问：

"尤拉，你在干些什么呀？你为什么不听话？为什么你的表现不像其他的孩子那样呢？"

尤拉不吭声，只是用他那明亮的蓝眼睛望着远处的什么地方。妈妈觉得，尤拉对她提出的问题莫名其妙，这使她恼火了，终于控制不住自己了。

妈妈打了尤拉一下，尤拉叫喊说："您怎么啦？妈妈！"

尤拉吓呆了，他的双眼瞪得很大。他不仅从来没有经受过这种痛楚和屈辱，而且他的童年是在从来不知道人可以打人的环境里度过的。

儿童的心灵是易受伤害的。在教学中，以及在整个学校生活中，如果对儿童采取不谨慎或者漠不关心的态度，就会出现许多尖锐的矛盾和暗礁，给儿童造成他们无法忍受的精神刺激。这种精神刺激是不应当有的。我们作为学校领导人，应该深入地思考这一点。

---

① 《和青年校长的谈话》，114 页。

解决这个问题的最切实可靠的保证，是教师、家长和所有与儿童教育有关的人，都具有高度的教育素养，都能认识到自己对儿童的命运负有公民的责任。

儿童对于善恶、是非是十分敏感的。成年人能够认识到不公正的事是错误的，儿童却还无力理解生活的全部复杂性。遗憾的是，并不是所有的成年人都对儿童的内心体验有所了解。儿童的内心状态——这是当别人的行为或多或少地触及儿童的人格时，儿童所做出的带有深刻个性的情绪上的评价。儿童对这些行为的反应（首先是情绪上的反应）是十分敏锐的，他对不公正的事极其敏感。在儿童看来，粗暴地斥责，冷嘲热讽，甚至随便地提一点意见（有时成年人也不一定感到其中的冷淡意味），都是不公正的。尤其是当成年人对儿童抱着轻视的、冷淡的态度时，问题就更加严重了。

不公正会伤害儿童的自尊心，引起他的愤慨，使他的内心产生各种各样的——积极的和消极的反抗意图。有些事在成年人身上只会引起轻微的激动，而在儿童心里却可能造成巨大的痛苦。我们学校里发生过这样一件事。我从五年级学生彼嘉身旁走过，偶然地对他的脸瞅了一眼。我停下来了，感到极为惊奇：这孩子的眼睛里流露出一种那么巨大的、绝望的、不是儿童常有的痛苦神情。事情的起因在成年人看来可能是微不足道的：生物老师要每个学生把收集的植物标本交上来，彼嘉晚交了一天。教师说，没有按时交，现在不要了。这孩子还向我诉说了他的其他不幸和烦恼，我听了心里很不安：原来这孩子在家里还遭到那么多痛苦！屈辱和痛苦接踵而来，而生物教师的严厉态度正好是火上加油。这件事教会了我要时常留心周围的人特别是儿童的内心状态。

我们可以做到使一个人习惯于生活在恐惧和威慑之下，但是养成这种卑劣的习惯后，会使人在道德上败坏，变得卑鄙、伪善和阿谀奉承。出于恐惧、害怕而俯首听命，这会使人变成一种残酷的、没有心肝的生物。培养健康的道德的最重要条件之一，是要使一个人认识到自己对别人、对集体的责任而养成良好的意志。

只有善良的人才能英勇无畏、不屈不挠。

一个孩子受到不公正的或者粗暴的待遇，受到缺乏机智的或者漠不关心的对待之后，内心极为震惊，体验着强烈的激动，但他却竭力装出毫无痛苦的样子。他会采取一种人们完全意想不到的积极反抗的形式，如装模作样、故作丑态等。他宁愿充当傻瓜、无所用心的捣蛋鬼，甚至小丑的角色，也不愿经常想到自己内心的痛苦。常有这样的情况，就是连教师和别的孩子们，也终于对彼嘉（泛指前述那种儿童）的装模作样、故作丑态习以为常了。大家在许多事情上宽恕他，教师对他采取迁就容忍的态度……有时甚至发展到大家故意怂恿彼嘉做出逗人发笑的行为。这是一种非常危险的情况——一个人的荣誉感和自豪感麻痹了。我们绝不能允许一个儿童不再尊重自己，不再珍惜自己的荣誉，不再奋发向上。在教育上，有这样一条极其重要的规律，就是要帮助学生在道德上不断完善，不断获取新的财富。我常想，可以对教育这个复杂过程做如下的比方：教育者是一位向导，他熟知一条崎岖难行的山路上的一切曲折和坎坷，他在向初次上路的年轻人指引道路。他只是指路，但路还得靠行路人自己去走。向导和年轻的行路人，在崎岖小路的艰难攀登中，共尝艰辛和分享快乐。共同的劳动使他们亲近，共同的自豪感使他们高兴。这种追求共同的目标和付出共同劳动的感情，应当把明智的领路人和经验尚少的年轻行路人结合在一起。我要再一次强调指出：教育——一种很不容易的劳动，只有当受教育者由于付出了劳动而感到自豪的时候，才能把道德财富引进受教育者的心灵里去。我们要使年轻的行路人心灵里确立起自豪感和荣誉感，使这些情感植根于领路人和行路人的共同劳动。哪里有这种共同的劳动，哪里才有教育。

教育的明智就在于保护受教育者，不降低他的人格。不应当使他感到自己是听凭命运摆布的一粒无能为力的尘埃。无论何时都要努力不让学生的意志受到压制。意志，形象地说，这是承载人的尊严感之大船的深水。性格执拗和不肯听话，要比唯唯诺诺、盲目服从好一千倍。

如果说我们对儿童还了解得很少，那么许多教师听了也许会觉得委屈。但事实上许多人对于儿童的精神生活缺乏起码的了解，这是不能容忍的。关于儿童心理状态的问题——关于他们的欢乐和忧愁、创痛和病态表现的问题，应该经常列入校务委员会及讨论共产主义教育理论和实践问题的专业会议的议事日程。几乎所有的学校都在举办一些讨论会。但是，有些讨论会往往脱离了儿童的活生生的精神生活，去研究一些理论问题：什么是社会教育啦，什么是人的全面发展啦，什么叫教养啦，等等。让我们想象一下，假如农学家们在讨论会上年复一年地、无休止地讨论“什么叫收成”的问题，那么研究农学能有什么实际的益处呢？可是我们教育工作者在自己的讨论会上搞的往往正是这一套：没完没了地研究什么是我们的“教育收成”。

教育理论应当是照亮教育实践的光源，应当是灵敏度很高的指南针，指示人们怎样和向什么方向去引导儿童。伟大的俄国教育家康·季·乌申斯基，满怀愤慨地把没有理论的教育实践比作以魔术治病的巫医。给巫术披上科学的外衣，是绝不会利于事业的。在这里，可怕的是，这种巫医治病的风气侵入学校生活最细腻的领域——人与人的相互关系（教师与儿童、高年级学生与低年级学生、同年龄学生之间）中去了。

学习——这首先是人与人之间的关系，是精神财富的交流，是发自内心的善意和相互体贴的赠予。学校的全部生活应当充满人道的精神。

那么在这里究竟什么是最主要的呢？

要成为有人道精神的人，就必须了解儿童的心灵。人道精神不是用某些专门的方法所能制造出来的。温情主义跟真正的人道精神是格格不入的。对儿童娇生惯养、百依百顺，会使他们变得懒惰、散漫和随心所欲。教师为这种现象而深感忧虑，于是就决定把家长对子女的姑息态度所造成的影响一下子扭转过来，认为只有用严厉才能对抗娇生惯养的影响。教师为了坚决扭转某些不良影响，就在触及儿童个性的一切问题上搞“急转弯”，于是就总是要跟儿童的意志打交道。而意志这个东西是非常复杂和难以捉摸的，更何况这里指的是儿童的意志。

真正的人道精神道德意味着要公正，而所谓公正，就是尊重与严格要求相结合。在学校生活中，没有也不可能有什么抽象的公正。教育上的公正，意味着教师要有足够的精神力量去关心每一个儿童，那是漠不关心、不公正的最坏的表现。如果儿童感到别人眼里没有他，不想去知道他个人的小小的不幸，把他丢在一边不管，那么他会认为这是一种痛苦的屈辱和极大的不公正。有时候，譬如在儿童独立完成作业时，只要教师走到他跟前，问他什么，给他一点指点，这对他就是一种精神支持。

我坚信，严格要求是从高度尊重儿童的力量和能力开始的。所谓严格的要求，就是要理解和体会什么是学生力所能及的，什么是他力所不及的，帮助儿童竭尽努力去达到他能够达到的那个高度。使一个人相信自己所确定的目标是能够达到的，这就是真正的严格要求，同时也是真正的尊重。

所谓对儿童的人道态度，就是教师要懂得这样一条简单而明智的真理：离开儿童内在的精神努力，离开儿童要成为一个好人的愿望，那么学校和教育就都成了不可思议的东西。真正的教育能手，对学生也是有督促、有强制、有逼迫的，但是他在做这一切的时候，永远不会去扑灭儿童心中那一点宝贵的火花——要成为一个好人的愿望。教育者的真正的人道精神，意味着他有高度的技巧和艺术，能够激发儿童这样的思想，即他还没有成为他应当而且能够成为的那样的人。应该让美好的事物成为儿童的理想，吸引他，鼓舞他前进。一个真正的教育能手，即使在责备儿童，对他表示不满和愤怒的时候（教师，也像任何有情感有修养的人一样，难免有愤怒的时候），他也从不忘记：绝不能扑灭儿童的这种思想，即目标还未达到，但一定要达到。

维 佳[1]

如果我们对于儿童的错误行为只是采取制止或警告的办法，那么儿童在走出校门时，必将是缺乏意志力的人。对儿童在生活道路上进行引导时，应当做到：既要使他们能够在大人或集体的指引下，迈出一生中具有重要意义的关键性的步子，又要让他们能够独立学步，使他们感到自己是有力量克服一切困难的。

一位一年级教师在开学几个星期以后就发现班上的一个孩子维佳有偷东西的苗头。这个小男孩先是拿了一个小姑娘的玩具，后来又把教室橱柜里的球拿走了。应该怎么办呢？在班集体面前揭穿维佳的行为，说明其错误的所在，然后引导孩子们对他进行严厉的批评吗？但是，就偷东西而言，不用孩子们的批评，维佳自己也知道是不对的。

于是我们在此后几年的教育过程中，时时注意给维佳创造适当的环境，以便使他经常有机会在两种不同的行为中做出选择：或者为了集体的利益而选择诚实的、高尚的行为，或者选择不诚实的、不道德的行为。而这一切都得由孩子自己做出抉择。干坏事情，可以不费力气，可是集体马上就会说他——维佳是个干坏事的孩子。表现出高尚的品德呢，确实要难得多，但同学们会发现他的优点，而且给他好评。

根据教师的倡议，一年级学生每人攒几个戈比，凑起来，集体订一份儿童报纸，而且把收钱和保管钱的任务都交给了维佳。在办理订报手续以前的几个星期里，维佳一直把钱放在专门为此缝在上衣里子上的一个小口袋里，随身带着。教师观察到，维佳费了很大的劲儿才做到了对集体的钱分文不动，但他毕竟战胜了各种各样的诱惑而做到了这一点。该去邮局交

---

① 《要相信孩子》，43 页。

钱的那一天，维佳满面笑容，因为钱保管得很好，分文不差。

这以后教师又把装订从橱窗上取下来的报纸的任务交给维佳，并几次在全班同学面前表扬了他，每次表扬都给他带来了喜悦。

到了二年级的时候，有一次，一个小男孩手锯上的几根小锯条不翼而飞了。是谁偷的呢？不得而知。后来老师到维佳家里去，正碰上他在锯东西，身旁的桌子上放着几块胶合板。教师什么也没有说，可是维佳却十分窘，脸也顿时红了起来。

第二天教师向孩子们提出一个建议：搜集破铜烂铁，用卖得的钱买小锯条。孩子们兴高采烈地干了起来。维佳干得特别卖劲儿。结果他捡的一份应换取 30 根锯条。这时教师对同学们说，谁换的锯条多，可以分一部分给那些没有搜集到废铁因而没有分到锯条的同学。维佳听了，立即把 25 根锯条分送给了同学们。

这件事情以后，维佳不论是单独或是跟同学们一起留在工作室里，都再也没有拿走过锯条或是胶合板。夏天搞行军活动的时候，维佳不止一次被指派去看守同学们的衣物，他也没有一次辜负大家的信任。

三年级的时候，维佳负责保管全班同学的彩色铅笔，他对同学们个人的东西也管得十分细心。

可是到了三年级末，维佳又犯了错误，他从集体的画册（这本画册里有每个少先队员的一张画）里撕下了一张空白纸，用来画了画，并把这张画挂在自己家里的桌子旁边。如果犯这一错误的是别的孩子，或许可以取消其参加某次集体活动的资格。但是对维佳却不能这样做，因为他的个人荣誉感还很不强，很不牢固。公开的谴责只能使他远离集体，打击他进行思想斗争的积极性，而把这一积极性保持下来已经很不容易了。

于是老师在课后把维佳留在教室里，不动声色地善意地向他说明，这种行为是不能允许的。在教师的诱导下，维佳不仅把撕下的那一页又贴回到画册里去，而且还画了一幅美丽的图画作为画册的封面。这一切维佳都做得很好，于是教师又表扬了他。但是这次表扬更多地使维佳感到惭愧而不是喜悦。

当老师表扬维佳的时候，他满脸通红，不敢抬起眼睛来看同学们。教师就是这样有步骤地建立并加强孩子的荣誉感。教师这种诲人不倦的辛勤劳动，终于得到巨大奖赏：有一次维佳在院子里拾到了包在纸里的两个卢布，他拿着拾物，飞快地跑进教室，激动地问："这是谁丢的？"

但是到了五年级，维佳又犯了一次严重的错误——偷了同班同学的冰鞋，当教师来到维佳家里的时候，孩子哭了，并立即向老师坦白冰鞋放在菜园里的稻草堆里，但他请求不要把这件事告诉任何人。

“我一定自己把冰鞋放到走廊的窗户上去。”孩子说。

十分清楚，孩子已经认识到自己的行为是错误的。但是对于培养孩子的优秀品质，只是停留在这一点上还远远不够。

当时学校里正举行滑雪比赛，教师知道维佳在比赛中一定能名列前茅。果然不出所料，维佳第二个到达终点。前三名在隆重的气氛中接受了奖品——一副崭新的冰刀。维佳激动地把冰刀安到鞋上，立即向结了冰的池塘走去。

后来维佳和其他少先队员一起教一年级小同学滑冰。他发现跟他学滑冰的小男孩和冰刀是那样难分难舍，于是他便尽了自己最大的努力不向小男孩要回冰鞋。

又一次，当维佳从这个小男孩手里拿回冰鞋的时候，看见他眼里竟含着泪珠。孩子的伤心泪打动了维佳，他便提议说：

“咱们两个把冰鞋分了吧，你一只，我一只。”

小男孩高兴极了，而维佳却立刻感到很不是滋味，但又觉得把送出手的礼物再要回来已经不可能了，于是只得独自伤心起来。这时教师走到维佳面前，劝他把另一只鞋也送给小男孩。

维佳伤心得几乎大哭起来，但仍旧按老师的意见做了。教师对维佳难受的心情装出毫无察觉的样子，与此同时却尽力设法培养维佳的新的兴趣。正好物理技术小组准备出一期幻灯式的墙报，于是决定请维佳在玻璃上画几张画。维佳立即被新的任务吸引住了。此后，小男孩还不时地把冰鞋让给维佳用，维佳用完就还给他，再也不像把冰鞋送给小男孩时那样心痛得难受了。

这件事情以后，一直到中学毕业以前，再也没有发现维佳有过把别人的东西据为己有的念头。这件事情以后的每一年里教师都鼓励维佳去做一些具有集体主义精神的、高尚的事情。比如维佳每年暑假能挣到300～400卢布，这些钱他除了用来给自己买教科书、衣服和鞋袜以外，从来也没有忘记过那个小男孩，总是给他也买些图画本、颜料、色笔、球和电动玩具等礼物。

在学校学习的最后一年里，维佳和同班同学一起做了一个小型旋车床，但是车床不能转动，因为没有马达。一个马达价值300卢布。学校当时付不出这笔钱。维佳事先没有告诉任何人就用自己夏天挣来的钱买了马达，拿到学校来，而且请求不要让任何人知道这件事情。

这就是一个学生从儿童到少年、到青年时期在思想上开展积极斗争所取得的成果。维佳思想上的隐秘从始至终知道的只有老师，而孩子们见到的只是他克服了重重障碍，经过艰苦斗争后做出来的一件件好事。这是对待像维佳这样一个具体孩子的唯一正确的教育方法。

我们认为没有不想成为好孩子的儿童。一切坏的东西总是会使儿童感到苦恼、难受的，但是年幼的儿童还不善于把自己的精力引入正轨。一个爱护儿童的细心敏锐的教师就应该在这方面给儿童以帮助。因此我想向年轻的教师和辅导员们进一言：做一个培养儿童优秀品质的创新者吧！我们做教师的应该像果园的园丁精心地照看嫁接到野生植物上的果树，爱护它的每一枝、每一叶那样，爱护和保持孩子们身上的一切好品质。任何时候也不要急于去揭穿儿童的不好的、错误的行为，不要急于把儿童的所有缺点公之于众，而应当让儿童发挥内在的精神力量来克服自己的缺点。让集体看到的首先是每个儿童的优点，这才是育人的艺术所在。

一个顽童的转变①

少数孩子对自己的缺点不但根本不想掩饰，反而似乎希望大家都能看得见，并且好像等着老师对他采取什么措施。这种孩子的前途是最令人担忧的。柯利亚就是这样的一个孩子。我对他的一切至今记忆犹新，仿佛他此刻就站在我的眼前。

那是战后的第一年，柯利亚的姨母把他送到我们学校来。开学一个月后，大家就都知道柯利亚是一个又懒又爱捉弄人的孩子了。秋天，高年级同学种树时，柯利亚故意把好几棵树苗的根弄坏，然后得意扬扬地把自己的“英雄行为”讲给班里的同学们听。为了找出那几棵被柯利亚弄坏了的树苗，高年级学生只得把已经栽好的几乎全部树苗又挖出来。

又一次，柯利亚伸手到一个同学的书包里去掏出了一本教科书，弄上好多蓝墨水后又放回书包去。干完这一切以后，他还睁着两只明亮而天真的大眼睛望着老师。大家都批评他这种行为太不像话，他却很动感情地气得哭了起来。

毫无疑问，这是一个属于“难于管教”的孩子。要想教育好这样的孩

① 《要相信孩子》，31 页。

子，一个人的力量是不够的。在我们学校里，对这类孩子的教育一般都由全体教师共同负责。

首先，我们对柯利亚各种错误行为产生的原因进行了认真的分析。大家认为柯利亚干坏事时那种幸灾乐祸的样子并非出自本心，而是故意做出来的。这个孩子的遭遇很不幸。他根本记不得自己的父亲，而母亲在几年前，当柯利亚还不到一岁的时候，就因犯了严重罪行而被判处剥夺自由十年。孩子一直跟着姨母过。他知道母亲犯罪的一切细节，因而失去了对人的信任。对于他来说，生活里没有任何东西是神圣的、珍贵的。从他开始记事时起，人们就对他说，他是一个学坏了的孩子，令人讨厌的孩子，不讲道德误入歧途的孩子。柯利亚为什么是坏孩子呢？那是因为他从来没有做过好孩子，也从来没有听见人家说过他一句好话。姨母把他当成包袱，老师最初也只有当他表现不好时才注意到他。

柯利亚入学后的表现，使学校相信他确实不好，令人讨厌，让人难以忍受，而且根本不可能改好。其实，柯利亚在学校干坏事并不是因为他能从中得到什么满足，而是由于这样做已经成为他的一种习惯，由于他从来没有尝过干好事和干高尚的事后所能感受到的激动人心的愉快，从没有体验过当优点得到肯定时所能享受到的那种精神上的满足。

一次，柯利亚所在的那一个班到森林里去郊游。一路上，柯利亚不是推这个同学一下，就是踩那个同学一脚。因此，老师罚他走在队伍的最后面，不许他靠近前面的同学。柯利亚皱起了眉头，但确实老实了一点儿。他边走边拾些小石子往树上扔，不再推人，也不再踩人的脚了。当队伍来到一个很深的沟壑前时，教师开始给孩子们讲解什么是山谷，什么是丘陵，什么是山，什么是沟壑等。柯利亚站在后面，竭力想干出一件能引起大家对他注意的事。他走出队伍，来到峭壁前，往下看了一看。教师不动声色，她装作没有看见柯利亚的这个小动作，继续对孩子们说：

"孩子们，不要走近沟壑，这是很危险的，一不小心，就可能掉下去。"

教师话音未落，柯利亚就喊了起来：

"我就不怕，我一点儿也不觉得有什么可怕的！我早就跳下去过，现在我马上就要跳下去，大家看着呀！"

说着，柯利亚果然纵身跳入沟壑。女教师"啊呀"了一声，顿时脸色苍白。孩子们怀着畏惧和钦佩的两重心情走到沟壑前，而柯利亚却带着满身泥土正往上爬呢！教师本不想去理睬这个违反纪律的孩子，把全班同学的注意力引到某件事上来。但是，这种方法经过试验是失败了，柯利亚的行为却赢得了同学们的敬佩。几天以后就发生了上述的树苗事件。

在柯利亚身上，好的、单纯的、天真的东西和丑恶的、不能容忍的东西极不协调地交织在一起。在对他进行教育的过程中，我逐步认识到，我们对柯利亚漠不关心、冷漠无情的态度引起了孩子的反抗，认识到我们应该尽一切努力激励孩子去干好事，去干具有集体主义精神的事，为他创造条件，让他有可能体验到当一个人意识到自己的尊严时所能享受到的那种人生的真正愉快和满足。

一次，我装作事先毫无准备的样子，把柯利亚请到生物研究室来，帮我精选苹果树和梨树的种子。这是一项细致而又需要耐心的工作。我和柯利亚一起干了两个多小时，直到我们都累了才停下来。柯利亚虽然尽量想装出一副瞧不起育苗工作的样子，但儿童的好奇心毕竟占了上风。一次，当女教师来到柯利亚家里时，看见他正在往一小块修整得很好的地里施肥、播种。教师的到来使他感到很窘，他似乎为自己热爱劳动的行为而感到不好意思。女教师帮着柯利亚把种子埋好，并按他的要求不把这件事告诉别人。但是，到了春天，当种子长出嫩芽的时候，教师发现柯利亚并不反对在大家面前炫耀一下他的苗圃。于是教师把孩子们带到柯利亚家里去参观他培育的幼苗。教师在全班面前表扬了柯利亚，说他努力劳动，而且有成绩。这次表扬对柯利亚起到了一定的作用，他明显地变了。从此，他更加认真地继续管理着幼苗。一年以后，柯利亚上交给学校 50 株小树苗。这一年当然是很艰难的一年。柯利亚不可能一下子转变过来成为好孩子。在这一年中，我们和教师一方面尽量吸收柯利亚参加到一个个做好事的活动中来，另一方面让班集体见到柯利亚所做的好事，并给予肯定。

就这样，我们逐步摸清了柯利亚复杂而相互矛盾的性格和行为。

逞英雄弄坏树根和纵身跳入沟壑两件事说明，柯利亚有一颗敏锐，但有些过分容易冲动的心。这颗心随时准备着响应一切召唤，问题是需要我们在这颗心里播下渴望做好事和做具有集体主义精神的事的种子。柯利亚是一个勇敢而果断的孩子。我们就这样在把他的精力引向正确方面的过程中，沿着一条艰难的、崎岖不平的小道一步步深入了他的内心世界。

有一次，孩子们到森林里去采集槐树子，准备随后在沟壑的斜坡上种满槐树。教师暗示孩子们说，大多数吹干了的槐树荚都挂在较高的树枝上，掉到地上来的是少数。教师的话还没说完，柯利亚已经爬到树上去了。他这样做，本来完全是出于故意不听指挥，显示自己愿意怎样干就怎样干，但教师却夸奖他说：

“孩子们，你们看，柯利亚真棒！他这就要给我们扔槐树荚下来了。”

柯利亚万万没有想到教师会表扬他……但他已来不及想这些了，孩子们已分别围坐在高高的槐树下，柯利亚只好掰下一枝枝槐树荚扔到树下来。孩子们争先恐后地请求柯利亚说：

“柯利亚，扔给我呀！”

“柯利亚，就直接扔到我的帽子里吧！”

柯利亚干得十分起劲儿。后来还有一个孩子也很勇敢，也不怕刺。柯利亚显然在和他比着干。

两个小时内，同学们从槐树荚里摘出两公斤的槐树子。柯利亚在干活时为了表现自己藐视危险的精神，从一棵树上跳到另一棵树上。人虽然没有摔下来，可是衬衫却完全划破了。当小家伙从树上跳下来时，脸色苍白，惊慌失措。教师起初感到很惊讶，继而明白了：柯利亚准是害怕了。划破了衬衫，姨母是饶不了他的，因此老师对他说：

“柯利亚，到我家里去吧，我给你换一件衬衣。要不，你姨母又该发脾气了。”

说话间，柯利亚已经镇静下来了。惊慌失措的神情已无影无踪，换上的是一副装出来的满不在乎的样子。他粗暴地、气冲冲地回答老师说：

“谁要你的衬衣？没有你的衬衣也能过。”

女教师这才意识到，柯利亚不能忍受别人用怜悯和宽容的语气对他说话，因为这会使他想起孤苦伶仃的生活，想起他在姨母家忍受的一切屈辱。

末了，老师又表扬柯利亚说，多亏有了他，全班同学才能采集到这么多种子，柯利亚听了却嘟嘟囔囔地说：

“我才不稀罕这些种子哩，要是我愿意，弄上一普特①也没有什么难的。”

第二天，班上同学又去林子里采集种子，柯利亚却独自到池塘里摸虾去了。

老师决定单独和柯利亚谈一次话，她告诉柯利亚说：“现在班里又要去采集橡实了，可是让人发愁的是附近林子里橡实很少。”

“我知道哪里有橡实！”柯利亚高兴得眼睛都亮了起来，“就是路很远，要坐大车去才行。”

星期日学校派出了两辆大车，老师和孩子们一起出发到第聂伯河岸茂密的树林里去了。一路上，柯利亚津津有味地向大家讲述他曾经和庄员

① 普特：计量单位。1 普特相当于 16.38 公斤。

们，在这里的农庄田间宿营站里住了整整一个夏天。因为有了柯利亚，全班共采集到100公斤橡实。

春天来了，女教师又请柯利亚帮忙了。因为只有他一个人敢爬到沟壑的陡坡上去挖坑，把槐树子种上。

经过长期的教育，我们看到柯利亚身上那种对集体的事有意回避，故意冷淡的态度在逐渐消失，他开始对大家感兴趣的事热心起来。于是女教师尽量创造各种条件，让柯利亚有机会全力以赴地去做完同学们已经开了头的事情。

但是坏的东西在柯利亚身上是根深蒂固的，而好的东西却像刚刚生长出来的幼芽，很弱小。比如说，柯利亚是个做弹弓的能手，他总是残忍地用弹弓打鸟。不论怎么说服他不要这样做也不起作用。冬天，他还去捉别人家的鸽子，把鸽子的翅膀剪掉后关在小棚子里。针对这一情况，我选了一个十分寒冷的日子，邀柯利亚一起到集体农庄的田间宿营站去。我让他观察鸟儿怎么冻得躲起来，怎么艰难地寻食。然后，我和柯利亚一起给鸟搭了一个"小食堂"。我委托柯利亚一周去喂一次鸟，还请他密切注意不要让任何同学把鸟弄死了。本来，激发柯利亚对这项劳动的兴趣是困难的。我之所以能成功，是因为我每周都亲自到"小食堂"去送一趟鸟食，柯利亚无法躲避，只得与我同行。后来我又帮他在自己家的屋檐下给小山雀搭起了一个"小食堂"。从此，他才开始自愿照看小鸟，从小鸟的敌人变成了小鸟的朋友。虽然在这一切活动中，柯利亚并未表现出主动性，因为他是被迫去关心鸟的，但他却没有感到他以上的转变是受了老师的影响，他觉得是他自己出于自愿给小鸟搭起了两个"小食堂"。

三年级时，柯利亚和其他一些孩子被吸收入队。头几天，他感到非常愉快，情绪高涨。可是不久情绪就渐渐下降了。班上的少先队辅导员发现柯利亚瞧不起一年级小同学。于是辅导员就在大风雪天，当小同学需要有人护送回家的时候，请柯利亚把两个小孩子送到家里去。柯利亚本来准备拒绝，但是辅导员恳切的态度使他不便这样做，于是他把两个孩子送回了家。辅导员随即在全班面前夸奖了柯利亚。此后，班里其他少先队员也自愿在天气不好的时候去帮助一年级的小同学。柯利亚当然不肯落在同学之后了。

春天，我校少先队负责绿化村里的一条街道，这是我们的一项传统活动，老师们也和孩子一起参加劳动。这年，我们一共种了200多棵树。辅导员建议设立一个少先队岗哨，负责保护刚刚栽下的绿油油的树苗。少先队员们欣然接受了这个建议，并推举柯利亚为岗哨负责人。夏天，少先队岗哨每天都要检查所栽树木的成长情况，严格地要求一定要把每株树苗都圈起来。如果一个庄员不负责任，损坏了小树，少先队员就要向他提出书面警告：如若再发生类似情况，将呈报区委会解决。

就这样，柯利亚逐渐开始关心集体的事情，逐渐不仅对自己负责，而且对大家负责了。他变得严肃多了。当别人给他提意见时，他再也不像以前那样发火，那样和集体闹对立了。这一转变是相当重要的，因为经常出现柯利亚干了坏事被集体发现的情况，不让孩子们议论这些事是不可能的。如果说过去柯利亚总是以罩和散漫为荣的话，那么，现在当大家提到他的这些缺点时，他总是感到很不好意思。

有一次，柯利亚把自己的名字刻在课桌上。开队会时同学们批评他不尊重别人的劳动。下课后柯利亚便自觉地到教室来，把刻坏了的地方弄好，还上了一层新漆。

我们在教育中年级和高年级的孩子时，总是坚持这样一个原则：随着孩子身体和思想上的不断成熟，应该让他们更多地意识到自己在为共产主义奋斗的事业中的地位。我校八、九、十年级的学生就已经开始参加一些成年人的劳动生活。他们不仅劳动，而且学习掌握各种机务人员应掌握的技能。我们要求少先队员和共青团员不论在哪里劳动，都应以自己的实际行动来保持集体的荣誉。我们学校这个集体，在大家的努力下，一贯遵循一条原则：我们集体中的任何一个成员不论在任何地方劳动，都要比其他人干得好，要起到模范作用。

柯利亚到了五、六、七年级时，对技术发生了浓厚的兴趣，他热心地在学校车间劳动。我们专门为他配备了一个优秀的机械师，以便让柯利亚跟着他学习。三年之中，柯利亚多次不仅不落后于先进的、有觉悟的工人，而且还成了别人学习的榜样。一次春播的时候，两台拖拉机坏了，临时组织了一个工人小组到现场去修理。参加这个小组的就有柯利亚和其他两位九年级同学。小伙子们整整工作了一夜，终于把拖拉机修好了。柯利亚和那两位同学结束了紧张的劳动后又赶到学校来和其他同学一样上课学习。

以上是对一年特殊教育对象进行道德教育的全部过程。经过十年的努力，学校把他培养成了一个有高度觉悟的人，一个诚实而忠厚的人。在劳动中，他忘我地苦干，对待同志他关切而富有同情心，他随时准备去完成任何一项有利于社会的工作。毕业后，他立即到农庄去工作，勇敢而满怀信心地走向了生活。

综上所述，我们认为，一定要肯定学生在道德品质方面表现出来的优点，并及时加以表扬。这是正确进行教育的一个十分重要的条件。当受教育者意识到自己做了有利于集体和社会的事情时，他会得到一种极大的精神上的满足。一个儿童、少年或青年的生活中，无代价地为祖国、为社会服务的事情越多，积极性越高，那么，他们向往那些建立在共产主义原则之上的，美好而崇高的事物的意向也就越会牢牢地扎根在他们的心中。

资源与拓展

道德问题是一个很大的话题，涉及的材料也非常之丰富，可参照下列资料开展多次学习讨论：

一、苏霍姆林斯基关于道德的论述，可涉猎如下材料：

1. 第 5 次谈话：关于道德教育的几个问题（出自《和青年校长的谈话》，第 158 页）；

2. 吴盘生：《苏霍姆林斯基对马卡连柯教育思想的批评——解读苏霍姆林斯基的要文〈前进〉》（网上搜索）。

二、有关道德教育的重要论述或案例，可涉猎如下材料：

1. 杜威《道德论》《民主主义与教育》第 26 章；

2. 《界定规训》《儿童纪律教育》第 1 章节选；

3. 《给我一些真相》《第 56 号教室的奇迹》第 1 章；

4. 《与学生相处的几个技巧》《奖励和惩罚学生的几点提示》《优秀是教出来的》附录；

5. 《等值的惩罚》，网络文章，可搜索；

6. 《中国教室里的道德人格图谱设计——网师〈第 56 号教室的奇迹〉课程思考》，干国祥，网上可搜索到。

三、一些最核心的相关书籍：

1. 《儿童纪律教育》；

2. 《美德的起源》；

3. 《价值与教学》。

第五章　家校合作

家庭要有高度的教育学素养，这是在实现人的全面发展的思想方面，现实生活所提出的又一个重要问题。教育的完善，它的社会性的深化，并不意味着家庭作用的削弱，而是意味着家庭作用的加强。只有在这样的条件下才能实现和谐的全面的发展，就是两个“教育者”——学校和家庭，不仅要一致行动，要向儿童提出同样的要求，而且要志同道合，抱着一致的信念，始终从同样的原则出发，无论在教育的目的上、过程上还是手段上，都不要发生分歧。

导 读

父母是孩子的第一任老师。家庭教育在教育中的重要地位，无论如何强调都不过分。没有良好的家庭教育，学校教育的成果会在很大程度上被抵消。而且，往往会出现这样的情况，越是需要教育的问题学生，问题的根源越出于家庭。

在这样的情形下，加强家校合作，就显得尤其重要。

也就是说，学校必须领导家庭，与家长形成统一认识并进而形成教育合力。而要实现这一点，则需要长期坚持不懈地努力。

为此，苏霍姆林斯基开办了家长学校，对家长进行系统的教育。同时，鼓励家长丰富家庭藏书，学校也开展了形式多样的家访，对家庭进行个别辅导。因为这些努力，越来越多的家庭也逐渐具有了相应的教育学素养，成为教育中的一支重要力量。

文　选

〔1〕我们的“家长学校”①

家庭要有高度的教育学素养，这是在实现人的全面发展的思想方面，现实生活所提出的又一个重要问题。教育的完善，它的社会性的深化，并不意味着家庭作用的削弱，而是意味着家庭作用的加强。只有在这样的条件下才能实现和谐的全面的发展，就是两个“教育者”——学校和家庭，不仅要一致行动，要向儿童提出同样的要求，而且要志同道合，抱着一致的信念，始终从同样的原则出发，无论在教育的目的上、过程上还是手段上，都不要发生分歧。

这个问题也是最复杂、最困难的问题之一。教育现象的相互联系在我们今天变得更加复杂了：生活向学校所提出的任务是如此复杂，以致如果没有整个社会首先是家庭的高度的教育学素养，那么不管教师付出多大的努力，都收不到完满的效果。学校里的一切问题都会在家庭里折射地反映出来，而学校的复杂的教育过程中产生的一切困难的根源也都可以追溯到家庭。人的全面发展取决于母亲和父亲在儿童面前是怎样的人，取决于儿童从父母的榜样中怎样认识人与人的关系和社会环境。

我们在帕夫雷什研究和了解每一个家庭的精神生活。这一点只是家庭—学校教育的开端。我坚定地认为，教育学应当成为所有的人都懂得的一门科学——无论教师或家长都应当懂得它。因此，我们努力使每一位家长都能掌握最低限度的教育学知识。为此我们开办了“家长学校”。家长

---

① 《给教师的建议》第84条，396页。

们在自己的孩子入学的两年以前就报名参加家长学校，在那里听课，直到他们的孩子从中学毕业为止。家长学校的心理学和教育学课程共计250学时（顺便指出，这比任何学院或大学的这门课程的授课时间都多得多）。家长学校的听众们分为五个组，这是按他们的孩子的年龄划分的：①学前组（5~7岁儿童），②一、二年级组；③三、四年级组；④五至七年级组；⑤七至十年级组。每组每月活动两次。主要的活动形式是由校长、教导主任和最有经验的教师进行讲课或谈话，把心理学和教育学的理论知识跟家庭教育的实际紧密地联系起来。

教学大纲涉及师范学院课程的各个部分，但是我们特别重视的是年龄心理学，个性心理学，体育、智育、德育和美育理论。我们尽量地做到，让每一位父亲、每一位母亲把在家长学校里学到的理论知识，能够跟自己孩子的精神生活联系起来。这里需要我们当教师的人具有高度的机智和敏感。任何时候我们都不要把儿童的心灵“兜底翻出来”，不要去讨论家庭关系中那些尖锐的、易伤感情的方面。这一类问题只可以在个别谈话中去涉及。

没有家长学校，我们就不能设想会有完满的家庭—学校教育。

附："家长学校"的谈话题目

（摘自《帕夫雷什中学1970—1971学年工作计划》）

（一）学前组（包括未来的父母在内）

1. 家庭内的相互关系和儿童的道德教育。2. 儿童爱父母的情感及其对未来的责任感。3. 婚前的道德准备。4. 酒精中毒和儿童。5. 对儿童的爱和对儿童的教育。什么是真正的爱？6. 母亲教育。7. 从×个星期到3岁的教育。这个年龄期内，智力训练的极其重要的意义。8. 从出生到3岁和从3~7岁的情感教育。9. 儿童由3~7岁的身心发展。10. 学校进行正确的智育的最重要的条件。11. 儿童的语言发展和智力。12. 怎样预防儿童的神经疾患。13. 3~7岁儿童的劳动教育。14. 怎样培养集体主义精神和尊敬别人的情感。15. 学龄前儿童的需要和兴趣的教育。16. 学龄前儿童教育中的自然界。17. 学龄前儿童的作息制度。18. 学龄前儿童的健康和智慧。19. 游戏在学龄前儿童精神生活中的作用。20. 学龄前儿童怎样认识人的道德环境的作用。21. 美在3~7岁儿童教育中的意义。22. 故事在学龄前儿童教育中的作用。23. 创造性活动在学龄前儿童教育中的作用。24. 学龄前儿童跟年长儿童的关系。25. 愿望文明的教育。26. 母亲是学龄前儿童的第一个主要的教育者和教师。27. 父与子，母与女。28. 学龄前儿童对入学的心理准备。29. 学龄前儿童道德文明的基本标准。30. 如何防止儿童任性、好发脾气和爱生气。31. 男孩子勇敢精神的教育。

（二）一、二年级组

1. 7～9 岁儿童的身心发展。2. 家庭的精神生活与儿童在这一年龄期的发展。3. 本族语及其在学前期和入学后最初几年的作用。4. 家庭内的相互关系和 7～9 岁儿童的道德教育。5. 7～9 岁儿童的行为和公民义务感的教育。"我想""可以""不许""应当"的教育。6. 家长的公民义务感对儿童教育的影响。7. 如何培养 7～9 岁儿童对丑恶事物的不妥协精神。8. 7～9 岁儿童的全面发展教育中的自然界。9. 美在 7～9 岁儿童的个性全面发展中的意义。10. 家庭里的书籍和 7～9 岁儿童的精神发展。家庭图书室。11. 如何使 7～9 岁儿童领会伦理标准和家长的榜样。12. 学校里和家庭里的爱国主义教育。13. 学校里和家庭里的劳动教育。14. 学龄初期儿童的精神需要和兴趣的培养。15. 7～9 岁儿童的义务感和纪律性的培养。16. 父母亲的相互关系对 7～9 岁儿童教育的意义。17. 对儿童既要严格要求又要尊重。18. 学校里和家庭里的无神论教育。19. 忠诚老实的教育。20. 关心人和尊敬人的教育。21. 自我教育的初步训练。22. 酒精中毒症与儿童。23. 关于神经类型和气质的概念。24. 7～9 岁儿童的作息制度。25. 电影、电视与儿童的教育。26. 人道精神的教育。27. 求知欲的培养。28. 乌里扬诺夫一家对儿童的家庭教育。29. 怎样预防儿童的利己主义、个人主义、自私心理。

（三）三、四年级组

1. 酒精中毒症、结婚、儿童、家庭。2. 9～11 岁儿童的身心发展。3. 学校教学和家庭的智力生活。4. 书籍对 9～11 岁儿童智力发展的作用。家庭图书室。5. 列宁小时候是怎样学习的。6. 公民的培养。7. 家庭的道德气氛和 9～11 岁儿童的教育。8. 9～11 岁儿童的情感教育。9. 学龄初期儿童的意志教育。10. 9～11 岁儿童对世界的认识和言语的发展。11. 9～11 岁的男孩子和女孩子。12. 怎样给小孩子讲人是怎样生出来的。13. 自然界和劳动在对 9～11 岁儿童的教育中的作用。14. 9～11 岁的男孩子的勇敢精神的培养。15. 自尊感的培养。16. 儿童的爱国主义情感的培养。17. 人道主义精神的培养。18. 在对 9～11 岁儿童的教育中父亲的作用和母亲的作用。19. 教育机智。20. 奖励和惩罚。"我想""可以""不许""应该"的教育。21. 9～11 岁年龄期的需要和自我纪律。22. 怎样教育儿童热爱和尊敬父母。23. 怎样预防儿童的意志薄弱、任性、爱生气、爱发脾气、爱哭、过于敏感的自尊心、个人主义、自私心理。24. 什么是“成长加速化”？25. 合理的儿童饮食制度。26. 学校里和家庭里的审美气氛。27. 克服宗教和迷信对儿童意识的影响。28. 怎样理解儿童的幸福。

（四）五至七年级组

1. 少年的解剖生理和心理的发展。2. 性教育。性教育和道德教育的统一。3. 少年的行为和道德意识。4. 少年的劳动教育，他们的劳动的道德意义。5. 少年教育中的善良、爱抚、鼓励、严格要求、坚定性、对愿望的限制。6. 少年的人道精神的培养。7. 少年对丑恶事物在道德上的不屈不挠、不能容忍、不肯妥协精神的培养。8. 家长的威信。威信从哪里来，它的巩固性。善于使用家长的权力。9. 少年的智育和家庭的任务。10. 少年的意识的形成和自我教育。11. 怎样培养少年的兴趣。12. 母亲、父亲、孩子的义务、责任和公民教育。13. 少年的“愿望文明”。对愿望的限制和纪律是正确教育的重要条件。教育少年善于控制自己的愿望。14. 培养个人的爱好和才能。15. 少年应当阅读哪些书刊。家庭图书室和少年的教育。不允许对精神财富的单纯享受态度。精神需要的问题。16. 少年的意志训练。17. 男孩子的勇敢精神的培养。18. 女孩子（未来的母亲）的教育。19. 少年期的忠诚老实教育。20. 少年的爱国主义教育。随时准备好保卫祖国的教育。21. 作为一个集体的家庭和少年的教育。22. 少年的美育。23. 少年的职业定向。24. 怎样才能使知识成为少年的需要。25. 预防少年期的神经疾患。26. 预防意志薄弱和懦弱无能、没有性格和无原则性、个人主义和自私心理。27. 少年之间的冲突的调解。

（五）八至十年级组

1. 15~17 岁男女青年的解剖生理特点和心理特点。2. 身体的、道德的、社会的和性的成熟的统一。3. 要善于尊重青年的独立性。4. 青年时期的世界观和信念的形成。5. 道德坚定性，对丑恶事物的不肯妥协、不屈不挠和不能容忍的精神的培养。6. 书籍在青年的精神生活的作用。男女青年的个人图书室。7. 男女青年的道德教育、审美教育、情感教育和性教育的统一。8. 男女青年公民义务感的教育。9. 男女青年的劳动教育。10. 青年早期的自我教育。11. 青年的精神需要及其发展。12. 青年的智育和兴趣。13. 个人爱好、才能和志向的培养。14. 青年的知识、信念和行为。15. 怎样跟男女青年讲恋爱、婚姻、家庭的问题。16. 青年早期的劳动和学习制度。17. 职业定向和专业选择。18. 青年的法制认识。19. 年长者的榜样在青年教育中的作用。20. 男女青年的社会公益活动和公民义务活动。21. 对青年教育中的教育机智。22. 预防青年期的神经疾患和心脏疾病。23. 勇敢精神、坚定性和不屈不挠精神的培养。24. 青年服兵役的准备。25. 对男女青年的阅读指导。26. 教育男女青年珍视我们社会的道德财富。

【问题与思考】

1. 请尽可能详尽地列举你在家校合作方面遇到的困难。（当然，讲出任何困难的同时，要说明你做了哪些努力，这些努力产生了怎样的结果。）

2. 如果你新接一个班级，你在家校合作方面会有哪些具体的计划？有无系统的思考？能否列举？

〔2〕怎样使学校教育和家庭教育保持一致①

教育的效果取决于学校和家庭的教育影响的一致性。如果没有这种一致性，那么学校的教学和教育过程就会像纸做的房子一样倒塌下来。这种一致性表现在哪里，以及如何去达到这种一致性呢？

在帕夫雷什中学，20 年来形成了一套全体教师跟学生家长共同开展工作的实际方法。下面我就来介绍这套工作方法的基本特征。

我们的基本认识是：父母、亲属是儿童的最早的教育者；正是在学龄前的几年间，也就是在儿童接受教师的影响开始以前很久，就在他的身上种下了人的一些基本特征的根子。儿童从 2 岁到 6、7 岁，从周围环境中和他经常接触的人那里获得大量知识，这些知识好像都砌进了他的心理发展的地基。儿童个性中的精神财富，还有教育家们称之为对知识的渴望、好奇心、探求精神、思维的敏捷性之类的东西，这些都在很大的程度上取决于儿童从 2 岁到 6、7 岁时所处的环境如何。我们力求让家长们懂得这些道理。我们学校办的“家长学校”已经活动了 15 年以上，它的任务是不断地提高父母们的教育修养水平。我们坚信，教育学的知识，就像法制知识一样，是所有的社会成员都必须知晓的。我们的家长学校分设几个组。在第一组（我们认为这是最重要的一个组）里学习的是 2～5 岁儿童的父母；学制为两年；教学形式是由有经验的教师讲课。学前组的课程内容是讲这一年龄期的儿童的身体发育和心理发展的规律性。我们给父母们提供一些

---

① 《给教师的建议》第 99 条，526 页。

实际建议，说明怎样在家庭里为儿童创造一个应有的环境。

我为学前儿童的家长们编写了一些建议材料，说明怎样逐月地、逐年地在儿童面前揭示自然界、劳动、艺术、人的相互关系等构成的这个多方面的世界，逐步地激发儿童的认识愿望。我在两年时间里向学前儿童的家长们讲述，怎样通过让儿童认识各种现象来培养敏锐的观察力、注意力和求知欲。同时，要特别注意在其相互联系中发展思维和言语。有几讲是专门谈“怎样教给儿童看见世界”这个课题的。我谈道，在使儿童了解自然界的时候，怎样教给儿童看见那些乍一看来所看不见的东西即隐蔽的东西，怎样向儿童指出事物的因果联系。我们强调指出，儿童智力发展的一个重要标志，就是他们关于周围世界、关于他们不懂的东西所提的那些问题：儿童关于不懂的东西提出的问题越多，他的认识愿望的发展就越有力。

我为家长们编辑了一本《人的世界》的文选，其中关于童话、儿童读物的材料占很大的篇幅。我向家长们说明，应当给学前儿童讲哪些童话故事，家里应当有哪些儿童读物，怎样给儿童读和怎样解释。总之，为了教育儿童，书籍在家庭的精神生活中应当占有重要的地位。而对家长学校的学前组来说，这个问题具有特殊的重要意义：父亲和母亲应当多读书、多思考，以便满足和发展儿童的求知欲。在家长学校活动时，我们让父母们参观教育书籍和科普读物的展览台。瞧，这儿是一本关于自然现象的书，它不仅值得一读，而且家里应当买一本。那儿，是一些关于花卉、动物、果树、观赏树木的书，还有关于大气层中奇异现象的书，关于地层深处的书，关于遥远国度的书，等等。这儿还有一本关于祖国的书，这是六七岁儿童一定应当知道的……

我们做到了让每个家庭里都过“书籍节”。到这一天，家长们给儿童买一批小小的藏书。在别的节日里，也给孩子们买书。我们认为家长的教育修养的一个重要标志，就是书籍在他们的生活里占有何种地位。如果家长热爱和尊重书籍，儿童也就会热爱它们。在家长学校每一次活动时，除了听讲课以外，父母们还听文艺作品的艺术朗读。

在家长学校学前组的活动中，关于培养儿童将来顺利学习所必需的技能和技巧问题是十分重要的。在我们这里已经成了传统：进入 7 岁的儿童在进入一年级学习时，已经会读、写一些字母，会画画。在阅读、书写、图画的教学中，家庭起了很大作用。6 ~ 9 岁（有些是 5 岁）的学前儿童，每天到我们学校的预备班里学习两小时。我们把这种预备班叫作“蓝天下的学校”。它的主要任务是教给儿童思考。在预备班里，还帮助孩子们学习阅读和书写。如果没有家庭的教育，我们是很难教会儿童阅读的。在绝大多数家庭里，都有一种尊重书籍的气氛，学前儿童有他们的小小的藏书，家长引导儿童养成天天阅读的习惯。

学龄前的几年是打下道德基础的时期。在家长学校学前组，我每年都要讲到下列题目：《怎样培养关心别人的品质》《怎样打下尊敬长辈的根子》《怎样培养孩子爱善憎恶的态度》。在讲课中，我用实例来说明，应该怎样限制孩子的不合情理的愿望，同时又要发展善良的、有益的意向。由于我很熟悉每个家庭的特点，所以我能提出具体的建议：每一个儿童应当对长辈（祖母、祖父、母亲、父亲）尽一些什么义务。我们跟家长一起商量，决定应当让孩子做些什么，以及给予孩子一些什么。

我们每年两次把 7 岁儿童——我们未来的学生召集到学校来，给他们做健康检查，向家长提出有关饮食制度、体育锻炼等方面的建议。这样，我们每年就有了两个“健康日”，在这些天里给孩子们进行医学检查，对他们的视力、心血管系统和呼吸器官的状况予以特别的重视。家长学校学前组要达到的最重要的目标之一，就是要儿童入学时身体健壮，开始学习以后不致生病。在对 6 岁儿童进行体检时，要决定夏季应把哪些儿童送到专门为体弱者而设的疗养地去疗养。

我这么详尽地记述家长学校学前组的工作情况，是基于这样一个原因：儿童在接受学校教育以前的准备，在很大程度上决定着他们以后在少年期和青年早期的道德的、智力的和审美的发展。我们尽学校现有的一切可能来充实和丰富儿童在学龄前期的精神生活。如果我们看出个别儿童由于一定的原因而在家庭里缺乏能够培养理智和人性的那种环境，我们就来创造这种环境：设法让儿童进幼儿园，如果进不了幼儿园，我们就让儿童每天到预备班来。在收 6 ~ 7 岁儿童的预备班里，每年都有两三个 3 ~ 5 岁的小朋友。对这些儿童进行教育，用不着任何教学大纲，我们仅有的就是年长者的影响和一种关心人的环境。

除了学前组以外，家长学校里还有三个组：学龄初期组（相当于小学组）、少年期组（相当于初中组）、青年期组（相当于高中组）。各个组每月进行两次活动。我们做到了使 95% ~ 98% 的家长都参加家长学校的学习。大约有 25% 的家庭，学生的母亲和父亲是双双地来上家长学校的，结果形成了这样的情况：学生家长在学前组学习两三年，在学龄初期组学习 4 年，在少年期组学习 3 年，在青年期组再学 3 年。如果没有这一套对家长进行教育知识的启蒙和提高他们的教育素养的体系，那么，我们学校要顺利进行教育工作简直是不可能的。

家长学校的教学大纲里，既包括共同性的教育学问题，也有学前期、学龄初期、少年期和青年期教育上的一些特殊问题。我们摆在中心位置上的一个最重要的问题，就是教育目标问题。“我们要培养什么样的人?”——在家长学校的每一个组里，都是从这一讲开始的。我们力求使家长们（也像我们教师一样）有一个明确的观念，即现在刚刚入学或者在学乘法表的孩子，他们再过几年就要踏入劳动和社会生活，那么这样的人应该具有什么样的精神面貌。

我们认为极其重要的一点，就是要使“设计人”的工作不仅成为教师的事业，也要成为家长的事业。我们在分析教育过程时，用一些实际事例来说明：学生从家长那里得到些什么，从教师那里得到些什么，以及从他度过闲暇时间的那个环境里得到些什么。家长们认识到：儿子或女儿首先是向他们学习的，包括学习好的品质和坏的品质。

在家长学校的各个组里，我都要专门安排一次讲课来谈这样一个问题：儿童是怎样潜移默化地从长辈那里学习的。我们谈到，家长或长辈的某一个特点，好像是不知不觉的、在新的条件下“膨胀”开来，变成了儿童的一定的性格特征。正是这种细致的分析（什么品质是从哪里来的，是怎样传递的，孩子的道德特征是怎样发展的），成了我们对家长进行日常工作（集体听课、个别谈话）的内容。这对于达到学校和家庭的教育影响的一致是十分重要的。也就是说，要使家长从孩子身上看到自己，懂得儿童发展的辩证法。

不言而喻，对家长进行工作要求有高度的机智。我们自然不能把家庭生活“抖底翻出来”，而要始终尊重家庭关系的含蓄性。如果有必要给家长以帮助或提具体的建议，我们就采取个别谈话的方式；对于谈话涉及的内容，我们是严格保密的。如果不这样做，我们就会使家长疏远学校，就无法了解家庭里的情况。

讲清楚儿童是怎样受到家长影响的，这也可以促进家长的自我教育。家长知道了儿童的模仿能力很强，就会经常检点自己，以批判的态度对待自己的行为。他们不再把儿童的教育看成是采取一连串“非常措施”的事，而看成是一种不断的、非常细心的劳动，看成首先是要使自身的行为完美起来。我们力求使家长通过教育儿童而自己也振作向上，使他们加强对家庭、对儿童的责任感。

在家长学校的每一个组里，我们向学生的父母说明，学校在这个时期怎样对学生实施智育、德育、美育和体育，以及我们希望家庭给予哪些协助。而家庭给予的主要协助，就是在家庭条件下实现学校教育工作中所贯穿的那些思想。我们给家长讲解道德修养，在家长学校的各个组里都对这个问题予以极大的重视。我们说明什么是热爱劳动、做事有条理、待人诚恳，并且指出，如果儿童只顾享受别人创造的福利，那么他长大了就会蛮横地对待别人——首先是对待父母，而他自己也会沦落为不幸的人。

我们力求让儿童从小就量力而行地为家庭的年长的成员创造物质的和精神的福利，并且在这种创造中找到欢乐。几年以前，我们跟家长们商量好：在每一个家庭里，都让儿童在指定的隆重的一天栽一棵树，献给母亲、祖母、祖父、父亲，然后由儿童照料这些树。当果树结果的时候，儿童把第一批水果奉献给长辈。这已经成为一条传统。它能帮助儿童树立对劳动的崇拜，对于儿童的德育、美育和体育都有重大的意义。

在家长学校的各个组里，我们都告诉家长，怎样给子女灌输这样的信念：劳动不仅是一种神圣的义务，而且也是一种欢乐。我们对家长们说：如果你们想让子女成长为关心体贴别人的人，让他们把父母当成世界上最亲爱的人，那就必须使他们把全部生活建立在劳动的基础上，而且最主要的是，要用高尚的思想和动机去激励这种劳动。

在家长学校的各组里，我们都要专门讲到学校和家庭在教育影响上保持一致的问题。这种教育影响的方向就是培养关心人、体贴人、待人诚恳、对一切有生命的东西抱善良的态度这些品质。如果儿童不在家庭里从事实际活动来加深和发展这些道德品质，我们学校是很难取得什么显著成效的。我们跟每一位父亲和母亲商量好，规定他们的孩子在家里要做哪些事（照料动物、种树、养花）。

我们认为，学生在少年早期就应当参加为家庭创造物质财富的生产劳动。十二三岁的学生在暑假里跟父母一起在田间和畜牧场里劳动。高年级的男女青年已经能以劳动所得给家庭增加相当可观的收入——他们实际上已经能挣出自己全年的口粮。

我在给家长学校青年期组的讲课里总结道德教育和劳动教育的经验。我们全体教师跟家长们一起决定，暑假里把中年级和高年级学生分配到哪些成人集体里去劳动比较合适，以及学生的劳动锻炼应当怎样进行。

我们建议家长们，对于孩子们提出的跟他们对家庭收入和社会生产的劳动贡献“不相称的”要求应当加以限制。如果儿童单纯消费，如果他的一切要求都与劳动无关地得到满足，那么他就会逐渐地变成好吃懒做的人。我们指出，由于家长不懂教育和教育无力，造成这种后果是必然的现象，并且进一步使家长们认识到：他们的子女的命运就掌握在他们手里。

在学校里，在大家都从事各种创造性劳动的环境中，每一个学生在少年早期就都有了自己喜爱的劳动项目。在家里，家长们也创造一些物质条件（设置一个从事心爱劳动的角落，购买必要的工具和材料），使每一个儿童、少年和青年发展他们的才能。学生在少年期和青年早期的劳动爱好是常常变换的。我们跟家长一起研究这些变化，尽量引导每一个学生能按他的禀赋最好的方向得到发展。

对学龄中期和学龄后期学生的家长，我们每月进行一两次小组咨询和个别谈话，内容是谈怎样发展学生的禀赋、爱好和才能，怎样为青年人选择今后的生活道路。我们向家长们介绍中、高年级学生最喜欢哪些创造性劳动项目。在“创造节”的日子里，家长们到学校来，观看他们的子女在教学工厂、实验室、工作室和教学实验园地里做出的东西。

学校和家长的教育影响的一致，对于培养学生的自我意识和自尊感起着很大的作用。

让我们再来谈谈阅读和书籍的问题。根据多年的经验，我们全体教师确定了一个家庭应有的最低限度藏书目录，以便供家长，学前儿童，学龄初期、中期和后期的学生阅读。我们全体教师深信，这不仅是进行智育，而且是进行德育、美育和情感教育的最重要的问题之一。没有书籍、没有一些藏书的家庭，往好处说，不能对学校教育有任何帮助，而往坏处说，这样的家庭环境会使儿童变得头脑迟钝，会限制儿童的智力发展，而学校则不得不花费巨大的努力去补偿家庭智力兴趣的这种缺陷。

我们认为，家庭里要有一些藏书并且不断地充实它，这不仅是为了让学生有书可读，而且是为了家长也读读这些书。因为在我们看来，家长的智力兴趣跟孩子自己阅读是同样重要的。很重要的一点是，要使家长了解一些关于人的基本知识：人的身体发育、智力发展、心理发展的规律性。在每一个家庭里都应当有这些方面的书籍（可惜，这类书还出版得太少）。我们还很关心，让每一个家庭里都有莎士比亚、歌德、普希金、雪夫琴柯、塞万提斯、海涅、雨果、罗兰、拜伦、但丁、果戈理、屠格涅夫的著作。我们希望父母在把这些著作反复阅读之后，再转交到儿子和女儿的手里。

在20年间，我做了1200张卡片，其中记录了学生在少年期和青年早期（直到中学毕业）的精神发展情况。我在分析了这些材料以后得出一个结论：凡是道德修养好的、有自觉精神的劳动者，都是在对书籍抱着深刻尊重态度的家庭里长大的。

为了使学校和家庭在美育方面保持一致，我们首先设法使每一个家庭具有基本的审美素养。在家长学校的学前组里，我们就通过有关的讲座，使审美素养的各种因素（特别是音乐和造型艺术）在家庭里先“习惯起来”，再得到发展。我们向家长们提一些具体建议：应当让学前期、学龄初期、学龄中期和学龄后期的学生听哪些音乐作品，怎样发展儿童的音乐趣味。

我们经常在家长学校里单独地跟母亲们或者单独地跟父亲们举行一些活动，这样做是为了讨论与青春期有关的性教育问题。例如，在单独跟父亲们进行的活动中，我们说明父亲应当怎样把自己生活的智慧传给儿子，应当怎样在儿子的教育上保持坚定的意志和贯彻始终的精神。

为了保持教师集体跟家长集体的经常联系，我们把那些最积极的、有较高教育修养的和生活经验丰富的家长（每个年级找一位家长）吸收进校务委员会。他们参与决定学校的一切教育问题。

【问题与思考】

1. 如果你有每周给家长写信的习惯，那么你通常会写哪些内容？能否附一封实例。

2. 你考虑过家庭藏书的问题吗？你做过哪些工作？遇到了哪些困难？

〔3〕利用家长集体进行工作①

多年来我们像大部分学校一样对家长进行了工作：定期召开家长会，在学校或家庭中举行座谈；家长委员会的成员按既定计划进行工作。但是，总体来说，都未建立家长集体。因为我们学生的家长都不在一个地方工作，所以家长集体不可能直接成立于机关和企业单位中。父母们只能在会议上彼此相会，而且在这些情况下，父亲或母亲主要是只对自己孩子的分数和表现感兴趣，而对其他有关全班或全校意义的问题则很少感兴趣。

假若没有这么一个家长集体的话，在教育孩子的工作中，想实现学校和家庭的统一要求时，就会缺少父母们统一的社会意见。这也就是为什么我们要在自己面前提出这项任务，即组织友好的、目的性明确的家长集

① 《家长教育学》，37 页。

体。我们很明白，组织家长集体不能只为开会，而应使家长集体在会后开展工作，以便使它能像工厂、农庄和机关中的某些集体一样积极地、富有创造性地存在着和活动着。

教育孩子是一种劳动，而且是极需要细心和耐心的劳动。凡在一个学校里学习和受教育的孩子，那么他们的父母，就会有共同的兴趣和需求，也就是说，在这个基础上即可成立一个家长集体。

首先我们应当确定家长集体在解决学校面临的主要任务（即提高学生的知识水平）当中的作用和位置。我们研究过许多学生的家庭，看到家长们文化水平的巨大差别。其中只有110名父亲和母亲有初等水平。大部分家庭，学生的双亲和哥哥、姐姐们都受过高等或中等教育。学生家长中有许多是工程师、技术员、农艺师或其他专家，毫无疑问，他们会在所有教学工作中都来帮助我们这些教师的，只是应当有计划、有步骤地积极吸收他们参加这项工作。

我们决定举行家长会，讨论关于如何检查学生完成家庭作业的问题。因为这是个重要的、大家都感兴趣的问题，所以我们着手组织家长集体。在会议召开之前，我们对家长们检查孩子的家庭作业中的问题已经有了了解。在他们的检查中，大半是这么个原则，只要学生坐着看书，就意味着他在做功课，至于他怎么做，究竟做什么，他是怎么学会功课的，这些问题大部分家长都是不感兴趣的。

在学生做家庭作业的时候，教师曾到45个学生的家里去了解过情况。事实说明，学生做功课的情况是，明天有什么课，他今天就做那些科目的作业。例如，七年级是星期二和星期六上几何课，那么学生只是在星期一和星期五做几何作业。其他时间学生就不看几何，也不做书面作业。学生对别的作业也是这样。小学生们之所以每天都忙着做作业，就是因为每种明天总是有课。对此，父母们很满意，因为他们认为他们的孩子做了所有应当做的和似乎应做的。

在家长会上，我们给家长们介绍了课程表安排的原则。父母的责任不只是督促、检查孩子是否在家学习，而首先是帮助他用最节约时间和最合理的方法去做作业。我们讲述了最好的记忆功课的方法可能是：不只应备明天要上的某一门课，而且应把今天讲过的课程的作业完成。只有这样做功课才是扎实的。所谓明天要上的某一门课，也就是在很大程度上复习、再现上次讲授这门课程的当天在家里已背记熟了的内容。在这里，困难的只是开始的时候，既要准备第二天要学的课程，也要准备过两三天才学的课程，但是由于只是逐渐积累，备明天的课与备过几天才上的课就比较容易结合了。

在家长会上，也提出了关于教师们在一个星期之内，各学习日之间家庭作业分配不合理性，有几天作业布置得特别多。家长的批评意见给我们指明，我们必须共同努力才能较快地改进我们教学工作中的许多缺点。

开家长会收到了良好的效果：家长开始注意并要求孩子在家做家庭作业时不要急急忙忙，不要轻率、肤浅。下一步是在“家长日”成立家长集体。在这天以前，我们要充分做好准备，因为我们希望所有的家长都能来学校，以便在具体事例上能看到在准备功课时应当怎样做和不应当怎样做。

在学校里设有专门展览室，家长们在那里可以看到学生的作业和学生制作的直观教具。家长委员会还出了一期墙报《家庭和学校》。

在10月末各班举行了“家长日”，许多学生的父亲和母亲都来了。当着学生的面，班主任与家长们座谈了学生的成绩，座谈了家庭备课如何从答题和书面作业上反映出来。六年级班主任木·阿·雷萨克详细地介绍了女学生T是如何在家里准备功课，是如何回答地理、历史、物理问题的。例如六年级在星期二和星期五有历史课，女学生T按日期顺序来复习，星期二放学后马上浏览一下按教科书留下的功课，星期三又翻阅一下，而星期四则是全面复习并利用她所能找到的一切资料，多次地、反复地复习使她能牢固地记熟功课。

班主任告诉说，教务会议曾按班级分别制订了备课课程表，多次再现所指定的家庭作业材料的原则是这个课程表的基础。学生应在留下功课的当天来着手做作业，尽管离上这个科目的下一堂课还有2~3天。在这几天的过程中，学生应返回到指定的功课上，粗略地看一看，但在上课前夕要彻底地准备一番。

做完报告之后，孩子们回家了，但父母被留下来，班主任们继续与家长座谈。他们举出新的例子说明学生准备功课的方法正确与否，以便使父母特别注意这样的问题：学生应习惯于在家中长者检查作业时就把作业做完；要遵守备课课程表；每个学生应独立完成作业。经验告诉我们，集体做家庭作业，尤其像算术、代数、几何一些科目，常常会引起一些孩子机械抄袭而不想法动脑筋。教师举出了一些令人信服的例子，如完成家庭作业时，常常是两三个孩子在一起做，这曾引起学生成绩的下降，掌握功课的速度也比其他学生慢。

这里有个例子，在工人 M 家里有两个女学生，都在七年级学习，一个叫玛丽亚，接受能力强、掌握功课快，另一个叫娜杰日达，掌握功课须花费较多的时间、较多的思考。但是，姐妹俩总是一起做功课。结果娜杰日达不好好地理解功课内容，不会算题，总抄玛丽亚的作业。娜杰日达的代数、几何总得 2 分。这种情况同样出现在由家长帮助做功课的学生身上，或是以小组的形式聚集在一起做作业的学生身上。

教师向家长解释说，应这样帮助学生：不要代替他完成作业，而是要安排他独立去做，尤其是要他学会大声背记功课。大声背记，学生可以自己检查自己掌握到什么程度。

举行了“家长日”之后，所有教师、校长、教务主任开始了系统地（一周两次）家庭访问，即在学生做作业的时间老师去访问学生。老师首先去访问那些不会独立做作业的学生和常常不完成作业的学生。教师到了学生家里，检查学生独立做作业的能力、有什么困难，要帮助学生这样做计划，使他能认真细心地做每次作业。

现在举个家访的例子。K 是五年级学生，第一季度有些科目，如外语、历史、地理，得了低分。家长不知道儿子为什么不及格，而他确实一连几个小时在做功课。女班主任沃·阿·斯科奇卡访问了学生 K，发现他做功课的时候，只是长时间坐着学习，从不检验自己，例如学历史，他力求从头背到尾。女教师教给学生应当如何学习：开始先读一遍，理解整个材料的内容，之后把它分成几部分，先一部分一部分地背记，然后再背记全部。家长在检查儿子所完成的家庭作业时应遵守教师的指示。一月之后，学生 K 在回答地理、历史和俄语课的问题时，已大有进步。他再没有出现过不及格。

最困难的是要使学生习惯于既能备好明天的课又能完成今天留下的作业。学生们总很奇怪：假若需要备好明天的课，那么又怎能同时做好今天留下的功课呢？为了改变学习方式是需几个星期的时间的，但最后终于成功了，学生已能习惯放学回来，休息一会儿就着手完成今天的功课。先完成书面作业，然后再完成口头的。学生们很快就懂得了这种完成作业的方法大大地节约了时间。因为所有在课堂上讲的东西，在记忆中印象还很新鲜，背记起来就容易很多。

每个教师每星期访问两个家庭，25 位教师一星期中共访问了 50 个家庭。两个半月的时间，我们访问了所有学生。这样，我们不只是了解了每个学生独立学习的情况，而且弄清楚了为统一家长对学生的要求，我们应当进一步做些什么。现在我们对每个家庭以及家长对孩子的态度有了十分具体的印象。家长对我们的来访很感兴趣，而且为了提高学生的成绩准备做一切应做的。

上半年末，我们决定召开第二次家长会，和第一次一样称这次会议是科学会议。我们没有夸张，因为家长们的思想和具有的文化水平，使我们所共同进行的这项工作是具有所需的现代教育科学的水平的。在家长会上，我们要阐述教学教育工作，要宣传伊·波·巴甫洛夫学说和阿·斯·马卡连柯创造性遗产。

在第二次家长会上，在村俱乐部勉强安排下，几乎所有的家长都出席了。在校长的报告中，说明了教师集体与家长们共同工作的初步成绩，这项工作就是培养学生们独立做作业的能力。由于大部分家长已经知道关于家庭作业的教育学要求，这使校长有可能把主要注意力放在个别家长的缺点上，以便帮他纠正。

家长们在自己的报告发言中交换了关于检查孩子家庭作业方面的经验。是的，四年级学生 Ъ 的父亲说，自从他儿子独立做功课以来他的学业成绩好多了。五年级学生 Л 的母亲说，由于严格遵守作息制度，所以她成功地培养了孩子埋头刻苦的精神和独立学习的习惯。

家长在发言中对个别家长和教师提出了批评意见，如 L 同志讲，在工作人员 M 的家庭，曾用无限度地向孩子赠送礼物的办法来刺激孩子取得好的成绩。家长们说，某些教师给学生留的作业太多，使学生负担过重，作业的分配不平衡。

在家长会上，家长的发言说明家长集体与教师集体有着统一的目标。现在家长不只为学生的成绩焦虑不安，且为整个学校的工作而着急了。

现在的问题是必须安排专门时间来征求家长们对教育工作和孩子学习的意见。

学年末又召开了一次家长会，讨论有关家庭中的政治教育问题。在这次会议上，集体农庄庄员 Щ 作了题为“我的家庭”的报告。他叙述了如何从孩子很小的时候就养成他们劳动的习惯和互相帮助的精神，如何使孩子们熟悉农庄的活计。家长们对他的报告深感兴趣，并引起热烈的讨论。概括来说，所有发言者的见解就是父母应以自己每天的劳动，以自己的行为为孩子做出榜样。

到学年末，我们也没忘掉主要的事情— 家长检查孩子的家庭作业。教师有时到学生家里去查看他们，现在虽不需像以前那样频繁，但却是一贯的、经常的。

学年总结时，我们发现学生的各科成绩大大地提高了。

由于家长集体的协助，我们也改进了学校的综合技术教育。家长们帮助我们与一个拖拉机站建立了密切联系。物理教师们组织了一系列参观，在参观时，学生们亲眼看到了内燃发动机、电动机和农机具。家长委员会帮助我们组织与农业先进生产者座谈。

在家长会议上讨论了社会主义农业对我们的毕业生所提出的要求。这个会是个更加团结的大会，两个集体（家长集体和教师集体）联合起来了。

在本学年，我们继续巩固家长集体这一组织。每季度开一次家长会以便讨论有关教育孩子的重要问题。每月由家长委员会出一期墙报。征求家长意见已成了一种惯例。现在每位父亲和每位母亲天天能找出时间来管教孩子了，对孩子的教育问题引起来密切的注意。他们天天检查孩子的家庭作业，并要求孩子做完当天的作业，以后的复习就变得容易多了，并使学生的学习劳动变得较为有效。

今年在我们这里，地理、物理、历史、自然科学、化学、文学、苏联宪法这些科目，已经没有不及格的学生了。我们相信，随着家长工作的进一步改进，将会完全消灭留级生。

【问题与思考】

1. 你是如何开家长会的？通常的流程是什么？有哪些经验或教训？（有案例更好）

2. 你家访过吗？每学期几次？通常在什么情况下家访，有哪些内容？

3. 你还通过其他方式和家长沟通吗？（例如家长群、电子邮件、每日便条……）有哪些经验教训？

4. 你成立家长委员会了吗？有没有有效地运行？请总结一下经验教训。

〔4〕怎样培养母亲和父亲从事其子女的学校家庭教育工作①

在我们的时代，在教育共产主义社会的人方面，据我看来，没有比指

---

①《给教师的一百条建议》第52条，132页。

教母亲和父亲如何教育儿童更为重要的任务了。我们根据自己多年工作的实践，得出一个结论：不关心家长的教育修养，任何教学和教育任务都是不可能解决的。家长教育学，即父母关于怎样培养子女成人的初步知识，这是整个教育理论和实践的基础。在我们学校的母亲教育学陈列室里，在显著位置写着 H. И. 皮罗戈夫的话："让妇女们懂得，她们照料摇篮中的孩子，创造他童年时代的游戏，教他牙牙学语，因而成了社会的主要建筑师。基石是她们双手奠定的。"这句话表明了我们整个家长工作的基本思想意图。

我们这里设有家长教育学校，其中分为：学前部；一至三年级学生家长部；四至八年级学生家长部；九至十年级学生家长部。在送自己孩子入学前三年，母亲和父亲就开始在家长教育学校里学习。他们每两周听一次课，由校长、管教育和教学工作的副校长、管课外工作的副校长和三年后将担任一年级工作的教师讲课。下面就是教育学校学前部 1964—1967 年的工作计划（在教育学校学习的家长，其子女于 1967 年秋季入一年级学习）：

（1）4~7 岁儿童身心的发育。

（2）怎样预防儿童患病。

（3）儿童的生活制度、饮食和身体锻炼。

（4）4~7 岁儿童的智育。

（5）母亲和父亲如何关怀儿童语言和智力的发展。

（6）怎样预防儿童的神经官能症。

（7）4~7 岁儿童的劳动教育。

（8）怎样培养儿童尊敬长者。

（9）学前儿童的大自然教育。

（10）学前儿童需要和兴趣的发展。

（11）学前儿童对现实的认识和情感的发展。

（12）怎样培养儿童具有人的情感。

（13）4~7 岁儿童的美学教育。

（14）4~7 岁儿童的创造。

（15）怎样防止儿童冷酷无情。

（16）怎样教育儿童学会克制自己的欲望。

（17）儿童对植物和动物的关心是教育的一种手段。

（18）游戏及其在学前儿童的智育、德育、情感教育和美育中的作用。

（19）母亲是儿童的第一个教育者和老师。

（20）家庭是人们相互关系的学校。

（21）父亲和儿子。

（22）母亲和女儿。

（23）儿童对学校教学的心理准备。

（24）儿童道德修养的初步要素。

（25）我们怎样看你们的孩子，你们应当怎样看他。

（26）家长在自己子女教育方面容易犯哪些错误，怎样避免这些错误。

（27）祖父和祖母是教育者。

（28）给学前儿童教些什么和怎样教。

（29）怎样做到使家庭中充满慈爱与和睦的气氛。

（30）怎样教育儿童对人温和。

（31）怎样做到互相谦让。

（32）怎样抑制自己的感情冲动。

（33）怎样培养儿童立场做好人。

（34）怎样防止儿童任性。

（35）家长的权力是什么以及怎样使用这种权力。

（36）怎样不用惩罚来进行教育。

（37）惩罚是利多还是弊多。

（38）什么可以和什么不可以要求于儿童。

（39）教育子女是父母最重要的社会义务。

因为你作为教师，必须准备和讲授这些题目，所以我想对这件并非轻而易举的事情提出几点建议。你要教家长认识到，教育是最崇高的、人道的、高尚的创造事业，是履行崇高的社会义务。我们有许多优秀的班主任，善于把创造人这种思想贯穿在每次向家长讲课和谈话中，启发母亲和父亲为创造地球上最美好的、最崇高的东西而自豪的感情。他们把家长教育学作为劳动、科学、技艺和创造来加以阐述。

这些班主任从不对教育中犯有过错的家长从“整人”的角度来进行讲课和谈话。我的青年朋友，我建议也不要这样做。有些家庭的生活中还有不好的现象。如果你开始“揭人心事”，把人家的不幸（不善于教育首先就是不幸）置于众目睽睽之下，那么，来听你讲课的家长会越来越少，你将使他们和学校疏远，而特别危险的是，他们会对一切都不顾，说：我无论怎样做也不会成为好父亲，别人家的孩子是好的，我的孩子注定是不好的。永远不要忘记，你在同家长谈他们的孩子时，好像是在迫使他们照镜子。如果你对一个人说：瞧，你多么难看……那他对你的话会采取什么态度，是不难想象的。

这项建议绝不是说，教育方面的尖锐地方要回避和缓和。恰恰相反，一些人的失败可以作为另一些人的教训。没有什么比学校家庭教育更为复杂和更为矛盾的了，这种教育充满无数冲突，需要理智地、巧妙地、策略地、不叫喊和不忙乱地加以解决。但是，对坏事情也要讲，讲时不要侮辱和贬低人家。我们在大庭广众之下讲坏事，通常不点犯过错家长的姓名。

为了深刻思考过错，为了开诚布公地交谈家庭具体情况下的教育，还有另一种工作方式，即同家长个别谈话，特别是女教师同母亲谈话和男教师同父亲谈话。决定家长一般精神修养和教育修养的前提，没有两个家庭是绝对相同的。每个家庭都有自己所固有的特点。因此，同母亲和父亲个别谈话——儿童不在场的谈话，是我们教育学校的一个有机组成部分。我特别强调了，这是儿童不在场的谈话。任何情况下都不要让儿童知道教育中的困难和烦恼、成功和疏忽，这样做只会有害处。在良好的家庭中，父母善良和睦、互敬互爱和互让是教育影响的主要力量，儿童也不怀疑，正是家庭中一切都好，对他们起了教育作用。

我们已经做到，使学前儿童在家庭中上一种特殊的母育学校，这是任何东西都代替不了的德育、智育、情感教育和养育的学校。任何幼儿园，哪怕是最理想的幼儿园，都不能取代母育学校，或者弥补母亲和父亲在人的精神生活最敏感的领域即个性教育方面由于疏忽所造成的缺陷。我们非常重视母育学校中培养人的情感的教育。在关于这个问题的讲课中以及同母亲和父亲的个别谈话中，我们都用具体的例子来表明，怎样使儿童养成一种复杂的精神能力，即总是感到自己是生活在人们当中，要善于限制自己的欲望而考虑他人的利益。在我们的学前儿童家长教育学校里，我们逐步突出了这个极复杂的课题——生活在人们当中的能力。

母亲的教育修养的重要性怎么估计都不会过分的。我们的教师集体坚信，家长教育学是共产主义教育学的第一篇章。我们关心使母亲成为精巧的、智慧的、精神健美的、受道德美的崇高概念所鼓舞的雕塑家，归根到底就是关心儿童心灵的敏感和富有同情心，关心他内心深处对善与美永远要有反应。

解　读

帕夫雷什中学是一所农村学校，苏霍姆林斯基做校长的主要时期是在战后，战争留下了很深的伤痕。学校因此面临许多任务，包括为那些因战争蒙受伤害的孩子恢复童年。

进一步的，帕夫雷什中学构建了一个覆盖学前教育（为学前儿童开设的“快乐学校”）一直到从小学到中学的 12 年的针对家庭教育的完整体系。学校不但改变了一批批的学生，而且改变了整个社区。

一、帕夫雷什中学的家长学校

家庭教育，是苏霍姆林斯基全面发展的教育思想的重要组成部分。和谐的、全面的发展，要求家庭与学校在教育的目的、过程、手段上都保持一致，为此，学校必须对家庭进行教育。

帕夫雷什中学成立了“家长学校”。

家长学校，有自己的教学大纲和教学计划，内容涉及教育学的方方面面，尤其是“年龄心理学，个性心理学，体育、智育、德育和美育理论”。不但如此，教学也是分层的：学前组（包括未来的父母在内）、一二年级组、三四年级组、五至七年级组、八至十年级组。家长学校的心理学和教育学课程总计 250 课时，用苏霍姆林斯基的话来说，“这比任何学院或大学的这门课程的授课时间都多得多”。

针对学前儿童，帕夫雷什中学做了如下工作：

1. 编写建议材料和《人与世界》的文选。前者主要是告诉家长，儿童是如何认识世界的，家长如何培养儿童的观察力、注意力和求知欲；后者则主要编选了一些童话之类的儿童读物，向家长说明学前时期应该如何给孩子读故事和解释故事。

2. 鼓励家庭养成购买书籍的习惯，并且过“书籍节”。

3. 开设“快乐学校”，对即将入学的儿童进行学前教育。

4. 给家长们开设讲座，“用实例来说明，应该怎样限制孩子的不合情理的愿望，同时又要发展善良的、有益的意向”。

5. 每年两次对即将入学的儿童进行体检（即有两个“健康日”），并对家长提出有关饮食制度、体育锻炼等方面的建议。

等孩子入了学，家长学校的内容就更丰富了（除上述外）：

1. 通过讲座，对家长进行全面的教育，大到育人目标，小到家长可能对孩子产生影响的种种细节，以及学校教育需要家长进行哪些协助，甚至培养家庭的基本的美学素养。

2. 对学龄中期和学龄后期学生的家长，每个月进行一两次小组咨询和个别谈话，内容是“谈怎样发展学生的禀赋、爱好和才能，怎样为青年人选择今后的生活道路”。

3. 给家庭确定了最低限度藏书目录，并且建议家庭不断地充实它。不但如此，要求家长反复阅读后再交给孩子。

4. 把最积极的、有较高教育修养和生活经验丰富的家长吸收进校务委员会，参与决定学校的一切教育问题。

除家长学校外，家长会、家长日也是重要的家校沟通的手段。如果说家长学校是进行一般的心理学和教育学素养教育的地方，那么家长会、家长日，更多的是围绕课程、家庭作业等学习内容进行的日常沟通。通过家长会、家长日，家校之间彼此发表意见，老师也对家长进行非常具体的指导，尤其是指导家长如何辅导孩子的家庭作业等。

“家长日”后，往往是系统的家访，将所有家庭访问一遍，了解孩子的学习情况以及家庭情况，有针对性地进行辅导。

不仅如此，因为帕夫雷什中学是农村学校，苏霍姆林斯基还梳理了农村学校的“特殊使命”，即让学校成为社区的“文化策源地”（就是文化中心），对农村社区的智力生活、文化生活和精神生活产生影响。并且，在育人目标以及课程设置上，也充分考虑到农村学校的需要和实际情况。例如增加与农业有关的课程，“用思考，用科学认识的光芒来照亮普通的农业劳动”。

苏霍姆林斯基还专门写了一本书《家长教育学》，收到过数千封家长来信，每天都在与家长接触。

这种密切的家校合作的效果是可想而知的。更重要的是，家校合作的育人目标是清晰而一致的，学校与家庭之间的合作有着清晰的教育学思想的指导。

二、借帕夫雷什中学反思家校关系中的一些问题

帕夫雷什中学在家校合作方面的努力是卓越的，启发也是巨大的。而在今天，社会已经发生了很大的变化，但帕夫雷什中学的家校合作实践，仍然可以促进我们对一些现象及问题的反思。

例如，家校之间究竟应该是怎样的关系？我们今天应该如何构建家校关系？

目前，家校之间流行的是两种关系。

传统公立学校，家长是“配合者”。所谓“配合者”，其实就是家长对学校教育没有发言权，只能被动地听老师的命令。配合的内容，以前主要是缴费，学生不听话而老师又无能为力时“协助教育”（即所谓“请家长”）。应试时代，“配合者”需要配合的内容越来越繁杂，功课要辅导，作业要签字，家长成了“家庭老师”。不但如此，家长还要让老师满意，不满意就收拾家长。

私立的兴起，教育的市场化，包括淘汰机制引入学校后，部分学校出现了一种新型关系，即家长是“上帝”（或“让家长满意”）。

“家长是上帝”，“让家长满意”的问题在哪里？

这是将教育的服务属性和市场属性绝对化，而将教育的公共属性和价值属性无限降低的结果。这样的学校往往也讲公共利益，也讲人文价值，但往往使之从属于市场交换，甚至成为装潢点缀。

为什么不能由家长来主宰教育方向？

第一，家长的屁股，决定了家长的脑袋。家长会考虑的是，施加怎样的影响，我的孩子才会最大限度地获益？（无论这影响是否真正能达到目的，至少他是这么考虑问题的）而对老师来说，要考虑的不是某一个孩子的利益最大化，而是所有孩子的利益最大化——而甚至所有孩子的利益最大化，也只是老师考虑教育方向的一个维度而已。

第二，家长的水平，决定了家长的眼界。家长爱孩子，但家长的想法不一定对孩子是最有利的，有时候可能因为愚蠢恰恰是有害的（例如有的

家长禁止自己孩子读课外书）。家长通常更不可能对教育的目的与价值有深邃的思考。

在苏霍姆林斯基这里，家校关系很明确：学校领导家庭，老师引领家长。

学校如何领导家庭？老师如何引领家长？

学校借以领导家庭的，老师借以引领家长的，不是学校意志或老师意志，而是高出学校或老师的主流价值观。对苏霍姆林斯基来说，这个主流价值观，就是共产主义价值系统。用苏霍姆林斯基的话来说，社会、学校、家庭的共同目标是“让儿童在进入生活时成为具有坚强的共产主义信念的人，成为具有崇高理想的人，成为心肠炽热、聪颖、善于以伟大的公民生活为生的人”。

案　例

“家—校”教育联盟之教师手册

干国祥

学校应当领导家庭。

——马卡连柯

若只有学校而没有家庭，或只有家庭而没有学校，都不能单独地承担起塑造人的细致、复杂的任务。……生活向学校提出的任务变得如此复杂，以致如果没有整个社会，首先是家庭的高度的教育素养，那么不管教育付出多大的努力，都收不到完满的效果。

——苏霍姆林斯基

势在必行的联盟

“就是家长的一句话，抵消了我几个月来苦口婆心的教育！”

5+2=0（五天学校教育与两天家长—社区教育相碰撞后，教育效果为零）

……

从理想的角度我们都知道“在创造人的工作上，两个雕塑家没有相互对立的立场是极为重要的”。但问题恰恰在于，教师和家长作为两个在不同地点单独工作，且有着不同“蓝图”的雕塑家，他们并不总是能够协调一致进行“教育孩子”这项人类历史中最为重大的工作。一方面，学校和教师根据社会要求的理想模型来雕塑孩子，另一方面，家长在不反对这一理想的同时，他的教育目的势必要现实一些，也功利一些；一方面，教师面对的是数十个孩子，公平是教师教育的首要原则，另一方面，父母的心目中主要甚至唯一重要的是他的孩子，特殊要求与特别发展即便家长没有说出口，也会是他们的教育需求；一方面，父母依赖于他与孩子的血缘关系，他潜在地左右着孩子的选择，另一方面，教师作为“社会正义”的代表，他的理想化话语很可能摧毁家长在孩子心目中反复灌输的价值模式……一个在白天编织锦缎，一个在晚上拆解锦缎，于是这件×××的锦缎，终于也没有能够编织成功。显然，这两支教育中最重要的力量只能重新联合起来，是相互制衡而不是抵消，是互相促进而不是攻讦，对孩子的理想教育才能真正实现。

诚然，每个孩子都不是一张白纸一样来到学校的，在这张纸的上面，已经布满密密麻麻的家庭和社区的教育痕迹，而且这些痕迹仍然在与日俱增。中国台湾张春兴教授把教师面对的已经受家庭教育影响的学生分为三类：①“顺教育学生”，在入学前养成良好习惯，并具备一定的学习基础的学生；②“缺教育学生”，缺乏教育，各方面表现较弱的学生；③“反教育学生”，由于家庭或者社区的错误教育，养成一身不良习惯，对学校教育采取敌对的态度的学生。每个教师都希望自己接手的孩子，是顺教育学生而不是反教育学生，但是，实际的情况往往可能是，由于家校之间缺乏有效的沟通，许多老师其实是眼睁睁地看着孩子身上的“反教育倾向”由隐而显，最终证明学校—家庭教育的彻底失败。在这个时候，一些教师会认为责任完全在家长的身上，只是他可能忘却了现代学校教育的教诲：“学校应当领导家庭。”家庭教育的失败，与教师本身也有密切的关系，如果教师掌握一些必要的“家庭—学校联合教育”的理念与技巧，也许情况便会朝向良好的方向发展。

此文也并不想在家庭与学校教育的关系上进行深入抽象的论证，而主要侧重于从操作上来探讨如何加强这种联合力量。

联盟—教师手册

如何有效地进行家校合作，美国许多学校和苏联的苏霍姆林斯基领导的帕夫雷什中学的“家长学校”为我们提供了许多有益的经验。本人仅想立足于当下学校教育的现实，从教师个体切实可行的操作出发，选取几个本人认为最有“挖头”的点，来编制一份“教师—家长联盟教育手册”。

◆ 合作态度自测表

“态度决定一切”，在教师与父母的教育联盟中，教师的态度无疑是此联盟能够持久有效地发挥作用的前提。以下自测表将有助于教师认识到自己在教育日常生活中是否有意识地加强与家长的合作，并且帮助教师校正某些细节上的偏差：

我在平时与家长的接触中（认为）……

必要

不必

总是

从不

1. 认真倾听家长所说的话。
2. 鼓励家长前来拜访。
3. 给家长向我班级贡献力量的机会。
4. 书面通知家长参与课堂活动。
5. 给家长寄送《家校通讯》。
6. 在秋季开学前与家长联系。
7. 在家长会上留出一半的时间给家长讲话。
8. 在学生表现出色时与家长联系。
9. 考虑到家庭之间的差异。
10. 倾听家长为他们的孩子设计的目标。
11. 了解学生的兴趣和特长。
12. 家访。
13. 给家长看学生的作业。
14. 登记为我班服务的志愿者。
15. 承认家长之间的差异。
16. 鼓励父母双方都参加家长会议。
17. 使家长在到校参与时间感到轻松自在。
18. 在为学生制订教育计划时请他们的家长参加。
19. 对家长坦率而诚实。
20. 让学生带便条给家长。
21. 在开家长会议时让学生和家长在一起。
22. 当家长在教室活动时让他们坐在自己孩子的桌旁。
23. 如果家长离异，坚持向双方通报学生的情况。
24. 把家长看作教育过程中的合作伙伴。

既然是双方合作，良好的合作氛围自然需要教师和父母两方面都付出真诚和努力。但是，如果教师过于强调这一事实，反而会使自己在行动中犹豫与推诿，相反，当教师意识到自己是这一氛围的主要决定者，是“第一推动力”，如果教师坚定地执有此种心态并采取相关的措施，那么也必将潜移默化地影响家长。

◆“礼品袋”中的两封信

《教师之友》杂志2004年第十期李镇西老师的《开学第一天》一文中，详细地写了李老师在学生开学第一天所做的各种教育工作，其中有这样一个细节，就是当每个高一新生坐到他位置上的时候，他也同时收到李老师已经为他准备好的一份礼物：一本李老师写的书和一封信。信中写道：

第一次见到新朋友，我把我早已准备好的礼物送给你——一句话和一本书。

“让人们因我的存在而感到幸福！”我把这句话作为礼物送给你！（请你在心里默念一遍：“让人们因我的存在而感到幸福!”）这既是一种伟大崇高的价值观念，也是一种平凡朴实的实践行为。用精神播撒精神，以真情赢得真情。亲爱的朋友，做一个“让人们因我的存在而感到幸福”的人，往往只需“举手之劳”：公共汽车上，你为一位老人让座，这位老人就会因为你而感到生活在这样一个文明的社会中是一种幸福；在街头，你热情耐心地回答一位外地人的问路，他就会因你而感到能够得到一位素不相识的人的真诚帮助是一种幸福；在教室楼道，你主动上前帮老师抱作业本，老师会因为有你这样的学生而感到幸福；有同学病了，你哪怕是送上一句亲切的问候，他也会感到有你这样的同学是一种幸福……今后在我们班，当某个同学遇到困难时，是你第一时间出现在他的面前并伸出温暖的手臂：“别着急，有我呢!”那样，他会因为有你而感到班集体的无比温馨！我希望在我们的集体中，大家有共同的追求、共同的荣辱、共同的精神支柱、共同的心理依托；成员之间互相友爱，互相帮助，谁也离不开谁：每一个人为集体的挫折感到难过与忧虑，集体为每一个人的成绩感到欣喜与自豪。(节录)

在小学教书的薛瑞萍老师，在开学之前也写了一封信，不同的是，这是一封写给小学一年级孩子家长的信：

家长您好：

很高兴因为您的孩子，我们走到了一起。

伟大的教育家苏霍姆林斯基在给《给教师的建议》里指出：

“家庭要有高度的教育学素养。”

“如果没有整个社会首先是家庭的高度的教育学素养，那么不管教师做出多么大的努力，都收不到完满的效果。”

“家庭智力生活背景，即书籍在家庭生活中所占的分量——于学龄前，便在很大程度上决定了儿童智力生活的状况。”

在苏霍姆林斯基的学校里，家长会中读书汇报——朗诵，是其中必备的节目。所以，如果希望孩子好，那就先成为读书型的父母，那就从今晚做起——和孩子一道，安静地看书。如果您不能在书桌前坐半个钟头，又如何要求孩子每天从早到晚坚持五六个小时的艰苦学习呢？

他还告诉我们：“所有那些有教养、好求知、品行端正、值得信赖的年轻人，他们大多出自对书籍有着热忱的爱心的家庭。”

当然，您也可以举出文盲父母“培养出”优秀子弟的例子来反驳我。但您不要忘记，物以稀为贵，之所以文盲之家的才俊可以名噪一时，恰是因为那样的情况太少啊。书香门第出学者——谁会为此而惊讶呢？

今后，关于孩子的读书，关于家长的读书，以及教学教育中的其他课题，我会根据具体情况向您提出建议，仅仅是建议。

如果您愿意，如果您真的很爱你的孩子——请跟我来。

谢谢您细读并保留此信。

建议下面的反馈意见，您可以交，也可以不交。写的长短多少，随您所愿。

今日建议：

一、给孩子买《365 夜儿歌》《365 夜日记启蒙》《365 夜作文启蒙》。我们在汉语拼音结束之后，要将它们列入课外阅读书目。一定要是正版。不着急，两三个星期内买到都行。

二、每次给孩子买书的时候，您也给自己选一本。

三、订或者零买《儿童文学》《少年文艺》。现在您读，将来孩子读。

四、订或零买《读者》，给您自己看。

五、每天至少和孩子交流一次读书的体会。几分钟也可以。

六、保持家庭环境的安静。“聪明”——之所以“聪”字在前，是因为灵敏的听觉是孩子智力的标志。德国哲学家叔本华有句名言：“人的智力和他对噪音的耐受力成反比。”

如有反馈意见，请让孩子在周一交来（署上孩子和您的名字）。

一年级（2）班教师

我们完全可以想象，当孩子和父母读到这样的信的时候，内心将会有怎样的感动与感激。当然，我们还可以做得更细致一些，我建议每个老师在学生开学之前，准备一个礼品袋到每个家庭走一下。在这个礼品袋里，最重要的当然是两封信，一封给未来的学生，一封他们的父母。另外，还可以把自己的照片、简介，学校、班级和任课教师的一些情况介绍附在里面，如果您有自己满意的文章的话，相信这也会是孩子与他们的父母所乐意拜读的。

◆ **家校通讯**

随着先进教育观念的进一步普及。“家校通讯”大有“旧时王谢堂前燕，飞入寻常百姓家”的趋势。可以毫不夸张地说，“家校通讯”因其便捷、利于保存、含有清晰的文字和数据等优势，在许多学校已经成了与家长会、家访和家长学校同样重要的家校联系和学校借此指导家长进行家庭教育的手段。我这里收集了数期张家港东莱小学制作的“家校联系”，内容涉及国内外教育事件介绍、怎样做父母、如何处理日常生活中的一些教育问题、孩子在学校中的情况、如何帮助学生提高学业或解决学习上的某一具体的障碍、家长育儿的心得体会、孩子的心里话等，这些话题都清晰地表明它的读者是学生的家长，文字清新浅易，话题本身也能吸引年轻的父母们来思考这些问题。下面是张家港东莱小学数期“家校通讯”的几个节录，从中我们不难发现其丰富性与家校互动的特点：

例一：

我和女儿一起读书

自从“学习型家庭研讨班”开展读书活动以来，我发现女儿有了很大的变化。以前，孩子没有读书的习惯，完成作业后，不是看电视就是出去玩。而现在，星期六下午我们经常到书店看书、买书。每天晚上做完作业以后，我们就一起读书，鼓励孩子把书中的故事情节和内容复述出来，并在《阅读·成长·快乐》本子上写一段自己喜欢的内容，再配上图画，让她展开丰富的想象。孩子从不爱读书到接受书，能主动去读，对阅读充满兴趣，我感到非常高兴。（李番家长　高丽丽）

例二：

教你一招：夫妻之间因孩子的教育问题产生分歧怎么办？

夫妻之间因孩子的教育问题产生矛盾的现象十分普遍。夫妻之间的这种分歧和冲突，往往是导致家庭教育失败的重要原因。它的主要危害是：(1) 影响力相互抵消。要有效地教育孩子，父母必须同心协力，形成合力。(2) 父母威信降低。父母之间争吵，尤其是彼此否定对方，不仅会使孩子对父母感到失望，还会破坏父母在孩子心目中的形象，降低父母的威信。(3) 使孩子无所适从。……

我本人也曾做过一些“家校通讯”，由于所在班级绝大多数家庭都拥有电脑且上了网，所以我采取了电子邮件的方式。应该说，由于借助了电脑网络的优势，“通讯”的可读性、可观性、内容信息强度都远远超过了传统书面的通讯，然而也因此不能在纸面上加以呈现。电脑多媒体技术把音乐、Flash 贺卡、孩子在学校的生活照片、大量的优秀作文等诸多在纸面通讯中不能实现的效果呈现出来，而且它无限复制的优势让它在增加效果的同时反而减少了成本。可以想象，这将是未来“家校通讯”的总的趋势。

无论哪一种“家校通讯”，其实都可以在框定了基本内容后，让学生来动手制作。纸面的“家校通讯”让更多的孩子甚至每一个孩子都参与了美工设计和书写、编辑，电子邮件的“家校通讯”许多孩子甚至比老师本人还要做得更为漂亮有味。让每个学习小组负责一期“家校通讯”，孩子们从中能够更清晰地知道什么是负责、分工、合作以及创造的快乐。

◆ 即时签发的喜报

一次极偶然的机会，因为我刚刚学会了用 QQ 发手机短信，所以就向某位家长发了一个短信，告诉他他的儿子在近来各方面表现相当出色，成绩也有大幅度的上升。不久，这位家长喜气洋洋地打来电话道谢，而更重要的，在这以后，这个一直在最后十名徘徊的学生成绩一直高居在前十位。这件特殊的事件并没有什么普遍的教育意义，谁要是认为一次表扬就可以让任何学生从此彻底改变人生的想法无疑是一种教育上的无知和幼稚。但是，即使是在这个特殊的个例中，我们也不难获得一些教育上的反思，如果从“家长—教师”联合教育的角度讲，这个表扬（委婉的批评也一样）强化了父母的教育意识，从而分担了教师的教育任务，并确保了孩子获得全方位的教育。

制作一张可以随时填写相关内容的便条式喜报，确实是一种非常有效的低成本高回报的交流手段。只需三言两语，就可简短扼要地告诉家长，他的孩子近来获得了哪一方面的成功。当然，不妨将这张便条式喜报与学生的精彩绘画，一篇相当不错的作文，某同学作文中记载的好人好事，甚至是一张卷面整洁成绩显著的考试试卷结合起来，让学生带给他的父母。这既可以让孩子增强学习的信心，也可以增强父母教育孩子的信心，而信心一旦树立，那么许多教育难题也就是势如破竹，迎刃而解了。

需要注意的是，教师不要把这件事沦为消极的任务而敷衍了事，以及不恰当地把孩子并不成功或者虚假的成绩当成喜报发给家长，学校也不能因为看到某几个教师所做的成功的喜报，而强行在全校推广，这种没有基础的大面积推广，往往是扼杀教师能动性和创造力的真正原因。

如我上面所讲，在手机、QQ、电子邮箱越来越普及的今天，这种喜报的形式与传递方式都可以得到很大的改进，通过电话进行的“家校通”已经被越来越多的学校所采纳，但是同时，我们一些老师把它主要作为汇报考试成绩、布置家庭作业的手段，也就是说，手段仅仅停留在手段，从中并没有特别的教育的含量，这是非常可惜的。

◆ 掌握每个家庭的电话时间

电话的普及已经使得它事实上成为家校之间最日常化的联系方式。只是由于教师往往在孩子出现某一问题后才与家长进行电话联系，这让不知底细的父母有时甚至会对教师的来电产生恐惧心理，担心自己的孩子是不是又惹了什么麻烦。其实教师固然在学生犯错误后需要与家长进行妥善的沟通，也需要在孩子获得进步、取得成功时及时地告知家长，但是更重要的，这一通信手段具有书信通信所不具备的即时性与对话性，它能够在不过多浪费双方时间的前提下，有效地探讨一些针对具体学生的教育问题（如我们在“家校通讯”中所看到的，“通讯”往往针对的是“共性”的问题）。同时，每个家长因为其工作或生活的特殊原因，可能会有不同的“电话时间”，同时教师也需要确保自己的生活具有一定的规划性，不被随时而至的电话干扰。这里介绍西方某些教师所采用的“电话联系前的便条”，如果您能够试一试，也许会收到意想不到的特殊效果：

尊敬的×××家长：

本学年，我希望与我班的各位学生家长电话联系。我能在星期二下午3：00　5：00，星期三晚上7：00—9：00给您打电话。请您在这段时间内选择您最方便的时间。

如果您有事或想与我交谈，请在星期四晚上7：00—9：00来电话。我家的电话号码是××××××××。

盼望着与您交谈！祝你万事顺利！

年 月 日

您最方便的时间是：

星期二下午：□3：00—4：00　星期三晚上：□7：00—8：00

□4：00—5：00　□8：00—9：00

如果上述时间您都不方便，请告诉我其他合适的时间。

自然，意外的事情与这个并不相矛盾。另外，为了让父母在具体的探讨前有所准备，确保问题的探讨具有针对性与有效性，有经验的教师会事先让孩子带个口信或者便条给父母，把具体的电话时间与话题告诉家长。

◆ **特殊仪式日**

看美国或者其他教育发达国家的影视，往往会为其中家长与孩子一道参与学校仪式的情景所感动。哲学家伽达默尔晚年致力于“仪式”的研究，他认为正是在“仪式”中，人类的文化、传统、精神、规则、个体与集体的关系才用特殊的方式给予确认。所以，教育发达国家都非常重视学校中所举行的仪式，如成人方式、毕业典礼（在毕业典礼中低年级的学生也可能共同分享了此仪式的意义）、升旗仪式、共同的生日晚会、植树节、捐款和捐物仪式、创立某一共同的社区、颁奖典礼……当然，我们可以充分利用的还有入队仪式、退队仪式、入团仪式、身份证颁发仪式等节日和仪式。

已经有不少家长和教师意识到，这不仅是一个含量极高的教育契机，而且它也能把家庭和学校并不全等的教育思想做一融合，也就是说，这些仪式不但是孩子逐步从幼稚走向成熟的标志，同时也是他们从小我走向大社会的台阶。同时，在如何办好这些特殊仪式日的过程中，要尽可能地征询学生的意见，求得家长的帮助。以成人仪式为例，《安徽商报》4月15日《成人仪式怎么举办？同学们的好主意真不少》一文电话采访了学生如何办好成人仪式，17岁的姜同学的意见我看就非常有价值，她说：“到18岁生日那天要在父母和亲戚朋友的见证下，到一个有纪念意义的地方栽一棵树，并在这棵树前宣布自己正式成为成年人，对自己以后要承担的责任做出承诺，要让这棵茁壮成长的树陪伴自己度过成年后的每一天。”而深圳新闻网上的这则成人仪式的记录，则栩栩如生地再现了教师精心策划的一次有效的人格教育，《理解，从成人仪式开始》（节选）：

［北京消息］在18岁的成人仪式上，高三学生司瞳收到了两份特殊的"成人礼物"：一封父母写的亲笔信和一件他还是婴儿时的小毛衫。昨天，在北京西城161中学举行的18周岁成人仪式上，有近300名高三学生像司瞳一样第一次读到了父母写来的亲笔信，许多学生激动得流出眼泪。

昨天，学生们身着正装，在国旗下庄严宣誓："从今天起，我们将要独立面对漫长的人生之路。"在背景音乐 *the prophecy*（预言）下，班主任把家长寄来的亲笔信发给学生。信是密封的，这是班主任在一月前秘密"布置"给家长的。一些女生看完信后抑制不住自己的感情，流下了热泪。有些男生在读信时，手也不停地颤抖。阳阳（化名）的父母离异多年，昨天，她也接到了父母合写的信。阳阳激动地说："我哭了，这是我收到的最好的礼物。"她平时很少有机会和父母交流，有些话很难表达。在自己作为成人收到的第一封信中，她了解了父母。

男生魏晨曦悄悄躲进角落，细读了父母写来的两封信。他的父母是一口气写完信的，从晨曦呱呱坠地开始写起，写了他18年来的经历，写了他给家庭带来的欢乐，并希望他今后可以承担起人生中的责任。晨曦告诉记者，父母文化水平虽不高，但从平实的语言中，他读到了期望，也明白了自己的责任。

……

这是一个非常成功的例子，但是，如何将孩子的情况反馈给家长（虽然孩子回家后的微妙表现也是一种有意义的反馈）？如何通过仪式让学校与家庭更紧密地、日常化地联合教育学生？我认为答案还是很简单：让父母在孩子成长的重大时刻在场。

◆ 意见箱——教师个人的电子邮箱

毕竟家长直接到学校里来参加活动或者个别访问的机会不是很多，因此设立一个传统的家长意见箱也就只是形式主义的做法，并无多大实际的作用。但是，虽然面谈与电话沟通有诸多优势，然而书信作为一种特殊的交流手段，也有它独到的地方。譬如对重大问题的讨论或者交流对敏感问题的看法，用书信就可能比电话更能够畅所欲言，也比较能够谈得深刻一些、从容一些，同时教师也可以趁机在回信中夹附一些指导家长进行家庭教育的资料。好在当前大多数教师都已经拥有了上网的机会，申请了免费的个人邮箱，做这些其实都是事半而功倍，用力少而收效久远，何乐而不为呢？

我曾经通过邮件和QQ与一位家长进行了长达一个学期的有关她女儿的教育探讨，可惜在迁移中丢失了大多数原始资料，从这里仅存的一封邮件中，我们不难发现电子邮箱或者说电子意见箱，确实有望成为一种未来的家校沟通手段：

干老师，您好！

看了您邮件中女儿的日记及您的附语，思绪万千。首先感谢老师的细心教诲，也觉得孩子真的长大了，思想复杂程度超出我们的想象，尤其是我们比较担心的，如对人生的看法，对未来的思考，对学习的探索等在她成长道路上几个至关重要的大事，她现在还有很多事情不明白，但由于她的性格所致，环境对她的影响是比较大的。

再次感谢老师能在关键时刻和我们沟通，说实话我们都是没有什么教育经验的不称职家长，对发生的情况有时会感到不知如何是好，因为平时只是过多地关心她的学习和物质生活，对思想了解得不够，虽然，我也曾多次试图和她交流思想和一些对未来的想法，但不知是孩子对我的不信任还是我问得不到位，交流总是比较肤浅或偏题，有时也就错误地认为没必要那么早和她谈这些事，现在看来我们是没有真正地了解自己的孩子，她大了！

对于她目前的思想，我想既然是那么种状况，没必要去“堵”，也“堵”不住，而能否采用“疏”的办法，就是还是应正面为主，及时掌握她的思想动态，把她的主要精力拉到学习上来，老师目前的做法就很好，因为目前来讲她还不会和我们家长谈这些，一方面我们争取和她多沟通，多和她聊些对人生的看法，更主要的是我们会和老师密切配合，共同来“管理”好这个让我们都爱的“小女孩”。

因为的确是经验问题，我也说不出更多什么好的建议，心中还是“发毛”的，但愿在我们的共同努力下，她能健康地成长，不希望她出人头地，只希望她能成为对社会有用的人。

再次谢谢干老师，真的，语言是表达不清楚的，但愿宁馨能成为您所希望的，那应是最好的回报。

宁馨妈妈上

2003.12.9

◆ **家庭作业——给家长与孩子的作业**

显然，这是学科作业以外的一种特殊的家庭作业。尽管迫于当前形势，我们更多的作业依然只能停留在作为学科的课外补充，但是，作为理想的教师他应当在此同时清醒地意识到，社会和家庭对教育中的素质的要求，是随着时间越来越迫切的。因此，他也应该认识到，家校合作的目的，并不是为了让家长们帮助自己督促孩子完成家庭作业，而家庭作业，也并非是学校的简单的延续，它应该更积极地促进孩子去个性化地学习，鼓励孩子自己去发现、去创造、去完善自己。当然，在这个过程中，确实需要家长的帮助，然而这种帮助不是包办代替，不是好心地根除孩子的学习机会。针对家庭生活这一特殊的环境，布置一些特殊的针对家庭的作业，让孩子在这种作业下真正地丰富生活进而体会生活、创造生活，这同时也是对学校教育程式化的消解。如在小学里，不妨布置像这样的需要亲子合作的家庭作业：

例一：学做小厨师

在菜谱中挑选几道简单易做的菜。与孩子一道讨论菜的选料、味道和配料的名称、比例，鼓励孩子按菜谱所需的料自己上街买菜，指导和帮助孩子洗、切、烧，在操作过程中，告诉孩子什么是煎、炸、煮、炖等。

尝一尝，味道如何？

例二：雨中漫步之后

夏天，酷热难当。一阵喜雨带来丝丝凉意。带孩子雨中漫步去吧，可别忘了，这是孩子学习的一次好机会。

在确保安全的情况下，让他尽情地享受路边的泥水和水泡给他的快乐。回家后，让他用几句话写下他所看到的、听到的和感受到的（若孩子还不识某些字，帮他写上），并给这个“小故事”配一幅图画。

让他定期增加新的故事，收好这些纸片并在一定时候装订成册，让孩子给它取个书名。

例三：观察

带孩子去散步，让他带上放大镜，让他注意观察脚下和路边通常并不留心的东西，如虫子、小草、石子等，叫不出名不要紧，重要的是让孩子注意观察这些事物之间是否有关系……

◆ **家访**

家访，曾经是家校进行有效沟通的最主要途径。但是有调查显示，当前90%的学生对家访抗拒，也有半数以上家长对教师的家访尤其是不速之客式家访表示并不欢迎。究其原因，一是因为教师家访在大多数情况下往往与“告状”联系在一起；二是现代社会对个体及家庭隐私越来越重视，教师这一“外者”的造访让许多家长尤其是城市家长感到不太自在。然而，无论怎么说，家访仍然是教师了解学生以及与家长进行有针对性的交流教育观点的最有效手段，因为某些原因而弃之不顾，也就是放弃了一条最重要的联合途径。自然，为了避免家长与学生的反感，不妨改进一些措施：

◇ 每次家访都事先约定（而不是通知），避免做不速之客，更要避免遇到嘉兴《南湖晚报》所描述的《家长麻将搓得欢　老师家访被冷落》这样的尴尬场面。

◇ 时间和地点可以由家长来确定，据我的经验，现在有更多的家长愿意在茶吧、咖啡馆或者公园里与教师会面，尤其是对经济比较窘迫或者住房较为寒酸的家庭而言，教师的硬行来访确实有可能成为心理负担。

◇ 可以事先提供家长一些相关的信息，譬如孩子的成绩问题或者成长上的困惑，尽可能做到双方透明，不要让家长心怀忐忑。当然，在真正的谈话中不必拘于这些话题，教师必须清楚，家访的目的既是更好地教育学生，更是为了更好地与家长取得联系，确保进一步的教育合作。

◇ 绝不告状。即使学生确实有问题，也要以期待而非责备的态度面对家长。

◆ **家长会**

家长会的全称，也许应该称之为“家长—教师联席会议”。一般的家长会有两种形式：一是全方位地交流信息，即教师向家长提供学校、班级、学生等教育信息，家长用发言和填表的形式向教师提供孩子在家中的信息；二是针对某一或某些具体的问题，双方在交流信息的基础上交换看法，商讨对策。这里不准备对家长会的内容做过多的分析，只想就准备家长会和主持家长会的一些技巧和规则，提供一点参考。

为了让家长感受到来自教师的尊重，同时也是为了确保家长会的顺利召开，教师应该与家长进行商榷，并在此基础上发出明确的通知：

材料：家长会征询信

尊敬的×××家长：

我们期盼着您能在　　月　　日下午1：00—4：00到校和我们一起讨论××在校的表现与进步，敬请光临指导。在此特与您商量，请您告知您所希望获得的信息以及希望讨论的话题。如果您有什么问题，请与我联系，办公室电话×××××××。谢谢！

（教师签名）

您希望自己在家长会上获取哪些信息？

您希望本次家长会讨论哪方面的主题？

教师在家长会上，应该注意几点，以使交流更为有效：

◇ 认真听取家长讲话，体会其可能难以直言的言下之意。

◇ 采取布莱德利的建议，避免使用"害羞、偷、懒惰、吝啬、自私、炫耀、会不及格"等可能伤害家长心怀与自尊的词语，而用"内向、在未经许可的情况下、有能力干得更多、难以相处、缺乏共享能力、吸引注意力、如果……就会有机会通过"等委婉的词语来表达。

◇ 用开放式的反映期待对话继续下去，避免以评论家、专家、法官或道德家的姿态对家长的发言进行评论。

◇ 尊重对方，对双方不同的观点持宽容的态度，并要懂得巧妙地"悬置"某些分歧，与家长协商在更适宜的场合来讨论那些问题。

◇ 尽可能地知道并记住家长的姓名。

◇ 不使用家长难以理解的教育术语和教育典故。

◇ 面对单个家长时，不要贸然提及其他孩子，尤其是不要用另外优秀学生的故事来影射这个学生。

◇ 告诉家长，可以在任何时候提出问题，教师将尽可能予以答复。

◇ 懂得控制局面，尽量让会议不要偏离学生的成长这一总话题，以及事先约定的主题。

◇ 随时记录家长的意见和建议，注明哪位家长，力争在事后给予答复。

◇ 与每位家长进行并尽可能地保持视力接触。

◇ 要用适当的方式清晰地告知学校和自己的教育意图与教育蓝图。

◇ 教师要对会议做一小结，以确立一些对话所形成的共识。

◆ 视家长为教育资源

每一位家长都可能是一本阅历丰富的书，家长具有不同的职业、经历、爱好、特长、视点，这就是一个非常丰富的教育资源。因此，在学年开始的时候，教师就要询问家长是否愿意成为孩子们的"业余导师"或"教育志愿者”，与孩子们一道共享他们的才华与经历。同时，在此询问表上还可以列出所需的“辅助项目”，如课外兴趣、阅读指导、写作指导、参观访问、德育顾问等条目供家长参与与选择，也可以请愿意提供帮助的家长补充上他所可能提供的帮助。这个范围将可能是极为广阔的，对学习困难生或单项天才学生进行个别指导；对德育障碍学生进行特殊激励；利用家长的特殊才能开展各种课外活动；建立起图书角、园艺角；指导出版《班级日志》或学生个人作品集；指导建立班级网站和学生个人网页；开展励志讲座；借此参观一般情况下很难参观到的工厂、军营、农庄、牧场……

当然，以这种身份参与班级教育生活的家长，无疑需要有较高的文化素质和道德修养，这在当前的许多农村学校尚有些奢侈。但是，我们也必须看到，随着国民素质的提高，随着市民生活从物质追求转向精神追求，这些也不再仅仅是梦想。

再前进一步，就是直接地邀请家长参与学校、班级的教育决策。从当前教师个人的心态而言，这一激进的方式可能尚不能为大多数人所接受，但是，其实教师一直用“隐性”的方式来影响着学校的教育，直接让家长参与决策，其实是追求教育的透明化，同时更使已经建立起来的“家庭—学校”教育联合体或者利益共同体更为巩固。

相信种子，相信岁月

——101 班写给家长的第二封信
（开学第一周）

亲爱的家长：

您好！刚刚过去的开学第一周，您一定充满期盼地等待着来自孩子们在校的讯息，尤其从泊江海和布日都来新世纪学校上学的家长，更会因为孩子住校的关系，内心难免更多忧虑。

这封信，就是向您汇报一下您孩子在101“毛虫班”在第一周的事。

从报名那天到此刻，其实才过去短短的几天，可是相信每个人都会觉得这几天好长好长。不管学生、老师，还是家长，都在生命中留下了一份难以忘怀的深刻体验。

101“毛虫班”一共有28个孩子，其中17个住校，11个走读。对于这些小小的孩子，刚入学的学校生活真是很紧张而严格了。学校每日常规有：

晨6：50起床，洗漱后7：10早操；7：20早餐；

8：00开始晨诵，然后是四节课，一直到12：00放学，走读的孩子回家，住校的孩子午餐；

12：40至下午2：30，宿舍门关闭，孩子们午睡；

下午2：40至5：00，上两节课后走读孩子放学回家，住校的孩子课外活动；

晚上6：00晚餐；7：00至8：30两节晚自修（中间喝一袋牛奶），随后洗漱，9：00就寝，9：30熄灯。

我们101班的小毛虫们还真是了不起，他们适应学校生活的能力远远超过了我的估计，8月29日报名第一天的晚上，大部分孩子就很自如地穿梭在公寓楼里，像高年级的大哥哥大姐姐一样，端着脸盆打水，洗脸刷牙、洗脚后上床睡觉。有些孩子，比如武杰，还有模有样地洗完脸之后，在脸上擦香香呢。而且一个宿舍的同学，马上就成了很好的朋友，比如王一方和崔效宇，刘桂珍和陈卓凡，刘洋、张玉凤和陈金慧，白佳伟、宋浩等。而相比家中要简单得多的食堂饭菜，大部分学生也能很好地适应，尤其是男孩子，每一餐都差不多狼吞虎咽，吃得干干净净。这么小就能够这样独立地生活自理，这应该说是家长们学前教育的重大成果，也是给孩子们的一生最为珍贵的生命财富之一。

而从开学报名的第一天，老师们也在精心地准备着，把孩子们生命中需要的其他同样重要的财富，通过每天的课程学习，悄悄地在孩子的心田播下种子。

如果说报名日那天，孩子们在教室内体验着丰富精彩学校生活的快乐情景，让您对新教育实验的这些老师和课程有了信心和希望，那么这开学第一周的课程，也将会给您带来更多的欣喜和期待了。

因为是老师包班，又主要以新教育儿童课程为主，所以孩子们的学习生活相对更加从容，有节奏。在儿歌、故事、游戏、音乐、画画的陪伴下，他们也感受着学校生活带来的快乐，并且从中初步体验到，生命在学习生活最初展开的时候，最需要的是自信与尊严。

跟家长分享一些孩子的故事吧：

葛岂凡，这个第一个报到的小小男孩，因为身体和高度近视的原因，性格上非常内向，几乎从不主动与其他小朋友进行任何交流，就连老师要带他一起玩的时候，他也只是摇头，仍然“顽固地”坐在那里一动不动。可是，在每天我们班一小时的体育锻炼上，其他孩子自由快乐地游戏，自然而然地就把他吸引了。他会静静地看着别的孩子荡秋千、爬竿、翻双杠，而最吸引他的还是沙堆上的那些砖头了，因为李晨昊、贺禹婷、宋敬珠这些同学开发出“造房子”的游戏，吸引了很多小孩共同参与，小岂凡不知不觉，也加入了他们的队伍，给“小蚂蚁”造了一个温暖的家。

张雪芳，这个聪明懂事的高个女孩，非常阳光大气，她很爱学习，而且很喜欢和同学们一起玩，体育课的时候，她特地带来了篮球，于是所有的孩子，就享受到了传球、拍球的乐趣。

杨小龙、李志颖，这两个同桌的男孩，有着共同的爱好，喜欢读书，他们俩的识字量也很多，那些简单的绘本，都基本上能够读下来了，对于一年级孩子来说，这可真是了不起的成就啦。在今后的学习中，他们的这个本领，将会更好地为班级服务。

武杰，这个胖胖的男孩，对于学校生活非常适应甚至可以说是热爱。这一周内，每当我打扫教室的时候，总是他主动地把垃圾倒到厕所旁的垃圾箱内。孩子们吃完饭后，他也总是拿抹布把一年级每个桌子都抹得很干净。

陈卓凡，这个小女孩开学日来报到的时候，已经是下午了，当我打开教室门让她进去的时候，她一下子眼睛亮了，惊呼着“哇，这么漂亮啊！”然后就在教室里走动着，欣赏着我们精心的教室布置，叽里呱啦地赞叹着。那个时刻，我心里真是甜蜜啊，没想到付出这么快就得到了回报，还有什么比这更快乐的事呢？而后来几天的生活，这个女孩子又让我看到了她的特别与优秀，她的语言表达能力非常强，阅读能力也很好，一首小儿歌，我刚写在黑板上，她就能够很顺畅地读下来了。而最让我感动的还有这样一件事，她也像别的孩子一样想家，也哭过，可是她却能够很快地调整过来，和好朋友刘桂珍一起玩，要去我生字卡片中的“妈”字放进书包里，想妈妈的时候就拿出来看看，并且还会很乐观地安慰别的哭泣的女孩：“哭两次就好了，幸好我没有把眼睛哭肿。”而且从来不乱买零食吃，爷爷存在我这里的50元钱，有一次她想去买饮料喝，可是最后还是又把钱还给了我。

张洋洋和李学洋这一对同桌也很有意思，在最初写绘的时候，张洋洋总是皱起眉头，说“孩子在秋千上，我不会画啊”，而李学洋就教他，张洋洋就很高兴地画了后给我看，而每次他又总是把李学洋的本子一起带了来，搞得李学洋也开心地叫：“哎，又把我的本子给带来了！”但是那份自信和愉悦却溢于言表。而就在昨天《树苗做操》的儿歌配画中，张洋洋交出了全班最让我欣赏的一份作业，那份创意可真好啊。

还有白佳伟，妈妈很担心他能否适应学校生活，但是这个孩子却表现出了相当高的绘画天分以及生命中的灵性，在我给孩子们讲故事的时候，他听得是最专注的，经常情不自禁地参与到故事中来，去说出他对故事后面情节的看法。白佳伟又是个很善良的孩子，当看到李学洋想家哭泣的时候，他就拿着一本自己喜欢的图画书，一直站在李学洋的旁边，试着去安慰他。

……

这一周来，在每个孩子身上的故事真是太多太多了啊，可是限于信的篇幅，就先写这些吧，好在我们的“校信通”即将开通，那时，我们也将会更快捷、更方便地把孩子在校的生活学习情况，传递给您。

不过，因为毕竟孩子们的心智和能力发展是不同的，所以仍然有一些问题，需要在后面更长的时间内，我们和孩子一起去面对。

比如吃饭问题。有些孩子因为家长给了钱，又缺乏自制能力，所以几乎不吃食堂的饭菜，而以零食充饥。温晴同学就是这样，因为姐姐不爱吃食堂饭菜，所以她也就跟着，有时甚至一天都不吃学校饭菜，晚上的牛奶也不爱喝，对老师的劝告也全然不听，让人非常忧虑，长此下去，必定会对健康带来损害。我们已经教育了姐姐，要她为妹妹做好榜样，星期四和星期五温晴同学就吃得非常好了。同时也请家长在钱上面给孩子以适当控制。

另外更重要的仍然是孩子在校的生活问题，因为虽然老师再好，课程再有趣，可是怎么都比不上父母的怀抱和舒适温馨的家中气氛啊。

所以我们给出这样一些建议：

1. 住校的孩子，家长可为他们准备一个毛绒玩具（如果是从小就一直陪伴他们的就更好了），晚上可以抱着毛绒玩具睡觉，抚慰孩子的分离焦虑。

2. 因为学校饭菜毕竟简单、单调，所以为孩子补充一些额外的零食是有必要的。但是在零食的选择上，则要精心考虑。建议为孩子准备一些牛奶糖、谷物类的小面包、火腿肠等，而学校小卖部卖的食品基本上是方便面和用色素和水冰冻的果冻条，如果长期这样的话，孩子的身体肯定承受不了。所以务必请家长注意孩子的营养问题，请家长为孩子准备一些营养高的食品，这样在两节课后做完操，孩子们可以吃块面包、喝袋牛奶补充一下。否则按照这个星期的状况来看，孩子们这段时间饿的是比较多的。

3. 最重要的是第三条，也是让住校学生想家的最重要的原因，毕竟学校环境有限，尤其不能拥有家中那样丰富多彩的精神生活。这样当精神贫瘠的时候，各种行为问题和心理问题也都容易更频繁地出现了。因此，建议家长给一年级多准备一些可以做手工的材料（安全小剪刀、各种彩色纸等），或者练习本让学生画画，或者跳绳、小皮球、棋类等体育游戏器材（可以放在班级统一管理），这样，孩子们的课外生活也会更加充实，精神生命也会不失去应有的丰富和浪漫。

4. 今天回到家后，家长们肯定会因为心疼孩子，要努力地去补偿，周六周日就可能孩子想做什么就满足他（她）什么，但是这样其实对于孩子的自立能力恰恰是一种损害了，所以建议家长不要只从物质上来满足孩子，整天整天地让孩子沉浸在电视之中，而应该充分利用这两天的时间，和孩子拥有更高质量的精神生活，孩子本周的学习内容，我们都已经装入他们的书包，您可以一张张看，跟孩子细细聊聊学校生活，这样不但能让孩子感到他很棒，更好适应学校生活，也能为老师提供更多更详细的孩子情况，便于老师更好地教导您的孩子。

总之，报名日的花儿慢慢谢了，但是一粒粒飞翔的小种子悄悄地播下了。开学第一周虽然忙碌紧张，可是我们能让家长欣慰的是，孩子的生命并没有浪费，孩子的心灵得到了精心的呵护，而等到教室里的电子白板能够完全投入使用，音乐在教室里回荡，我们的课程更加充分展开的时候，可以期待的是，这一只只小小的毛毛虫，将会因为卓越的课程，生命更加丰盈充实。

所以请您怀着一份宁静，和我们一道等候：在十月的秋风里，我们就能够有足够美好的故事，向您诉说……

致

诚挚的问候！

新世纪学校新教育实验101“毛虫班”班主任：马玲

2010年9月3日，星期五

另附：

周末在家学习指导要求：

1. 本周儿童课程学习内容，请家长听孩子读一读，如果他（她）读得很好，一定一定要给孩子一个大大的拥抱哦，如果他（她）还不能读出来，也没关系，因为毕竟是开学第一周啊，就请您再读给他听听吧。重要的不是这些东西是否记住了，而是家长和孩子在一起的这种关于学习生活的感觉。

儿歌：《我们》《我们都是好朋友》《我喜欢上学》（这是开学典礼上用的，比较难，家长可以再读给孩子听听）、《树苗做操》《荡秋千》。

故事：《好饿好饿的毛毛虫》《三只小猪》《小猪普莱墩儿》《莎娜的雪火车》《好饿好饿的小蛇》《好饿的小白熊》《女巫温妮给小猫变颜色》等，您可以让孩子讲给您听听。

写绘日记：从 8 月 30 日开始，老师都让孩子把一天中感受最深的事情画下来，您可以按照画纸上标的时间，一张张地欣赏一下，那里面的奥秘可多哪！当然，您看不懂的，可千万别忘了让孩子讲给你听听啊。

而千万不要忘记，周五周六，也请孩子在写绘本上，继续画下他的写绘日记，并讲给家长听，然后请家长把孩子说的记录在写绘本上。

2. 本周数学课程因为教学设备原因，还刚刚启动。因此等下周的时候，我们再随信给家长详细介绍孩子的数学学习情况。

随信发放的还有一张眼镜卡，这是教育局统一发放的。如果您的孩子有视力方面的问题需要咨询，或者需要配置眼镜，相信教育局推荐的地点，一定是可靠的。

马玲老师的手机号：×××××××××××

下周教室就有饮水机了，请为孩子准备一个可接热水的水壶。

请填写下表后，由孩子返校时带回交给班主任老师。

<table>
<tr><td>学生姓名</td><td>民族</td><td>户主姓名</td><td>户主身份证号</td></tr>
<tr><td></td><td></td><td></td><td></td></tr>
<tr><td>户口所在办事处</td><td>现居办事处</td><td>与户主关系</td><td>家庭住址</td></tr>
<tr><td></td><td></td><td></td><td rowspan="3"></td></tr>
<tr><td>工作单位</td><td>出生日期（公历）</td><td></td></tr>
<tr><td></td><td colspan="2"></td></tr>
</table>

马玲老师给家长的便条

亲爱的家长：

您已经发现了，从昨天开始，我们的每日便条上多了一栏，是要家长填写的。因为学习就像是树的成长，总是慢的、日积月累的事情。因为家长对于孩子的重要性，很多老师听不到的消息，他会叽里呱啦说给最亲爱的爸爸妈妈听。所以通过每日作业，也可让家长更充分地了解孩子在校的学习、生活情况，如发现问题也可及时跟老师联络，将消极损耗降到最低。

可是没有想到的是，昨天收到很多家长热情洋溢的回复。比如李志颖爸爸这样写道：在马老师的教育下，孩子读书进步了。谢谢马老师对我儿的关心。而昨天晚上已经读完一本的李志颖同学，又读背了8首谜语儿歌，并且听爸爸读了一个故事《小熊》，算了十道口算题。的确，从开学到现在，李志颖已经完全适应并且深深喜欢上了学校生活。但这真的不是老师的功劳，而是他上学前家长辛勤教育的成果啊，孩子出生后父母在他心田播下的种子，今天开出了一朵小小的花啊。所以，作为老师，我也会更加努力，和家长一起，让孩子的生命绽放更美更芬芳的花朵。

今天早上读儿歌的时候，我们还补充读了这样两首。一首是我写的：李学洋，记性好，爸爸教了一遍就记牢，起得早，来学校，同学听他读了都叫好。另一首的作者可是小毛虫李晨昊，他昨天的写绘日记为自己家的榨汁机编了一首儿歌：榨汁机，本领大，各种水果全吞下，榨出果汁味道美，我们全都喜欢它。张雪芳昨天的写绘日记，语言也像诗一样美啊：

啊！好漂亮的葡萄树呀！小鸟在为它们歌唱，蜗牛在为它们欢呼。宋敬珠的画面现在可以称得上美轮美奂了。

这样的状态，真是美好！而每天在李晨昊爸爸接送孩子的时候，偶然谈的几句，也让我非常欣喜，每一个孩子都是一个神奇的小宇宙啊，有那么多无穷无尽的天真可爱烂漫的事。所以如果您的孩子有故事，也请您拿起笔来，与我们大家一起分享吧！

需要您填写的：

1. 今晚数学思维题（答对了别忘了给星星涂色哦）：

☆　天色已晚，妈妈叫小明打开房间电灯，可淘气的小明一连拉了9下开关。请你说说这时灯是亮还是不亮？拉20下呢？拉100下呢？

2. 孩子今天在家读背儿歌题目：
故事题目：

3. 家长自出口算题：

4. 孩子自评：

家长评价：

2010 年 9 月 19 日

资源与拓展

在家校合作方面，苏霍姆林斯基做了许多工作，可参考他写的《家长教育学》一书（网上可下载电子书）。

第六章 教师发展

你的学生愈是深深地爱上你所教的科目，你这个教师也就愈优秀，在你个人身上教育者和教师也就愈加有机地结合在一起。能力、志向、才干的培养问题，没有教师的个性对学生个性的直接影响，是不可能实际解决的。能力只能由能力来培养，志向只能由志向来培养，才干也只能由才干来培养。

导　读

“唯有依靠你们”，苏霍姆林斯基“致未来教师的信”中的这句话，有着沉甸甸的分量，也饱含了殷切的期望。

教育也好，教学也罢，“首先是教师和学生的活生生的人际关系”。这里的“人际关系”，几乎包含了一切：知识关系、人格关系、生活关系……也就是说，一间教室，无论从哪个方面，都同时是教师人格及知识的投射，因为教师不是无名的知识搬运工，而和学生一样，是活生生的人。

所以教师专业发展，也远远不是装配一个工具箱那样简单。因为一切的专业工具，都通过人来发挥作用。教师专业发展从本质上，也是塑造人，卓越的或优秀的、合格的或不合格的人。

而一个教师的成长，也同样遵循“教育学循环”，无非教师应该对此更为自觉。在把自己作为整体的人而自觉发展的同时，才可以孜孜不倦于具体的专业修炼。

文　选

〔1〕唯有依靠你们——致未来教师的信[①]

我收到很多大学生的来信，主要是大学生科学协会教育分部成员的来信。几乎在所有的信函里，都有同一个问题，我以为对此做出回答，将是许多未来教师颇为关心的。这个问题是：在教师的劳动中，什么是最重要和最主要的东西？

我对此思考了 32 年，可要做出回答并不容易，因为在我们的事业中没有次要的东西。但毕竟还是有教师劳动最核心的部分。

亲爱的朋友，未来的教师！在我们的劳动中，最核心的是把自己的学生视为活生生的人。教学——不是把知识从教师的头脑搬入学生的头脑，而首先是教师和学生的活生生的人际关系。

学生的智能劳动，他在学习中的成功和挫折——是他的精神生活和内心世界，对此掉以轻心，就可能导致可悲的后果。要记住，促使学生学习的最强大的力量，是产生于他自身对学习劳动的兴趣，以及埋头苦干和持之以恒的精神，并能相信自己，有自尊感。只要能让这种力量活跃在学生的心里，你们就是教育行家，就是学生尊敬的人。但只要这种无与伦比的精神力量的火焰一旦熄灭，你们就会变得束手无策：影响学生心灵的最聪明和最微妙的方法都会失去生命力。

在一所学校里，不久前发生过一件事。一个学生怎么也弄不明白，植物怎样汲取营养和怎样呼吸？叶片是怎样从幼芽长出来的？果实又是怎样

---

① 《苏霍姆林斯基选集》第五卷，410 页。

由花朵演变而成？生物教师常常叫他回答问题，指责他："连这样简单的东西都不懂，你还能干什么？"在这个学生的内心里，渐渐地缺乏自信心。人人都懂得的东西他也觉得很复杂，因为通往知识的道路上已堵上了不相信自身力量的高墙。生物教师上课时说："过几天就开始发芽了，我们全班去栗树林荫道，如果在那里阿廖沙还说不出每个人都懂得的知识，那事情就毫无指望了。"

这位教师很爱自己的产儿——由种子培养出来的小栗树林荫道……当全班来到这里时，教师惊呆了：树上的幼芽已被揪得精光……孩子们郁郁而立。可在阿廖沙眼里，刹那间却闪出幸灾乐祸的火花。

在这种行为之后隐藏着的是什么呢？是一颗心的深沉痛楚，是怨恨，是精神力量的狂烈迸发，是情感的爆炸。小男孩在表示反抗。他在教师的言语里感到了恶意，于是他以恶报恶，有时甚至采取奇怪和荒诞的做法。

但更常见的是这种情况：一个接二连三得 2 分的学生跟自己的厄运妥协了，从此习以为常地认为自己什么也不行。当我看到这个学生冷漠而顺从地"听"教师的指责和训斥时，我心里就充满了愤怒。我年轻的朋友，要害怕出现这种现象甚之于烈火，要害怕出现对什么都宁肯俯首帖耳地顺从和沉默的学生。这是一个人身上最可怕的东西。就让使您愉悦的是儿童的执着和急躁吧，就让儿童对您的思想似乎不信任吧，就让他去检验和研究吧。"执着万岁！"——我真想把这句话用醒目的大字书写出来，挂在教员室里……

您是未来的教师。您要记住，每个儿童都是怀着好好学习的真诚愿望来上学的。这种愿望有如明亮的火焰，照耀着儿童关心和忧虑的世界。儿童无限信赖地把这火焰带给我们教师，可它很容易被生硬、粗暴和不信任的冷水浇灭。我们教师心里也要有儿童带给我们的那种火焰而对孩子无限信赖！这才会出现人道和相互尊重的美妙的和谐。

教师对学生的信赖应表现在什么地方呢？我们这种劳动的辩证法就是这样：教师永远也无权声称，由于自己的工作和自己的关怀，学生已达到了极限的境界。而学校教育发生的许多灾难，正是这种错误所致。要记住，人的潜能和力量是无穷无尽的。一个学生可能整整一年什么也学不懂和学不会，但他学懂和学会的时刻眼看就会到来。这种"顿悟"（指思想的觉醒）、这种蕴含在儿童意识里的内在精神力量，有一个渐进的积聚过程。而我们教师则要用信赖去促进这种力量的积聚。无论什么时候也不要急于求成和悲观失望。今天学不会，过三年总将学会的，而这三年里，我仍然将相信人的力量是无可穷尽的。

有鉴于此，我年轻的朋友，我想奉劝您：正如一位外科医生洁净的金属盒子里放着的精密手术器械在等待着动手术的时刻一样，您那些最精细、最睿智、最锋利，但却不无危险的"手术器械"（评分），就让它少些使用，而更多地"放在盒子里"吧。我认为，习惯于打分，以至于连一句答话也打分，这种做法乃是昏沉的教育不文明现象的症状。本着这种态度行事，最精密的手段不是变成蜜糖饼干，就是变成粗大棍棒：要么使这个人误入歧途，要么使那个人蒙受创伤。我希望在学校里不应也不必要去追求分数，搞所谓的"分数挂帅"。每个学生一个学季应当记几个分——这是教师的事。

要记住，即使对于成年人来说，白白的无效劳动也会令人嫌恶，使人糊涂，何况我们是跟儿童打交道。如果一个学生期待到的不是自己的学业成绩，他就会失去对自己力量的信心，要么变得粗鲁，要么变得对一切都无所谓。

学生本人怎样对待自己，在很大程度上取决于他的道德面貌，而在学校教育范围内，眼下还存在着许多落后的工作方法，以致学生在认识他周围的世界时，却很少认识和很少了解自己。要把这件事做好，有赖于教师的教育素养。我坚信：儿童在认识周围世界时也应认识自己，也应充满深深的自尊感。自尊是自我教育之母。在一个人的自尊感中，蕴含着一个人崇尚好名声、荣誉和自重自爱的最强大的源泉。在登上教育创造的舞台时，要记住，您应当教会学生从事智力劳动，应当教会他思考、观察、理解，并从智力劳动的成果中感觉到自身的精神力量。

从步入学校大门伊始，您要充当的不仅是自己那门课的教师，而首先是教育者。您应当善于培养学生的学习愿望。并非所有学生都在同样思考、同样领悟、同样记诵。这个学生已接受了您想要教会的东西，而另一个学生还没有接受，但这并不意味着他不想学习。要给他思考的机会，不要吹熄或扑灭他求知欲的微弱火苗。只有当一个学生哪怕取得不大的真正成绩时，才能给他的智力劳动评分。要善于看到和感觉到每个学生的独特特点。当有的教师说"这个学生无可指望，他的命运就是留级"时，我想起了海涅的话："每个人就是一个世界，它与生俱来，与死同逝。在每一块墓碑下，都存放着一部这个世界的世界史。"

阿拉木图师范学院的女大学生塔马拉对教学方法总是感到惶惑，她写道："繁多的教学方法不断涌现，使我感到担忧。几乎每天都能读到新的方法，新的教学方式……怎样才弄得清楚如此众多的方法和方式呢？实际上哪些方法和方式才最有效呢？”

还有不少大学生跟塔拉马一样，“某些方法昙花一现的寿命”（伏尔加格勒一位大学生的话）使他们感到困惑。你们应当懂得，任何教学方法，当它暂且还只存在于我们的观念中时，当它暂且还只在教科书和纲要中被纸上谈兵地分析时，这还不算是方法。让我们设想一下——一套精密的钳工工具，它们全都放在那里，各就各位，各有各的用途。但当人们的手不接触它们时，所有这些工具是什么呢？是一堆金属——仅此而已。每一个金属件只有在能工巧匠的手里才成其为工具。教学方法也是如此。方法之成为方法，得有行家里手。方法对青少年学生发挥作用，那得依靠你们，唯有依靠你们。在学校里，真正的创造性劳动——首先是活跃和炽热的思想，是研究精神。只有当教师具有活生生的个性时，只有当他把自己某种深思熟虑的东西注入普遍的东西时，最优秀和最精明的教学方法才能发挥作用。我不禁想起了睿智的波兰教育家亚什·科尔恰克的话：“吩咐某某人给你提供现成的思想，这等于委托另一个女人给你生你的孩子。有的思想是应当在磨难中产生的，这才是最珍贵的东西。”如果你们想成为真正的行家，不要等待别人给你们生你们的孩子。你们灌入了自己的智慧、自己的灵活思想的那种方法，将是最优秀和有效的方法。

【问题与思考】

1. 这篇文章中提及了一些关键词：师生关系、自尊心、信任、评分。脱离语境地讲这些概念，都是很容易的，但不妨诚恳地思考一下，你自己如何思考，更重要的是如何真实地理解和处理师生关系的？在教育教学工作中，什么对你而言是最重要的？是学生的精神成长及自尊心，还是班级的整体成绩？或者，只是上级部门的评估？

2. 教学方法的确是层出不穷的，那么，你觉得应该如何处理人与方法的关系？

〔2〕怎样爱学生①

在教师界，偶尔还听得到这样的争论：让每个教师都爱学生，有这个

① 《苏霍姆林斯基选集》，423 页。

必要吗？“如果我不爱他们呢？”一位教师扬扬得意地发表着自己的奇谈怪论。“如果我听到他们的喧嚷就头疼呢？如果我唯有对他们闭目塞听才感到安逸呢？怎么着，莫非命令我离开学校改行？”

对这位奇谈怪论者的回答只有一个：是的，要么必须离开学校另请高就，要么培养自己对学生的爱，二者必居其一。

因为在我们教师这一行业里，教育者是能施影响于他人精神世界的一种力量，而这种力量具体体现于对学生的爱。教师不爱学生，无异于歌手没有嗓音，乐师没有听觉，画家没有色彩感。

不爱儿童，就不可能了解儿童。古往今来一切杰出的教育家之所以成为教育文明和人道主义的灯塔，首先正是因为他们热爱儿童。夸美纽斯、裴斯泰洛齐、乌申斯基、第斯多惠、卢梭、列夫·托尔斯泰、克鲁普斯卡娅、沙茨基、马卡连柯、亚努什·科尔恰克——这些名字有如人类睿智之爱的永恒火光，将永远照耀我们。列夫·托尔斯泰写道：“如果一位教师只爱事业，他会是一位好教师；如果一位教师只像父母那样爱学生，他会是个好于读尽天下书的教师，但他既不会去爱事业，也不会爱孩子；如果一位教师把对事业和对学生的爱集于一身，他才是一位完美的教师。”

这里讲的不是本能的爱——它缺乏生活哲理，它有时会给儿童带来很大害处。这里讲的是理智的人道的爱——它因对人性的深刻认识和对个性一切长短的深刻理解而充满崇高精神，它能防止非理性行为与激励诚实和高尚行为。这种爱是教导人生活的爱，这种爱不是轻浮的爱——它要求集中心灵的全副力量，并把这种力量始终不渝地奉献出来。

同时，对学生的这种爱在鼓舞着教师，是教师不断地从中汲取新的力量的源泉。

我不能想象，一个学生某个时候会使我讨厌，以致我不再爱他。这是不可能的，因为对学生身上的人性的认识是无穷无尽的，所以不能说：认识就此告终，你身上再没有什么东西是我所不知的了。当一位教师认为他对学生已了如指掌时，就会出现冷淡，相互间的不友善，接着便是厌恶（有时甚至是憎恨。很遗憾，在我们学校这个世界上最人道的地方，情况有时也是这样）。请设想一下一个人蒙住眼睛，在许多玫瑰花中选定最鲜艳、最赏心悦目的一朵花的情景吧。这样一位“智者”能说出什么来呢？在我看来，那种自以为很了解学生的教师，就是这样的“智者”。可要做到了解学生这一点，一辈子也不够啊！当一群6岁的幼童入学前一年来到我面前，并成为我的小小学生时，我对他们感知世界的差异惊诧不已。我凝视着那一双双乌黑、淡蓝、墨绿、浅灰色的眼睛，觉得每个儿童此刻都打开了通往世界的小窗口，在入迷地观看着蓝天和大地、太阳和月亮、鲜花和飞鸟，而且每一个小窗口互不相同，各有特色。这个儿童感知世界是通过大自然的音乐——他谛听着鸟儿的歌唱和熊蜂的嗡鸣，青草的低诉和树叶的絮语，而在另一个儿童面前，展现出来的是一个五彩缤纷、色调绚丽的世界。这个儿童习惯于从统一整体上纵览自然景观，而另一个儿童却专注于细节。譬如说，我们来到森林里，吸引住这个儿童的是生机勃勃、欣欣向荣的壮丽的美，而使另一个儿童感到惊讶的是一茎青草或一根细枝；这个儿童赞叹的是百鸟齐鸣的多声部合唱，而另一个儿童却盯住一只蚂蚁——它拖着超过自身重量好几倍的东西。

对儿童感知世界的这些微妙之处越是了解，便越会爱每一个儿童。如果我不了解儿童身上人性的多面性，如果每天没有每个儿童的某种新东西展现在我面前，一切儿童的模样儿都差不多，那么，我就不能说已经看清了儿童的真面目，而看不清儿童真面目的人是不可能爱儿童的。

教师对学生的爱产生于为塑造新人而进行的火热斗争中，往往要经过磨难。来上学的儿童都是美丽的玫瑰，教师什么也不用干，只等着欣赏罢了——如果把事情设想成这样，那是很天真的。玫瑰是有的，可也有莠草。儿童随身带来多少毛病，就有多少棵这样的莠草——这是长在孩子心灵里的脓疮和溃疡，其病源可追溯到通往世界的窗口刚刚向儿童打开的遥远时日。有时，注视你的不是纯净、诚挚、坦荡的目光，而是伪善、蛮横的眼神。对这一切难道也可以爱吗？不，我爱的不是他现在这副模样，而是他应当成为的那个模样。儿童心灵里的脓疮和溃疡总有一天会被根治，儿童眼里也总有一天会涤荡那伪善的讪笑，闪耀出高尚的精神美的光辉，我爱的是这时候的这种真正的人，因为他身上包含着我心灵的一部分。

也许，在所有毛病中，最可怕的是在儿童的心灵里还偶尔能发现的不知羞耻。这是人的尊严受到损害的家庭环境的产物。我永远也忘不了 7 岁的斯坦尼斯拉夫。真叫人难以置信，但情况正是这样：一个 7 岁的孩子就已经不知羞耻。他在家里目睹的是：人身上一切光明和可贵的东西都被破坏、扭曲、糟蹋得污秽不堪。在这个孩子的生活里，没有任何神圣的东西。他不知母爱为何物，一般说来也不知人世间还有温情、诚挚和同情心。他不能想象，一个人可以为了他人的幸福奉献出自己的精神力量。他在家里看到的完全是相反的情况：人不为己，天诛地灭。

引发儿童产生变态心理的，只可能是厌弃和嫌恶。但要知道，他是一个人，而且他应当成为一个美好的人！我们这种职业的艺术在于，我们疾恶如仇，但同时又不能把仇恨转嫁给心灵里存在着邪恶的学生。

依我之见，在教师与“不可救药”和“毫无指望”的学生之间，绝大多数冲突恰巧产生在教师把对邪恶的仇恨迁怒于学生的地方。可是，学生毕竟是儿童，而邪恶之所以能扎入儿童的心灵，错误在于成人。在我的教育实践中有一条原则：不管儿童心灵里的邪恶有多么可怕，在这扭曲的心灵里应当看到的首先是人——期待着帮助和根治邪恶的人。我听到的不是邪恶的狂叫，而是人的美德的呼号，这种美德在儿童身上是存在的，它是无法摧毁的。

跟斯坦尼斯拉夫打交道的情况就是这样……为了使这学生感觉到自己是一个人，为了他首先成为一个尊重自己的人，我跟他谈话时的语调洋溢着由衷的激情。这是神奇的灵丹妙药，它可以治愈那些可怕的脓疮和溃疡。要知道，儿童这种不知羞耻的疾病，其病根就是完全丧失了自尊。在对待斯坦尼斯拉夫时，我力求忘却笼罩在他心头的邪恶，而且我殚思竭虑地做到了这一点。恰恰是在我忘却他的邪恶时，这学生有生以来第一次感到了人对待人的态度。我们观赏着一棵小樱桃树上的花朵，新年前夕，它在温室里开放了。对美的赞赏，帮助我忘却我面前这个孩子心里根深蒂固的邪恶。我看到的是一个我很想与他分享自己欢乐的人，而他的戒心也烟消云散了——他忘了这是在教育他……

此时此刻，斯坦尼斯拉夫的情感体验是奇异的。这里既有忐忑不安和张皇失措，也有对美的由衷赞叹。我看着我面前的学生：他表现出我乐于看到的样子。当然，这离完全治愈其邪恶还相去甚远。我耐心地一步一步寻找通往这个学生心灵的新途径。这些途径首先是我们在精神上的共同兴趣——都迷恋鲜花，都生活在色彩斑斓的世界里，都被生活的美所激励；后来，在这种喜好之外，又添上了对书的兴趣。我们阅读描写人、人的悲欢、人对人忠实和忠诚的引人入胜的作品。慢慢的，温存、热忱、善良这些人类的崇高感情，有如一个生活的巨大奥秘，有如一个真正人道的美妙世界，展现在这个学生面前。起初，他只是在别人身上认识这些感情，后来，它们也在他自己身上出现了。就这样，斯坦尼斯拉夫用心灵认识了人，开始了全新的生活。

月复一月，年复一年，到了入学的第三个年头，这学生懂得了温存和热忱、善良和同情，不知羞耻的毛病已消失得无影无踪。随着岁月的推移，我越来越喜欢这学生了。他在家里的所见所闻，我只字未提。我跟他说话很质朴，就像人与人交谈应做到的那样，就是从这时开始，作为一个人的感觉在他身上苏醒了。在他童稚的心灵里复活起来的良知，成了我教育中的盟友和助手。

就天性而言，儿童是乐观主义者。它们的特性是在感知世界时都怀着明朗、愉快和欢悦的情绪。热爱儿童——意味着热爱童年。而乐观主义对于童年说来，恰似闪耀着七色光彩的彩虹：没有乐观主义，也就没有童年。

但在学校生活里，我们却常常见到一种严重的灾难：教育者往往不知自己在干什么——他们在连根砍断乐观主义的大树，砍得有步骤而毫不留情。乐观主义，这有如一块神奇的彩色玻璃，透过它，儿童觉得周围世界非常美妙。要知道，儿童不是平淡地在观看和理解，他有自己的情感评价，他喜爱、迷恋、惊讶、憎恨，力争成为一个抑恶扬善的人。绝不可夺去儿童这块神奇的彩色玻璃，绝不可使他变成冷冰冰的、纯理智的议论者。比方说，我们来到牧场。四周一片入暮前的宁静。蝴蝶在花朵上飞来飞去，蓝天上云雀在歌唱，水面上偶尔跃出一尾小鱼。学生们非常兴奋，他们从这朵花奔向那朵花，他们藏在灌木丛中，他们此呼彼应。所有这一切都是儿童的乐观主义，所有这一切都是透过神奇的彩色玻璃看到的世界。就让学生们透过这神奇的玻璃去欣赏世界的美妙景致吧，就让他们欢跃嬉戏吧，就让他们每个人在屏息观察使他们感到惊讶的东西时去惊讶吧。请不要做那些不爱童年的教师做出的任何事情：他们急忙把学生们集合在一起，排成两列，开始进行令人生厌的“分析”，而不让儿童这生机勃勃的乐天情趣任情驰骋，任意发挥……

我热爱儿童，其根源就在儿童本身，就在他们感知世界的乐观主义精神。当我由于自己的某种内在原因感到精神力量低落时，这种愿望尤为强烈。要知道，与儿童的交往，会使你精神抖擞，充满朝气，所以这时我比任何时候都更愿意跟儿童们待在一起。但是……在这里应该记住一条非常重要的教育规律，如果你忘记它，不管你多么热爱儿童，儿童也不会热爱你。这条规律可以表述如下：如果把教师跟自己学生相处在一起的全部时间视为一个整体，那么，它的2/3应当是自愿的、同志式的、友好的交往。在这时，儿童会忘记自己是学生，教师会忘记自己是教育者。这种交往应贯穿于与教学、掌握教材、评分、成绩之类不相关的一切活动中，因智能潜力的不同而导致的智力差异应退居次要位置。在这种交往中，一切人都感到自己是平等的一员，每一个人首先是人，而不是学生。只有在这样的交往中，每个人出现在教师面前时才不是你给他打分的学生，而是作为人的全部才能展露无疑的他的本来面貌。这种交往的本身也是欢乐的一个取之不竭的源泉。这样的欢乐将永远铭刻在教师的情感记忆里，由于它，与学生交往的一个个小时，一天天日子，将成为一生中最幸福的光阴常常被回忆起来。如果认为找到这种学生尊重教师的交往方式，就意味着教师要降低到儿童的水平，那就太天真了。对教师的智能优势，学生是懂得的，也是感觉得到的，他们在努力使自己提升到教师的思想和生活的这种高度。但为了把学生提升到教师的水平，教师应深入了解学生的精神世界。而这个世界是非常丰富的，学生的智能基础不可用学习和分数加以囊括。那么，这种丰富性究竟何在？

首先在于学生和教师跟大自然的接触。自然界是最丰富的情感源泉，正是由于大自然对感情的直接陶冶，促进了理智的发展，并把儿童用来观察世界的小窗口变得宽敞、明净、光亮起来。对美的认识，将使心灵高尚，使儿童美好，而你在别的情况下看惯了的儿童似乎是第一次出现在你面前。我与我的班级学生友好相处的10年间，总会在大自然中发现几处（有时是七处，有时是八九处）无比优美和神奇的地方：在森林中，在田野上，在湖泊、池塘、溪流的岸边，在草地茂密的灌木丛里，在沟谷和小树林里。大自然一角的和谐之美，把大家都迷住了，它能在最冷漠的心灵里激发出高尚的情感体验。早春和暮春，盛夏和深秋，在万象更新、百花吐艳和万物萧索、草木凋零最明显的时节，我领着学生来到这些大自然的角落。此时此地，我们很少说话，而当我解释什么时，每一句话都充满着深刻的含义。此时此地，我们欣赏着大自然，每个人都向美敞开心扉，彼此之间不由得亲近起来，仿佛都在对方身上第一次发现了未曾看到的特点。也正是此时此地，爱的种子勃然萌发，长出了幼芽。

在大自然中，有一些幽静的角落，我们有时在那里小住三两日，但不怎么常去，一年也就两三次，多半在夏天。我们搭起窝棚，支起帐篷，架锅做饭。置身于大自然中的每一个小时，我们都有新而又新的发现，但最珍贵的是我们彼此间的发现。

在我的记忆里，永远保留着彼得的形象。他是大约10年前毕业的，现在是工程师。每当我回忆起他时，便浮现出一幅图画：一个暖暖的夏日黄昏，夕阳西下，池塘的水面上闪耀着紫红的光彩，我们来到母亲果园——果树是为在战争中牺牲了两个儿子的母亲栽种的。彼得当时是五年级学生，长着一双乌黑的眼睛。他走近一棵苹果树，摘下几个粉红色的熟苹果放在盘子里，站在那儿久久地欣赏着。现在，他就要端着这些苹果献给母亲了，但他情不自禁地想再体验体验这难忘的时刻，因为他欣赏的不仅是苹果，还有体现在苹果上的他自己的劳动。他为自身所具有的人道美感到自豪。这个画面终生铭刻在我的记忆里，只要我听到彼得的名字它便跃然而出，呈现在我的眼前。

当我忆起塔马拉时，我眼前也浮现出一幅劳动使人高尚的同样鲜明的图画。塔马拉已毕业，现在在大学里学习。这姑娘从一年级起就迷上了鲜花，校园里有她栽培的一个花坛，种植三丛玫瑰。5月里一个多露的早晨，这位六年级的小个子女生来到自己的花坛，小心翼翼地剪着花枝：她屏住呼吸，生怕抖落下一颗清凉的露珠。这是她在给自己的奶奶准备一束玫瑰花，今天是她的八十大寿。这几丛玫瑰就是为她栽培的，枝头上开着罕见的蓝色花朵，真是美极了。姑娘的眼里闪耀着欢乐的光芒。这熠熠的光芒永远留驻在我的心坎儿。我爱这姑娘，正是爱她在那个多露的早晨我看到的模样。

在我的记忆里，费佳总显出一副噙着泪水的抑郁而哀伤的绝望样子。在校园的美之角里，有他栽种的一丛丁香，他关怀备至地照料、浇水，等到它开了花。今天，他来到校园，是想剪下几簇紫丁香花献给母亲，母亲生了个小妹妹，正躺在医院里……他走到丁香跟前一看：有人折断了它，把它糟践得惨极了。我永远忘不了费佳痛苦不堪的表情，一辈子我都记得他这副面容。

那些刻骨铭心的永久的回忆，也是对儿童巨大的爱得以孕育和滋长的源泉和小溪。我们工作的时间过得很快，我们与学生的交往也稍纵即逝，但并非无影无踪：它们保留在我们的记忆里，镌刻在我们追忆往事的激动的心坎里。它们越是鲜明，越是更深更多地铭记在心，学生的吸引力就越强烈，与他们新的交往带来的快乐就越深沉，在新一届学生身上发现的特点就越多。教师敏锐和丰富的情感，教师在心里铭记和保存与学生交往情景的能力，是可以获得的，是能够在自己的教育生涯中培育出来的。

对儿童的睿智的爱——是我们的教育修养和思想感情的顶峰。对儿童的热忱、温暖、关怀，亦即可以用善良这个词来称谓的一切——是教师长久而艰巨的情感自我教育工作的结果。

在创设自己丰富的情感氛围时，教师要预防情感的自发流露，即要预防在挫折和失望时驾驭自己那种心态的自发流露。如果你在学生身上看不到任何使你愉悦的东西，如果你与他的交往在情感记忆里留不下任何欢乐的印记，那么，他的一切只会激怒你——无论是高声的嬉笑还是无言的沉默，无论是他淘气还是他对别人的淘气前来告状……一位不了解与学生的交往是一种欢乐的教师，对学生的情感和举动是不会理解的。儿童感知世界的乐观情绪，在他看来是存心胡闹，于是他竭力扑灭儿童的欢乐。

对儿童和童年的睿智的人道之爱，是充盈着深沉的思考和丰富的思想的高尚感情。精神的空虚永远也激发不出真正的爱，也不会给这种爱提供生存的养料。冷若冰霜的淡漠、师生关系中疏而远之的怪现象，你们观察到的例子大概也不止一个。学生不能说出他们是否爱教师：他来上课只是为了顺着教材的章节进行讲述，然后提问、记分。他展现在他们面前的不是人类文明的活生生的体现。这是最令人懊丧的一种现象。然而很遗憾，此种现象在文明的学校里并非销声匿迹。这样的教师没有自己的个性，在学生的心田里没播种什么，只会贻害于人。

只有当共同的观点、意念、向往把师生结合在一起时，教师才能成为儿童、少年和青年的真正教育者。没有崇高的心灵和意念，便没有心心相通的途径——在重温伟大的歌德的这句话时，我们不得不对师生关系的性质进行一番深入的思考。就拿教师来说，如果他在学生中没有威信，如果学生不爱他，那么，请你们分析分析：他能跟学生说什么呢？他传导给学生的是什么思想感情，而学生又能用怎样的思想感情来回报他呢？这种分析一定会引起你们的不安。你们将会得出结论：这样的教师在对学生讲话时，其目的只在转述别人的思想，而学生也只是为了分数才迫不得已回答功课，从来也不跟自己的教师说上一句话。

在这里根本谈不上爱的情感，因为此中没有人对人的起码的尊重。这样的教师不了解学生的心灵，在一个教育集体里，只要有上几个这样的教师，学校的教学就会转化为呆板的死记硬背，学生的个人能力、才华和天赋就会施展不出来。为了爱学生，就得培养他们具有思维技能，激发出他们自己的活的思想。要让学生爱教师，他们理当在教师身上看到人的思想修养的活的体现。依我之见，我们包容在教师爱学生和学生爱教师这一概念里的内涵，始于一个人在别人的精神财富，而首先是思想财富面前的敬佩和崇尚。

那么，在实践中怎样使师生关系充满崇高的意念呢？

首先，要使教师在传导到学生意识里去的思想中表现出自我，要使学生的心接触到的不是冷冰冰的道理，而是教师充满激情的活生生的个性。这一点取决于教师传授给学生的知识在多大程度上已成为他铭记于心的个人信念。这一点也取决于教师的一般修养、博学和科学视野的广度。形象地说，教师播下的火种，不只是用打火石临时打出来的，而是在他思想里日复一日、年复一年燃烧着的，唯有在这种情况下，他才会点燃学生的思想之火。换言之，只有当教师知道的东西比必修大纲的要求多出一百倍时，他才能在学生的意识里点燃学生思想之火，并熊熊燃烧。如果一位教师拥有这种财富，那么，他与学生的智能交往，必然超出课堂的范围而获得独特的性质：教师的智能与个别学生的智能之间，将出现千丝万缕的联系，而这正是心心相通的活跃渠道。

与儿童集体，尤其是与个别学生的智能交往，有如充满高尚精神的劳动，同样是欢乐的丰富源泉。这种交往的形式是极其多样的。这首先是关于科学和书籍的活跃、热烈、激动的交谈——跟班级或个别学生的交谈。很难预见或事先确定交谈的内容。这不是什么辅导或补充作业，而是点燃学生思想之火的心心传递的心灵火花。

爱儿童，就意味着保护他免遭邪恶的侵害，这种邪恶在生活里还包围着许多儿童（我们首先指的是家庭）。每年，当一年级学生跨进学校大门时，你就会忧心忡忡地注意到，有的学生的心里有明显的创伤。我很了解这些儿童，也很了解他们的父母，我知道儿童内心的痛苦和忧患，也知道个别儿童应当接受的已不是教育，而是再教育。我特别关注这些儿童，我把对他们的教育称为保护性教育，它是我的教育体系中一个重要的组成部分。

儿童受到家庭环境中邪恶的摧残，给他们带来的是怎样的心灵创伤呢？

依我之见，最危险的创伤是儿童知道并感到谁也不需要他的孤独（之所以危险，是因为在乍一看来堪称良好的许多家庭里，儿童的心也受到伤害）。这里说的不是父母对孩子弃之不顾，听其自然。这种罕见的情况自当别论。我们讲的是复杂得多的精神孤独现象。儿童在生活里有一种倾心相见的独具能力，即向亲人、别的动物，甚或非动物倾吐心声的能力。这种“无私之爱”的能力，使儿童的心灵变得高尚，使他的生活变得丰富、欢悦。绝大多数进入学校的儿童，总有某个他们敬爱的人，总有某个他们能倾心相见的人，而这一点使他们感到幸福，感到精神生活的充实。可有些儿童的生活却不是这样，他们没有任何人能倾心相见，他们感到自己孤独，领略不到精神的亲缘血统关系的幸福。在这些儿童的家庭里，最亲近的人（如父母），没有敏感的心怀，不能对孩子缔结真挚和亲密情谊的强烈愿望做出反应，就往往会出现这种情况。父母局限于物质需要甚或动物本能的情感愚昧状态，这一切在损害着孩子的心灵：这样的孩子来到学校，对于善是一无所知的，他们的心有如榆木疙瘩。保护儿童免遭精神孤独的侵害，激发儿童在生活里倾心相见的能力，是保护性教育的最重要任务之一。

还有一种更可怕的孤独：有些儿童懂得，他们是偶然降生到这个世界上来的，无论父亲还是母亲都不需要他。这些儿童怀着沉重的心理创伤来到学校，照例带有外显的内心症状——恶狠狠的怨恨。这种怨天尤人的儿童不相信仁爱，对教师真挚和亲切的话语表现出戒备和疑虑。在对有着这种创伤的儿童进行保护性教育时，要求教师具有对学生的一往情深和自我牺牲的爱心，具有高度的情感修养，具有把邪恶与儿童本人区分开来的巧妙能力。

怀着沉重创伤来到学校的儿童，在笼罩着撒谎、欺诈、自私、不尊重人的家庭气氛中，受到熏染。他们无法以自己的心灵去体察身边的人，不相信善良。如果不保护他摆脱家庭中的邪恶，他们就会成为冷酷无情的人，为了私利不顾一切，直至变节，直至想凶残地消灭一切挡住其去路的人。教师无视儿童的心灵创伤，不进行保护性教育，他们长大成人后，往往会走上最可怕的犯罪道路。

有的儿童，从自己意识生活的最初时日起就受到体罚，他们带着一颗被摧残的心来到学校。殴打孩子的父亲，他扼杀掉的是儿童心灵里最可宝贵的东西，即上文谈到的在生活里倾心相见的能力。拳打脚踢、敲后脑勺、用皮鞭抽打——这不仅是施虐于肉体，也是施虐于儿童敏感的心灵。随着每一次殴打，儿童的心对殴打将变得越来越麻木，成为寡廉鲜耻的厚脸皮。童年早期在施虐于肉体和精神的气氛中教育出来的儿童，往往冷酷无情，毫无恻隐之心，无论什么教育影响都概不接受。对这些儿童进行保护性教育，实质上是对教师教育修养的考验，即对教师爱人之心的考验。

在家庭里被娇宠惯了的儿童，十分任性，毫无约束，想干什么就干什么，对他们也需要施以特殊的保护性教育。有那么一部分儿童，父母没有使他们养成个人利益服从他人利益的习惯。这些儿童从家庭里带来了一条野蛮和荒谬的原则："我怎么想就怎么做，我喜欢干就可以干。""自己的利益最重要。"——在内心里包藏着这种没有理性信念的儿童是不幸的。如果不保护他们免遭为所欲为的"私欲"的侵害，他们就会成为厚颜无耻和蛮横无理的人，就会成为无赖。教师在集体中对品行提出的劝导和要求，对这样的学生来讲，仿佛是对自身的侮辱。

保护性教育——这是具有深刻个性特点的教师的一种创造。为了不使这种教育变成学生的痛苦，应善于接触他那颗病态的、受到损害的心。唤起对他人的爱心和同情心，唤起对教师或年长同学、对某位感到同样孤独的老爷爷或老奶奶、对失去孩子的母亲等的爱心和同情心，乃是防止精神孤独的最好的保护措施。

亲近他人，教师要从教孤独儿童学会感同身受做起：教师打算让学生亲近某人，就要向他讲讲这个人所经受的不幸和灾难。感同身受——这时用心灵去体察人的第一步。由于某种原因在家庭里对最亲近的人、对最可爱的生灵未能领略到爱心的孩子，我就教导他要把别人的不幸铭记于心。感同身受的情感越深刻，儿童对他周围的人也越能灵犀相通。

对孤独儿童进行保护性教育时，非常重要的，是不使儿童感到教育者的意图：教师是为了教育他才竭力让他亲近某人……如果意识到这种“有计划的善意”，哪怕略有一点冷漠之情，儿童就会反抗，既憎恨教师，也憎恨教师打算让他去亲近的那个人。让孤独儿童亲近他人，应在自然情境中进行。儿童倾心相交的那个人，在自己的心灵里应当有某种可以丰富儿童精神生活的东西。只有精神生活丰富多彩和慷慨无私的人，才能驱散儿童的孤独感。

因家长的冷酷而变得凶狠起来的孩子，无论是父亲或是母亲都不需要的孩子，毕竟是极少数。在我 32 年的学校生涯中，这样的儿童只遇到 9 个。他们在我的心里引发出来的往往是强烈的怜悯之情，所以我竭力把他们在家庭里无从得知的东西提供给他们。我成了他们的朋友，他们对我的由衷关怀也总是报之以真诚、慷慨和忘我的挚爱。正是与这些儿童的友谊，成为我灵感生机勃勃的源头，成了每一位因极度紧张地劳动而殚精竭虑的教师所需要的振奋精神的清泉。

做这样一个儿童的朋友，在他的心灵里唤起爱的感情，让他以自己心灵的全副力量去爱，这需要很高的技巧。因家长漠不关心而变得凶狠起来的孩子，他们有很强的戒备心，尽管他们都像久旱之盼甘露那样需要爱抚，但对爱抚却不相信。不过，也不应当从表露爱抚做起。我竭力找到跟儿童精神上的共同兴趣和活动，以便他能从我身上去感知人，并倾心于人道的态度。这种共同的活动通常都产生在集体中。随后，这个学生就成了我的朋友，我俩仿佛都忘记了我们是师生，精神交往也变成了我俩的需要。他的怀疑和怨恨烟消云散，对于诚挚的爱，他也会心甘情愿以自己心灵的全部财富来回报，以示自己的赤诚之心。满足对人的需要的这种个人友谊，是学校从童年起就应加以确认的最高精神需要之一。

激发自尊感，唤起对自身人道态度的敏锐感，是保护儿童免遭欺骗、不诚实和利己主义之害的最有效方法。教育这样的儿童，需要做长期的个别工作。在这里，为了认清通往儿童心灵的途径，应当找到共同的精神兴趣。对我而言，这种共性的基础往往是书籍。我就是用书籍和关于书的交谈打开学生鉴别善恶的眼睛和心扉，达到帮助他抑恶扬善的目的。

儿童的心灵不管被不正常的家庭气氛伤害到什么程度，其中总还蕴蓄着感同身受的火花，儿童越小，他感同身受的能力便越大。瓦列里进入一年级，这是个麻木不仁和冷酷无情的残忍的孩子。恬不知耻地藐视人身上一切圣洁之气的家庭气氛，使他变成了这个样子。我激发出这学生对书籍的兴趣。我跟他一起阅读了显克微奇的短篇小说《扬科乐师》。善与恶斗争的鲜明画面，震撼了他的心。在阅读这篇小说时，我观察着他在思想里怎样投入了与残忍和蛮横的决斗。瓦列里用心灵感觉到了，比起猎取物质财富和争到实利来，人生中还有无可比拟的更加珍贵的东西。这便是施善于人的欢乐。我们一本接着一本地阅读描写高尚人性的书籍，后来，他自动阅读起来。我高兴地看到，贪婪、欺诈、恬不知耻地贬低人道美的家庭气氛，对瓦列里说来已变得格格不入。他在把自己心灵的温馨奉献给他人的活动中找到了欢乐。到了四年级，这学生已成为十月儿童小组的辅导员，把愉悦带给小同学成了他真正的幸福。他在森林的某处找到了从泉眼里流出来的一条小溪，他把小同学领到小溪旁，在这里跟他们一起做了一件玩具——一座小小的水磨房。他还为他们搭起了窝棚。

在瓦列里来到学校的最初几个星期里，当我的眼睛遇到他那对虚伪的、漠视人间不幸的目光时，我的心里不禁升起一股暗暗的愤恨，愤恨那些伤害儿童心灵的人。我疾恶如仇，但又害怕把仇恨转嫁给儿童。而现在，在瓦列里的眼睛里闪耀着的是人的高尚气度。他着迷地叙述着森林深处的小小水磨房，叙述着在未来的冬天他打算在那里跟小同学建造一座小小风力发电站的想法：就让林中小鸟的食槽旁亮起小小的灯泡吧，就让光明引来鸟类朋友吧。是的，这已完全不是五年前他那双审视世界的眼睛，这双眼睛不能不让人喜爱。

教育被殴打、狂叫、咒骂伤害了心灵的儿童，不仅需要审慎和同情心，而且需要巨大的坚韧精神。教师的使命首先是保护儿童的身心不受暴力的摧残。我努力使父亲不再抽打孩子。但在许多情况下，殴打和咒骂已使儿童的心灵变得粗暴和冷酷，根本不知道善良为何物。在这里，教育艺术中最精巧的手段应当用来唤醒儿童内心的敏感性——首先是对美和对教师语言的敏感性。我孜孜以求的，是让被殴打和咒骂伤害了心灵的儿童永远听不到呵斥、恫吓，永远不用担心会受到惩罚。

然后，我开始用美来激励他的心灵。我的教育体系的一个方面可以称为美疗。关于这个方面，不是一两句话说得清楚的。这里应说明的是，这种最微妙的精神影响的复杂性和多面性，既能施影响于感情和心灵，也能通过心灵施影响于理智。在心灵已变得粗暴和“寡廉鲜耻”的儿童面前，我揭示自然美、音乐美、绘画美。这需要时间和巨大的耐心。有的儿童，得让他观看上几十个大自然的画面，他的心，形象地说，才会“抖动一下”，才会感觉到色彩的美。春夏秋冬，我都领着学生去森林、田野、果园、阔叶林带、牧场散步，倾听大自然的音乐。这是“美疗”最有效的方法之一。美在激励学生的心灵时，仿佛打开了其中最隐秘的角落，于是他们对教师的语言也变得敏感起来。

关爱动物、花卉、果木，关爱一切有生命的美，也是对受到成人殴打和咒骂伤害了心灵的儿童进行保护性教育的一种重要方法。我们专门为这些儿童开设了小动物医院，设置了鸟类食槽，应当由唤醒内心敏感的儿童来管理，由他们照料隆冬季节捡回来的小鸟、兔子和刺猬……我们也把这些儿童领到集体农庄的畜牧场，让他们在那里照料小羊羔和小牛犊。

保护由于家长的放纵被娇宠得毫无拘束、为所欲为的儿童，要十分谨慎并具有教育分寸感，因为只有放纵才能使儿童的任性得到满足，才可能按“我行我素”的原则生活。因此，不要试图从第一天起就立即使这种儿童就范，在教育这样的儿童时，我遵循的是愿望和兴趣的冲突原则。我力求让被家长放纵娇宠惯了的儿童懂得：我的完全合理合法的愿望和兴趣，有时也会与他人同样合理合法的愿望和兴趣发生冲突。我想满足自己的愿望，他人也想满足跟我的愿望相矛盾的愿望。我告诫孩子：如果你和那个愿望跟你发生冲突的人各自只按自己的兴趣行事，生活就将变成地狱，人就将降低到洞穴野蛮人的水平。这样的“自由”只会带来不幸和痛苦。因此，为了享有真正自由的幸福，唯有抑制自我宣泄的自由，约束自己的愿望，并记住“我行我素”的原则——是野蛮人和无赖汉弱肉强食的原则。

而为使孩子想通这一切，他就应当凭借自己的经验确信，不抑制自我宣泄的自由，不约束自己的愿望，就没有真正的自由。非常重要的是善于创设愿望和兴趣在其中发生冲突的情境。例如，一个班要到森林里去做一次有趣的旅行，但学校里有严格的规定：每个班每天必须抽一名学生参加自我服务队，在食堂、校园和温室里干活。若是你破坏学校的规定，集体就会愤怒地谴责你。有了几十次这样的教训，就连最娇生惯养的学生也懂得：他不是生活在无人岛上，而是生活在人群中。

皮萨列夫有一种有趣的想法："人的本性是这样丰富、有力和柔韧，以致在周围环境非常糟糕的情况下，他也能维护自身的清新和自身的完美。"

当然，这种丰富性、有力性和柔韧性不是自动产生的，也不像某种抵御不良影响的免疫力那样是与生俱来的，应当去创造、培育和确立它们。为此就必须保护好儿童心灵里丰富的人类本性。为保护儿童免遭邪恶的侵害，为铲除邪恶和确立善意，就应当洞悉和理解儿童的过去，并预见到他的未来，准确地确定自己面前的教育理想。在儿童身上，应当爱的是一切人道的、纯洁的、高尚的东西。

【问题与思考】

1. 为什么教师必须爱学生？

2. 为什么说"不爱儿童，就不可能了解儿童"？

3. "这里讲的不是本能的爱——它缺乏生活哲理，它有时会给儿童带来很大害处"，怎样的爱是"本能的爱"？能列举这种爱可能给儿童带来的害处吗？

4. "在创设自己丰富的情感氛围时，教师要预防情感的自发流露，即要预防在挫折和失望时驾驭自己那种心态的自发流露。"你赞同这句话吗？说说你的观点。

5. 苏霍姆林斯基多次谈到"美疗"，"美疗"与道德教育的关系是什么？你认为，在我们的环境中，可以采取的"美疗"手段有哪些？

〔3〕作为教育者的教师应当具备什么品质①

只要学校还存在，乌申斯基的一段话就是颠扑不破的真理："在教育中，一切都应当以教育者的个性为基础，因为教育的力量仅仅来自人的个性这个活的源泉。任何规章制度和纲领，任何人为设置的机构，不管它设想得多巧妙，都不能取代教育事业的个性……没有教育者个人对受教育者的直接影响，就不可能有深入性格的真正教育。只有个性才能影响个性的

① 《给教师的一百条建议》第62条，159页。

发展和定型，只有性格才能养成性格。”

生活使人们信服，受教育者是教育者的一面镜子。教育的艺术和水平在于，要善于通过受教育者的形象看到自己，通过我们从小培养起来的有思想、有感觉、有体验的人看到自己。“有教养的人，是人的形象占统治地位的人”——卢那察尔斯基的这句妙语，使我们不得不思考教师的真正作用。一个人的教养，不仅是他的知识，而且是他这个人的多方面的总形象。教师个性的教育力量就在于和取决于他身上把教师和教育者有机结合的程度如何。如果我们说，学校用知识进行教育，那么，知识的教育力量首先就在于教师的个性。

我的青年朋友，要知道，把自己留传给我们的学生，并不意味着机械地把自己的知识从自己的头脑中转移到我们所教的人的头脑中去，一分钟也不要忘记，在帮助别人认识周围世界时，我们自己也作为周围世界的极其重要的成分而出现在别人的智慧和心灵面前。别人认识世界时，不可能不认识我们。我们教给他的知识，不是什么与人的个性分得开的东西，而是同人的感觉和体验的世界融合在一起的。这融合中隐藏着关于这样一个情况的“秘密”之一，这个情况在教学和教育工作中，我认为是人的形成过程——变知识为信念的过程最难捉摸的一个因素。问题在于，我们的学生对于在学校获得的知识抱什么态度，大都取决于学生怎样对待老师——知识的明灯。热爱自己学科的老师，他的学生也充满热爱知识、科学、书籍的感情。教师的话语中不仅包含了学科的意义和内容，而且包含了思想和情感色彩。只有热爱科学的人出现在学生面前，才能唤起学生的情绪、情感。

什么叫热爱一门学科？它来源于何处？怎样培养对科学的热爱？我坚信，这首先是教师的智力财富永无穷尽。只有把自己知识的百分之一用于课堂讲授就够了的教师，才是真正热爱自己学科的人。教师的知识愈丰富，他个人对知识、科学、脑力劳动、智力生活的态度就表露得愈鲜明。这种智力财富就是教师对自己的学科，对科学、学校和教育学的热爱。

热爱自己学科的教师，具有一种非常重要的品质。他不仅向自己的学生传授实在的知识，而且唤起他们的求知思想。所有努力用知识和对科学的热爱来进行教育的教师，都力求做到这一点。他们把自己的个性对学生的影响，看作是一个人把自己的智慧、清晰的脑力、根深蒂固的求知欲望和需求留给另一个人。上课时似乎在必要的知识和超出教学大纲范围的知识之间架起了一座小桥，教师引导学生在这座小桥上走——只有在这种情况下，教育者的个性对受教育者的个性的教育影响才能达到高水平。我把课堂上传授给学生的知识看作是种子，能生出茁壮的思想幼芽，提供丰盛的收获——渴求知识，力图成为更聪明、更发展、精神更丰富的人。如果没有这种收获，学习就会变成读死书，上课会变成对熟背的检查，学生变成会背诵知识的听话机器。我认为，只有当学生产生了想要比在课堂上获得更多的知识的愿望，这种愿望成了推动他去学习和掌握知识的一个主要的刺激因素的时候，教师才能成为知识的明灯，因而也成为教育者。

我力图做到，在我上课时把知识的种子播撒在翻耕得很好的土壤中以后，便开始丰富的智力生活，我的学生在这种生活中，从江河驶向知识海洋。如果把学习局限于课堂、课本、从某页到某页的家庭作业等等，那我就不可能成为教育者，知识也不会起到教育作用。只有课后学生身上燃起无数热烈未知思想的火花时，知识的种子才能破土而发出茁壮的思想幼芽来。

求知思想的火花，首先是在书的世界里进行个人阅读和精神上的充实（关于这个问题，我还要回过头来讲）。第二个非常重要的思想火花，是学习小组，由于有这种小组，教师就成为教育者，学生成为受教育者。我坚信，如果没有这个精神生活发源地，上课也就成了从教师头脑向学生头脑做枯燥无味和没精打采的知识搬家。我们大家，不论教师还是学生，都是科学知识海洋中的旅游者。我们准备关于科学最新成就的报告和报道，评介科学杂志中的论文。

我的青年朋友，我想向你建议：你的知识、你的求知渴望和阅读爱好，就是你个性教育力量的强大泉源。你自己要善于看待这个泉源，并引导学生前去这个源泉。要做自己教学科目的主人，让教学大纲和教科书只成为你最基本的知识，如同字母表对于已掌握修辞学奥妙的人一样。要孜孜不倦地经常充实自己的科学知识，在你讲授基础知识的那门科学方面，你的私人藏书应当非常多，多到你能够在 4～5 年当中给你的学生每人每个月（有的也可能是每周）提供一本新书阅读。要发现和培养自己的学生，要培养与你相近的青年人——爱好，兴趣，志向，才能相近的青年人。让每个班级都涌现出热爱你这门学科知识领域的学生，历史老师有他自己的学生，地理教师、生物教师、数学教师等都有他们自己的学生。

你的学生愈是深深地爱上你所教的科目，你这个教师也就愈优秀，在你个人身上教育者和教师也就愈加有机地结合在一起。能力、志向、才干的培养问题，没有教师的个性对学生个性的直接影响，是不可能实际解决的。能力只能由能力来培养，志向只能由志向来培养，才干也只能由才干来培养。

这里，稍离题一点。应当说，好教师是从在课桌旁当学生时开始培养的。有能力燃起学生热爱教师职业的火花的，只是那些热爱儿童和具有最大的教育智慧的人，这种教育智慧就是，善于在青年心灵中不断激起做好人的愿望，想今天比昨天做得更好的愿望，以及对自己应有的自尊感。

我想象的理想学校，是每个教师都有我们上边讲过的那种学生的学校。有人可能会问：如果每个教师都力图给自己的学生创造一个有些独特的智力世界，会不会使基层集体和全校集体削弱呢？这里不仅没有任何危险，而且恰恰相反，如果每个教师都有自己的学生——可以对之留传自己的那些人，那么，只是这时才可能有作为教育力量的真正集体。

〔4〕向初在学校工作的教师提一些建议①

我记得，我在学校工作的头十年过得很慢。后来，时间飞驰得快了，而现在我觉得，好像一学年才刚刚开始，就已经快结束了。我谈这一点个人体验，是为给新教师提醒一个很重要的道理：不管青年时期的工作多么紧张不懈，这一时期里总能找出时间来逐渐地、一步一步地积累我们的精神财富——教学智慧。要记住，你的廿年教龄不知不觉就会到来，你会迈进一生的第五个 10 年，感到时间不够用的时期就会到来，那时候，你就会忧伤地说："唉，我要是知道该这么做，在青年时期就开始这样做，那么，年老时工作就会轻松些了。要知道，我还得再干他 20 年工作哩！"

为了在进入老年时不致后悔，青年时期应当着手做些什么呢？

要做的事情很多，首先应当一点一滴地积累教育者的智力财富和教育智慧。你面前展现着漫长的人生道路，在这条道路上，你会遇到种种极其令人感到意外的人生命运。年轻人的头脑好钻研，他会把目光转向你，向你寻求一些问题的答案，如应当如何生活？什么是幸福？哪儿有真理？为了回答这些问题，就应当了解人们追求真理、渴望人类理想胜利实现的辩证发展过程，应当领会并用心灵来感受人类为争取理想胜利实现的辩证发展过程，应当领会并用心灵来感受人类为争取美好的未来而斗争的最终目标——共产主义思想及其具体的实现。

---

① 《给教师的一百条建议》第 37 条，99 页。

要成为真正的教育者，就应当毕生都学习科学共产主义理论，用马列主义世界观来教育自己。要记住这一点：为了使自己学会用共产主义者的眼光来看待世界和看待人，是需要下许多年功夫的。你个人的藏书中，应当有马克思、恩格斯和列宁论述社会、革命和教育的重要著作。形成自己的共产主义世界观，并不意味着会背诵马列主义经典作品中的词句。我再说一遍，这首先是要学习用共产主义的观点来看待世界和人。

青年朋友，我想向你谈一下，我过去和现在是如何从马克思、恩格斯和列宁的著作中寻找实际工作中遇到的最复杂的问题的答案的。我面前展现着学生的生活命运，他们每人都是一个独一无二的人生世界。我认为自己最重要的教育任务，就是要把共产主义理想在这个世界里体现出来，独特地、具有深刻个性地反映出来。每当我看到独一无二的人生命运中出现细微的转变时，我都感到有必要去反复思考马克思、恩格斯和列宁奋斗终生所追求的共产主义的人的标准和理想形象是什么。形象地说，不反复向马列主义奠基人关于人的英明诊断的思想海洋去求教，我就不能深刻地思考具体的人生命运。因为他们的著作里，有共产主义人学和百科全书。他们的英明思想，能帮助我们理解共产主义理想发展的逻辑，如理解关于个性全面发展的观念。马克思、恩格斯和列宁的著作，曾帮助我分辨清楚，培养人的兴趣和志向所依赖的那些错综复杂的条件。无论你到图书馆中多么容易借到任何你所需要的书籍，我还是劝你建立起自己的藏书。我就有一套个人的藏书——这些书是我的英明老师，我每天都去向它们请教：真理在哪里？怎样去认识真理？怎样才能把人类创造的、积累的和获得的道德财富从长辈一代的心灵和智慧中传授到年轻一代人的心灵和智慧中去？这些书也是我的生活的老师，我每天都带着这样一些问题去求教它们，如：怎样生活？怎样成为学生的楷模？怎样使理想的光辉照耀到他们的心灵中去？

青年朋友，我建议你每月都要买这三种书籍：（1）关于你所教的基础知识的那门科学的书籍；（2）关于作为青年楷模的那些人的生平和斗争的书籍；（3）关于人，特别是儿童和男女青少年的心灵的书籍（心理学方面的书籍）。

希望你的个人藏书里有这三类书籍。你的科学知识每年都应当加以充实。你在教学工作满 10 年时，应该觉得教科书像识字课本一样简单。只有这样，你才能说，你一辈子都在为教好书而备课。只有经常不断地充实自己的科学知识，你才能在讲述教材的过程中看到学生的脑力劳动，这时，你的注意力不是集中在考虑授课的内容，而是在考虑学生的思维。这是教师教学技艺的高峰，你应当向这个目标努力。

你要像寻找宝石那样去寻找关于杰出人物的生平和斗争的书籍，这种人物如菲里克斯·捷尔任斯基和谢尔盖依·拉佐，依万·巴布什金和雅可夫·斯维尔德洛夫，尤里斯·伏契克和尼科斯·别洛扬尼斯。在你的藏书中，要把这些书籍放在最显要的位置上。要记住，你不仅是教课的老师，也是学生的教育者，生活的导师和道德的引路人。

你要用心理学书籍来充实自己的藏书。教育者应当是受教育者的知心人。每当我听到或看到对人采取个别对待的说法时，我脑子里总是联想起另一个概念——思考。要进行教育，首先得有活生生的、富于钻研精神的、好探求的思想。没有思想，就不能想象会有所发现——即便是微小的、初看不易觉察的发现也罢。而没有发现，就没有教育工作的创造性。要记住，心理现象的规律尽管多得很，但每条规律都表现在成千上万的生活命运中。我坚信，刚从师范院校毕业的教师，只有整个教育生涯都不断地研究心理学和不断加深自己的心理学知识，才会成为教育工作的真正能手。

你在整个教育生涯中都应当成为教育者，而要进行教育，离开美和艺术是不可思议的。如果你会演奏某种乐器，又稍有音乐天赋，那你作为教育者就有许多优越条件，在教育方面也就是权威，因为音乐能沟通人们的心灵，在教育者面前打开学生内心最隐秘的角落。如果你不会任何乐器，你手上和心里就应当有另一种影响人类心灵的强大手段——文学作品。要建立和丰富自己的文学作品的藏书。要根据你教的儿童的年龄，每年买上数十本文艺书，它们能帮助你找到通向学生心灵的道路。不要忘记，学生读过的文艺作品，是用他求知的智慧和敏感的心灵来感知的，这往往能起到教师力不能及的作用，好比只要给道德的天平上加个砝码，就能使它向着你所需要的方向倾斜过去。在充实自己的藏书时，应当记住的最主要的事情是：在你要给学生看的书里，应当有关于如何生活的教导。这种书中的英雄形象，应当能使学生倾倒和受到鼓舞，使他心中确信：人是伟大的和强有力的，共产主义思想是真理和正义的最高理想。我在书店中为自己的教育藏书选购著作时，总是努力考虑哪本书给我的哪个学生看最为合适。

应当记住，要进行教育，首先是要关切地、深思熟虑地、谨慎小心地触及青年人的心灵。为了掌握这一门艺术，就应当多读书和多思考。你读过的每一本书，都应该作为一件精巧的新工具，设法收入你们的教育工厂里。

教育者也必须有非常细致的美感。你应当热爱美，创造并保护自然界和你学生心灵中的美。要知道，如果你喜欢种植树木，高兴到蜂房一带去听听你亲手培育的鲜花盛开的树上蜜蜂嗡嗡的鸣叫声，你就会找到通往人的心灵的捷径——这就是在创造美的劳动中跟人的精神上的交往。

你在学校工作的每一年里，都应当使你的教育劳动的工艺实验室不断地充实起来。教师必须给全班和个别学生做个人练习储备大量习题和例子。这些材料应当年年收集，按照教学大纲的各课题和各部分配齐成套。我认识一些有经验的数学教师，他们在 15 年工作期间积累出独一无二的成套的代数和几何习题。这种汇编用来对学生进行个别指导，是非常便当的。

〔5〕教师的情感修养①

冷淡的态度会刺痛、伤害天性细腻而敏感的儿童。我亲眼看到过这样一件事。卡佳是一个小个子、蓝眼睛、梳着一条浅辫子的三年级女学生，她今天特别高兴。她的父亲病了一年多，住在医院里，动过三次手术。妈妈和卡佳都很痛苦。卡佳有时候夜里醒来，不止一次地听到妈妈在轻声啜泣。

可是今天爸爸开始上班了。他恢复了健康，精神很好。卡佳的眼里流露出衷心的喜悦。她来到学校，在校园里遇到两个同班同学——彼佳和格里沙。她跟他们打了招呼，并把自己的好消息告诉他们：

“我爸爸好了！”

彼佳和格里沙看了卡佳一眼，莫名其妙地耸了耸肩膀，什么也没说，跑去踢球了。

卡佳朝一群正在玩“跳房子”的女同学走过去。

“我爸爸病好了。”她说，眼睛里闪着喜悦的光芒。

一个女同学尼娜惊奇地反问道：“那又怎么样呢？”

卡佳感到喉咙里好像是塞进了一团什么东西，她朝校园边上的一棵孤独的白杨走过去，哭了起来。

“你为什么哭啊，卡佳？”她听到了科斯嘉的声音，那是一个沉默寡

---

① 《和青年校长的谈话》，116 页。

言、在教室里坐在最后一排的男孩子。

“我爸爸的病好了……”

“那太好了！”科斯嘉高兴地说，“我家旁边的松树林里，铃兰花开了。放学后我们去采一些最好看的花，送给你爸爸。”

卡佳的眼里闪耀出喜悦的光芒。

往往有这样的情况：只要说一句得体的话，就能使久病卧床的人感到犹如大病痊愈。儿童在集体中的相互关系，乃是学校生活中最细腻的领域之一。为了使一个儿童不致伤害另一个儿童的心灵，就应当对儿童进行情感教育。保护人的欢乐，如同聚集阳光一样，是件很不容易的事。只有依靠心灵的敏感和力量，才能像聚集阳光一样来保护人的欢乐。教育者首先要关心的事，就是使儿童的心灵对于别人内心发生的事抱着敏感的关心态度。

有些儿童的神经特别敏感，学校里的嘈杂环境——奔跑、喧哗、叫喊，都会使他受到刺激。特别是教师的大声训斥，哪怕它不是对着某个胆小的孩子，而是对班上别的孩子而发的，这个孩子简直也会吓得发呆。恐惧感甚至会使儿童听不见别人喊他的名字，听不懂教师在讲些什么，这样教师的话对他就失去了意义。常有这样的情况：一节课的15～20分钟从学生的意识里跑掉了。他还在机械地继续做着别人早已做完的事，因为恐惧把他的意识震惊得麻木了。教师惊异地在一个孩子身旁站住了：全班学生早已在画圆圈了，而维佳还在那里画杠杠①。教师不明白这是怎么一回事。于是，维佳就逐渐地得到了一个“注意力不集中，头脑迟钝”的坏名声，教师的训斥也就时常直接地针对他而来了。教师哪里知道，当他走近维佳的课桌时，这孩子吓得双腿都在发抖呢！在学校里，人们的每一句话都应当浸透高度的人道和同情精神，人与人之间的关系不应蒙上恐惧的阴影。学校里不应当有恐惧，正如美和丑不应相容一样。

虽然在绝大多数情况下，孩子们终将摆脱恐惧心理的束缚，但恐惧就其本身来说对儿童是极有害的。在恐惧心的影响下，他们在很长一段时间内不能正常地得到发展。这段时间本来是孩子们智力充分发展的最宝贵的时间，然而却白白地丧失了。

那种认为人道精神就是教师始终用温和的、克制的语调说话的看法是错误的。善良不是指声调，也不是指说话时特别地挑选字眼。真正的教育者向来是情感丰富的人。他对欢乐，对忧愁，对令人担心的事，都有着

① 指学写字母前的书写练习。

深刻的内心体验。如果儿童觉察出自己教师的感情蛮真诚的，他们就会信任他。

也许你会问："那么，一般地说，教师是否可以提高声调说话以至大声训斥呢?"有一位教师伤心地说："这么一来，教师连高声训斥也不允许，他还剩下什么可做呢?"看待说话的声调问题、提高嗓门的问题，一般来说，不能离开教师的情感修养和思想涵养。一个有情感修养的人，他说话不用叫喊，也能打动儿童的心。对儿童的精神世界高度敏感和关心的教师，是从来不高声训斥儿童的。教师的担心、忧愁、苦闷、惊奇和愤慨——所有这些情感，即使在老师平常的话语里表现得极细微，儿童也能体会出来。一个真正有人道精神的教师，为了使儿童领会他的情感，大可不必去进行什么修辞训练：既然这些情感发自内心，他就是不说出来，儿童也能理解。

真正的教育能手都具有高度的情感修养。我认识一位教师，他在学校已工作了36年，他的学生已有一百多人当了教师，都具有很高的教育水平。这位教师也常常发火，也激动，也愤慨，但是从来不大声叫喊。这并不是因为他在尽力控制自己。儿童能够从他的声音里分辨出几十种细微的感情色彩：苦恼、烦躁、抱怨，等等。固然，在儿童做事不能令人满意时，真正的教师也会产生很深的抱怨情绪。当他为某种事情烦恼时，他说话的声音很低，全班都屏息静气地倾听他的每一句话。这并不是某种特别的表演，也不是人为地控制自己的嗓门。不，这一切都是发自内心的，都是教师具有广阔的胸襟和高度的情感修养的结果。儿童每天都在亲身地感受教师的行为举止，并在他们的心灵深处做出最细腻的情感反应。这种反应就是用人道精神进行教育的强大基础，离开它，就无所谓学校。正是在这种反应中，在教师的宽阔胸怀中，学生才感受到他的真诚。

然而，对待懒惰、无所事事、吊儿郎当、虚度光阴、挥霍浪费和满不在乎等现象，教师则应采取不调和的态度。他善于以自身的高度情感修养来教育学生。这正是他具有高超的教育技巧的一种突出表现。这种绝不调和的态度，乃是与人为善的真正本质之所在。

这里我要重申一下这个思想：真正的教育者要唤起自己的学生努力成为一个好人的志向。教师基于他教导学生的道义上的权利，对学生怀着真挚诚恳的感情，这正是激励学生要实现成为一个好人的志向的生气蓬勃的力量。真正的教育者很少直接对自己的学生说：你们可要成为好人啊。学生是从教师深厚而真挚的感情中体会到他的善良用心的。真正的善良就是正直，它并不总是令人愉快的。真理也常常是使人痛苦的、令人揪心的，真理里面包含着坚强的意志和严格的要求。但是，那令人痛苦的真理却常能在儿童心灵中激起当一个好人的志向，因为善良从来不贬低人的人格。

这里有必要再一次把善良这个复杂概念的细微含义说清楚。所谓教师的善良，首先意味着对儿童的现在和未来怀有强烈的责任感，只有能以敏感的心灵去觉察学生最细微的内心活动的人，才配称为善良的人，才有权利当学生的导师。善良的最主要的、决定性的细微含义之一，就是教育者要有坚强的意志，对精神空虚，虚情假意的任何表现采取绝不妥协的态度。

教师具有高度的情感修养和思想水平，在集体中就能创造一种真挚的、开诚相见的气氛，就能使学生形成这样的信念：他们跟自己的老师在共同的劳动中是志同道合的同志。只有当教育者和他的学生在合作中感到同心协力的欢乐时，才能真正地把道德财富传给年青一代。

由于教育者和受教育者共同体验着同志式的情谊，所以相互之间都能开诚布公。在同志情谊的气氛中，儿童的心会变得对一切善良、美好的东西非常敏感，他们会竭力去模仿好的榜样，并把教师的意志作为一个好朋友、好同志的忠告来接受。学生被共同的同志式的劳动所吸引，就会充分展示自己的意志品质。这时他的意志不会受到压抑，相反的，他会发挥自己的意志力去达到目标。真正的教育的这一重要规律，在实践中常常表现为：教育者很少去禁止学生做这做那，而是经常地、几乎是始终地用自己的榜样去激励和吸引学生。教育的技巧的奥妙之一正在于此：儿童从一个好教师那里很少听到禁止，而经常听到的是表扬和鼓励的话。

儿童要成为一个好人的志向，正是通过他自己的意志力量表现出来的。真正的教育的实质在于：在教育工作中，正是学生本人充当教师的第一个助手。自我教育（从这个词的直接含义来说）乃是教育的真谛和核心。

当然，也不能简单化地要求教师尽量不去禁止学生。当教师和学生受到共同为集体劳动的思想的鼓舞，体会到双方都是为实现同一目标而斗争的同志和战友时，禁止的办法就很少有必要加以采取了。当学生跟教师一样，被一种高尚的社会活动所吸引的时候，他们就能深刻地理解什么是“可做”的，什么是“不可做”的。

学生有了做一个好人的志向，他就容易领会教师对他的态度所包含的一切意义。学生由于有了这种志向，即使教师表现出烦恼和愤怒，他也不会认为这是不公正的。相反的，教师的烦恼和愤怒更能激励学生做一个好人的志向，因为学生理解教师的公正。学生会由于自己的行为而感到内疚，他会首先想到教师也是一个有着自己的欢乐和痛苦的活生生的人。

这是教师和学生相互关系的一个非常重要的方面，它体现出学校生活的人道主义精神。然而我们也不能不看到，在某些学校里，儿童并不理解和体会教师的独特的个性，他们对教师在工作中遇到困难毫无同情之感。教师已很疲劳，到了放学时已精疲力竭，可是孩子们照样顽皮、胡闹，给教师增添烦恼，于是又惹得教师发火，大声喊叫……

大声喊叫足以说明人与人的关系中缺乏文明。教师的大声喊叫会把儿童弄得惊慌失措。这是对儿童的行为举止、学习态度所做出的最简单粗暴的反应。这种反应里包含着一种本能的因素。在大声喊叫中，会丧失真正的人所常有的情感。想必你也注意到了：教师在大声训斥儿童时，他的声音跟心平气和时完全不同，连他自己也认不出自己的声调。这是一种严重的征兆：教师对学生大声喊叫，不仅让自己的本能的因素任其发泄，而且摧残了儿童心灵中那些细腻的人的情感。经常受到大声训斥的儿童，会丧失感受别人的细微情感的能力，特别令人不安的是，还会丧失对真理和正义的敏感性。大声训斥会使儿童的良知变得迟钝麻木。常有这样的情况：在大声训斥之后，父亲、母亲或者教师消了气，冷静下来了，开始心平气和地劝导和说服孩子。他们对孩子可能说些好听的、公平的话，但是儿童已经丧失了接受的能力，因为儿童还处于大声训斥的影响之下。

儿童从大声训斥中会感到对方的心绪慌乱、束手无策。在儿童看来，别人对他的大声训斥，要么是有意找他的麻烦，要么是在他面前实行防御，感到害怕和恐惧。不管是前者还是后者，都会引起儿童做出积极反抗的反应。

你在上课时间走进学校，教室里一片轻微而平静的嗡嗡声，你好像站在养蜂场的蜂箱旁边一样。突然从远处什么地方传来了刺耳的喊叫声，这是教师在大声训斥学生。对于这种情况，你早已有了一种看法：这位教师跟学生的关系不大好。于是你陷入痛苦的深思：怎么办呢？怎样才能把大声训斥从学校里除掉呢？

在这里，任何行政措施都不会收效。如果教师除了大声训斥以外没有任何别的办法，那他是不会停止大声训斥的。我们需要认真地讨论教师的情感和思想修养问题，以及学校工作中的人道主义精神的问题。所有的教师都需要做一番自我回顾，分析一下自己跟儿童的关系。我建议你从详细分析下面几个问题开始这种讨论：教师的大声训斥如何伤害儿童的心灵，如何破坏人的美好感情，如何培养出长大了同样也会对别人大声喊叫、漠不关心和冷酷无情的人。我想劝你用师生关系中的具体事例，来说明教师的大声训斥，将如何在他跟儿童之间造成隔阂，妨碍相互谅解，有时甚至会在他们之间形成一道仇恨的鸿沟。你可以用生动的事例说明大声训斥是毫无意义的。譬如，某一位教师以为，如果当着全班同学的面把万尼亚“好好地训一顿”舆论对教师会有帮助，万尼亚在同学面前会感到羞愧，从而受到良心的责备。但是，这一切希望都落空了。万尼亚遭到劈头盖脸的一顿训斥，反而引起了同学们对他的同情。学生们站在被训斥的同学一边。为了替同学辩解，他们甚至往往采取欺骗教师的办法，这是毫不奇怪的事。

如果大声训斥是针对整个班集体的，那情况就会更糟。任何情况下都绝对不应采用这种办法。这种办法不仅使学生感到震惊、受压抑，不知所措，而且使学生感到受了侮辱。如果教师的委屈、苦恼是由整个集体引起的，那你就要非常慎重。你要使自己冷静下来，控制自己的感情。在当天，你不要去谈到引起你苦恼的事件。你不要去整学生，不要急于责怪他们，而是要好好想一想。你要跟自己的学生一道交谈思想。你要这样来处理这件事：要求儿童帮助你一起分析所发生的事。

儿童常有自己的大大小小的烦恼、忧愁和不幸。一个具有高度情感修养的教师，一下子就能发现儿童有什么不顺心的事。首先从儿童的目光里就能看出他的思想、情感和内心体验。敏感的教师发现儿童有什么不顺心的事情时，不是马上就进行盘问。但是他要设法让儿童感到教师已经猜测到他心里的烦恼、忧愁、担心和他的不幸。等到和儿童单独在一起时，教师就可能做详细了解了。但是，教师如果已经确知儿童需要帮助，却袖手旁观或者干脆把他忘记了，那就会给儿童带来新的痛苦。

往往有这样的情况：按成年人的观点来看，儿童的委屈是一些不足挂齿的小事。例如，谁把他的玩具藏起来了，等等。不要忘记，孩子们对欢乐和苦恼、善与恶有自己的衡量尺度。有经验的、敏感的教师绝不会忘记，他本人也是从童年过来的。必须设身处地站在儿童的立场上，为他分担痛苦，给他以帮助。对儿童来说，最适当、最宝贵的帮助，往往就是同情和真诚的关怀。漠不关心、态度冷淡会使儿童感到震惊，使他的神经系统进入一种兴奋状态，由此而引发严重的心理疾病。

这里说一件发生在二年级的事。女教师发现沙夏心神不定，字写得不好。

女教师生气地说："沙夏，想想看，你写的什么？你不是在街上玩，是在教室里……"

沙夏面对着作业本，把头垂得更低了。过了一会儿，女教师发现沙夏的作业中有一些大的错误。

"喂，你在想什么？"女教师说得更严厉了。

"他奶奶死啦！"与沙夏同桌的一个女孩子说，"昨天安葬的。"

"奶奶？"女教师以疑问的声调重复了一下，就再也没有说什么。她过了一会儿就把这事忘掉了，但是沙夏却永远不会忘记。

沙夏一句话也没再说，眼泪从他的眼里滴下来。奶奶是他最亲爱的人，她的死给他带来了痛苦。可是女教师再也没去理睬这个男孩。

沙夏不能聚精会神了，他既不能思考算术习题，也不能思考语法练习。当女教师走近沙夏时，他的手和脚都发抖了。儿童的痛苦需要同情和安慰。对待儿童的痛苦采取漠不关心的态度，会使学生感到侮辱。女教师忘掉了沙夏的痛苦，只是要求他写得好些，不许出错。

还有不少这样的情况，就是儿童自己也不明白痛苦的感觉是从哪里来的。儿童身体不好，但自己毫无察觉。教师应当看到、感觉到这一点。如果教师是一个有情感修养的人，又有高度的机智，能够看清人的内心活动，他就能够看到和感觉到这一点。

有一类儿童，在对他们的教育中，教师的真正人格精神——公正、敏感、高度的道德修养和情感修养，起着决定性的作用。这里指的是那些智力发展迟缓的儿童，他们不是低能儿童，而是一些正常的儿童，只是他们学龄前期所受的教育有过失误。对这些儿童进行教育，是对普通学校的人道主义精神的真正考验。如果对这些儿童不做特殊的、经过深思熟虑的工作，学校就没有尽到它的职责。

只要科学知识上出现了关于儿童、关于教学和教育过程的点滴的新东西，教师和学校领导人就会被迫重新观察自己的工作，用新的观点来重新研究那些已成为很普通的、司空见惯的现象。新的观点历来是跟重新评价、重新思考以前已经形成的原理和信念联系在一起的。在这种重新评价、重新思考的过程中，可能发生某些夸大的现象。我想提醒一下，要防止匆忙地做出判断和结论，特别是关于难教儿童的判断和结论。要知道儿童的命运在某种程度上是决定于你的。固然，我们不能把学校里的每一种冲突、每一次相互关系尖锐化的表现都看成是神经过度紧张的征兆。不过每一种冲突，每一次相互关系尖锐化的表现都应引起学校领导人的不安，使他警觉起来。

如果教师们对儿童的心灵有深刻的了解，如果全体教师由于具有共同的教育信念而团结一致，认为学生并不是消极的被教育的对象，而是一种积极的、有创造性的力量，是教育过程的积极参与者，如果在十多年的时间里，学校不仅教育了儿童，而且教育了家长，那么，在这些地方，一般都不会发生教育上的神经官能症。建立在真挚感情基础上的师生之间、父子之间的相互信任，对防止教育上的神经官能症有所帮助。在缺乏和丧失相互信任的那些地方，父亲或教师把儿童看成捣蛋鬼，儿童也把父亲或教师看成与自己格格不入的、对自己不怀好意的人。在许多家庭里，笼罩着互不信任的气氛，大家不是心平气和地用商量的口吻谈话，而经常是吵吵嚷嚷，这样就会出现难教育的儿童。与这种灾难做斗争、建立健康的家庭精神生活和良好的师生关系是唯一有力的手段，就是把家庭和学校里的教育过程建立在高度文明的基础上。

学校里教育修养水平低下，这不仅会打击孩子，也会伤害教师。老师并非铁石心肠的人，他有灵魂、有自尊感和自爱心。如果教育过程建立在伤害儿童心灵的简单粗暴的感情之上，那么教师也有发生神经疾病的危险。这是个至关重要的问题。在关于提高教育修养水平这一复杂问题上，教师的心理状态占有重要的地位。

教育修养水平低下的一个危险根源，就是教师总认为儿童的每一个不好的行为——或者只是教师看不惯的行为——都是出于恶意的，或者是故意的，甚至是预谋的。他忘记了很重要的一条道理：教育在本质上就是用理智去克服意志薄弱、缺乏经验和一时冲动。儿童还不大会控制自己的意志，教师应当对此采取父母般的谅解态度。教师要理解儿童行为的实质，这样他就不会把自己跟学生摆在一个水平上来看待了。

我在二十多年当中研究了所谓“学校性神经官能症”，现在我才敢于就这个十分重要的问题讲一点初步的意见。我也劝你任何时候都不要匆忙地做出结论。但是，当情况十分清楚的时候，你也不要踌躇。为了防止在学校里出现大声训斥、神经过敏之类的现象，你要一天也不迟延地采取具体措施。

对很多学校的情况进行了解以后，我们得出了这样的结论：学校集体的规模越小，儿童就越是被集体中的家庭式的和睦关系紧密地团结在一起，人和人之间的精神财富的交流就越是丰富多彩，神经过敏的情况就越少发生。相反，有些学校里，没有和睦的集体，到处是一片吵闹、混乱的景象，这就容易出现神经过敏症。但是人数众多的学校现在有，将来还会有。应当考虑如何防止在大的集体里出现我们不希望出现的现象。那些学生人数达到千人和超过千人的学校，要设法采取措施，创造一些条件，使同年级许多平等班里的每个小集体都形成一种和睦的小家庭式的气氛，防止学生喧哗和打闹。这是提高教育的文明程度的基本前提。

还有一种情况也是不正常的：在许多学校里，“延长学日小组”（是为照顾双职工的子女而设立的，学生放学后在学校里做作业和休息，比其他学生回家晚些）的作息制度，本质上跟上正课没有任何区别。还是让儿童听到铃声就走进教室，完成家庭作业，这实际上是第二套课堂教学，课间休息也要按铃声开始和结束，还是同样地紧张，同样地必须循规蹈矩，安静地坐着。遗憾的是，个别学校还往往有这样的情况：“延长学日小组”不仅使儿童感到很疲劳，而且没有学会独立地阅读书籍。对儿童进行意志教育，并不是要把他的每一个行动都规定得死死的，而是要提供最大的可能，使他在独立活动中表现出意志的努力。儿童应遭谴责的、有时看来是无法解释的行为，用形象的说法，乃是教师一直用笼头套住儿童所造成的。儿童的巨大的精神力量受着抑制，他不能使这种力量服从于自己的理智和志向。教师要善于放手让儿童发挥自己的力量，而不是加以限制和压抑，不要让儿童经常感到有人在禁止他。做到这一点是需要高度的教育技巧的。

【问题与思考】

1. 为什么大声训斥学生是不对的？
2. 教师应该自然而然地流露自己的感情吗？

〔6〕从哪儿找时间，一昼夜只有二十四小时①

这两句话引自克拉斯诺亚尔斯克城的一个女教师的来信。是的，没有时间。这是教育工作的灾难，它不仅打击着学校工作，也打击着教师的家庭生活。教师同其他人一样，需要有时间照顾家庭和教育自己的孩子。我有非常准确的材料，说明许多中学毕业生害怕上师范学院是认为从事这种职业的人没有空闲时间，别看有很长的假期。

---

①《给教师的一百条建议》第6条，26页。

我还有很有趣的统计材料。向孩子上了高等学校的五百名教师提出了一个问题："你们的孩子在哪些高等学校、哪些系学习？"只有十四人回答"在师范学院"或"在综合大学学习，准备当教师"。然后又问："为什么你们的孩子不想当教师？"四百八十六人回答说："因为他们看到了我们的工作多么不容易，没有一分钟的空闲时间。"

那么，教师究竟能不能工作得使自己有空闲时间呢？这个极难解决的问题甚至往往用这种方式表达出来。事实上，形成了一种情况：语文、数学教师每天除在学校工作三至四小时外，还要备课和批改作业不少于五至六小时，再加上课外活动不少于两小时。

如何解决时间问题？这是学校生活中的全盘性问题中的一个问题。它和学生智力发展的问题一样，确实是由学校的全部活动所决定的。

主要问题在于教育工作的作风和性质本身。一个在学校工作了三十三年的历史教师，上了一堂题为"年轻苏维埃人的道德理想"的观摩课。区训练班的学员和区教育处的视导员出席了这堂课。这堂课上得非常出色。原来教师们和视导员打算在上课的过程中做一些笔记，以便课后提意见，但他们都忘记做笔记，他们和学生一样，屏息坐着，听得入了迷。

课后一位邻校的教师说："是啊，你把心交给了学生，你的每一句话都具有巨大的思想威力。请问，你花了多少时间来准备这堂课？可能不止一小时吧！"

那位教师回答说："这节课我准备了一辈子。而且，一般地说，每堂课我都准备了一辈子。但是，直接针对这个课题的准备，也可以说是实验室的准备，则仅花了约十五分钟。"

这个回答稍稍打开了教学技艺的一项奥秘。像这个历史教师一样的教师，据我所知，仅在我的区里就约有三十个。他们不抱怨缺少空闲时间，每个人都会说，每一堂课都准备了一辈子。

这种准备究竟是什么呢？这就是阅读。要天天看书，终生以书籍为友。这是一天也不断流的潺潺小溪，它充实着思想江河。阅读不是为了明天上课，而是出自本性的需要，出自对知识的渴求。如果你想有更多的空闲时间，想使备课不成为单调乏味地坐着看教科书，那就请读科学作品，要使你所教的那门科学原理课的教科书成为你看来是最浅显的课本。要使教科书成为你的科学知识海洋中的一滴水，而你教给学生的只是这门知识的原理。到这个时候，备课就不需要花几个小时了。

优秀教师教学技艺的提高，正是由于这种经常性的阅读不断地补充了他们的知识海洋，如果在从事教育工作初期，教师所掌握的知识与应当教给学生的基本知识的比例是十比一，那么，到了十五至二十年工龄的时候，这个比例应当成为二十比一，三十比一，五十比一，而这一切全靠阅读。在教师的知识海洋中，教科书一年比一年成为愈来愈小的一滴。问题不仅在于教师的理论知识有数量上的增加。数量转变为质量：衬托着教科书的背景愈宽广，犹如微弱的光线在明亮的光流中一样，那么，建立起教学技艺的基础的业务品质就表现愈明显，这就是在课堂上叙述教材（讲述、讲演）时分配注意力的能力。例如，教师在解释三角函数，但他所想的主要不是函数，而是学生：他观察每个学生怎样学习，那个学生遇到什么理解、思维和记忆上的困难。他不仅教课，而且在教课的过程中培养学生的智力。

教师的时间问题与教育过程的其他一系列因素和方面紧密联系着。这些因素和方面，好比是一些把水供给河流的小溪，而河流就是教育工作和创造的时间。怎样使这些小溪经常生气勃勃、潺潺流水——关于这一点，我想提出几点建议。

【问题与思考】

1. 你经常感觉到时间不够用吗？请尝试对自己一周或一天的所有时间安排进行一个细致的统计，记录下做过的所有事情，然后做一个分析表，比较一下自己在时间上的“投资”和“收益”的情况，再反思一下，哪些投资是值得的，哪些是收益不大的，哪些是完全的浪费。

2. 读书与处理当前事务的关系，其实就是磨刀跟砍柴之间的关系。那么，回顾一下，你有阅读习惯吗？是经常阅读吗？每天或每周都读多久？这些书跟教育教学的关联密切吗？你觉得阅读对你的教育教学帮助大吗？为什么？请具体分析而不要抽象地讨论。

〔7〕我怎样研究和教育学习最差的学生①

从我参加教育工作的最初时刻起，就有一个解不开的谜始终折磨着我：究竟那些在发展上落后于正常情况的儿童是怎么一回事？究竟这种不幸在多大程度上是由于遗传决定的，而又在多大程度上是由于儿童在最幼小的

① 《给教师的建议》第96条，498页。

时候所处的环境决定的？当我，教师，在教室里用尽全力想唤起他们的独立思考的那些时刻里，这些儿童的思考器官里究竟在发生着什么变化？

每一年都有几个这样的孩子进入我们学校。你拿10个词让他识记，即使经过多次重复，他记住的也超不过三四个。在普通教育学校里教这些孩子可真是一件苦事：通常他们很费劲地学习一点阅读和写字，但是再也前进不得了，他们对自己遇到的挫折深感痛苦，而到最后还是被“淘汰”了。

可以说，这些儿童是处于智力落后的边缘上。心理学家们把他们称作“发展暂时受阻的儿童”，并且建议送他们进特殊学校去学习。但我坚决认为：应当在普通学校里对这些儿童进行教学和教育，因为有一个完满的、在智力方面不断地丰富着的环境，这是拯救这些孩子的最重要的条件之一。

我在课堂上研究过落后儿童的脑力劳动情况，并且同时对天赋好的儿童进行观察。毫无疑问，儿童劳动的效率在很大程度上取决于记忆。但是，能不能做出结论说首先训练记忆，然后发展智力呢？能不能说记忆是条件，而脑的完善的机能性活动是结果呢？换句话说，能不能先用某种激进的手段来改善记忆，并以此来对智力的发展施以影响呢？

我密切注视着苏联和国外学者们的研究成果，并且力求在保持一定的审慎态度的条件下，在对儿童的实际工作中检验学者们的结论和设想。顺便提一下，美国心理学家戴维德·格列奇跟苏联科学院院士阿诺辛在《文学报》上进行的争论，也是促使我写这篇文章的一个动因。

格列奇教授说，现在已经有一些化学手段，能够大大改善动物的记忆和提高它们解“迷宫题”的能力。对人来说，这就意味着，在今后10年内，借助化学疗法，将有可能使智力落后的人恢复正常生活。据这位教授的意见，把这一发现用于实践，可能会产生一些不大好的社会后果，但是对于这些手段本身的效果，他却是深信不疑的。而阿诺辛院士则认为，最好不要去寻找激进的方法来改善人的记忆，而是用自然的方式去使它得到发展。

我作为一个跟教育实践关系密切的人，对于这场争论特别关心。

生活随时随地告诉我们，能力差的学生，并不单纯就是记忆力降低的儿童。这些儿童的思维处于一种受抑制的、静止不动的、“僵化的”状态之中。也有过这样的时候：我尝试用直接对记忆施加影响的办法来改善他们的思维能力。但是这些尝试都完全归于失败了。强迫儿童背诵，然后要他把背过的东西再现出来，用这种办法“锻炼”记忆力是不行的，这对于儿童是有害的：他的神经系统和整个机体极度疲劳，而记忆只有变得更坏，因为这样做破坏了记忆跟“脑内发生的许多过程的一个很大系统”的其他因素之间的和谐。现在，我引用阿诺辛的这句话，才比较确切地把多年来使我苦苦求解的那个思想表达出来了。

用心理学的手段来影响记忆的尝试归于失败之后，我又想用其他方法来刺激记忆。曾有一个时期，关于药理学的想法简直使我一点不得安宁。乌克兰的民间医学是几百年间形成，并且被一代一代地悉心保留下来的，它拥有一些能治病的方法：有些方法能使人的记忆更敏锐，有些方法能把人的回忆给“擦掉”和“平息”下去。我在老鼠、海豚、麻雀和我自己身上检验这些方法。结果总是令人惊异的：在动物身上，常常能成倍地加快掌握反射的速度。然而用这些刺激性的手段在我身上试验的结果表明：它们可以使识记过程大大加速，但是在这种轻松的脑力劳动（毕竟这是很奇特的、异乎寻常的现象）过后几小时，又会出现那种受抑制、头脑麻木的状态。譬如，你正当30~35岁的年龄，你会突然忘记原来记得很清楚的东西，有些类似老年人记忆模糊的现象。这种现象是暂时的。但我认为，对此要保持高度的警惕：以化学手段来干预思维这个人体的最精细的领域，是危险的，在道义上也是不可取的。

但主要之点尚不在此。我直到后来才弄明白：以人为的手段来促使记忆积极化，并不能保证脑的完善的机能性活动。离开对人的整个心理的、精神生活的和谐影响，发展就是不可能的——这才是主要的结论。

在35年时间内，经过我的手教育过共107个孩子，这些孩子我可以有把握地把他们称为能力差的、甚至智力差的孩子（“智力较差”这个说法，是对问题的实质的最确切的表述了）。从5岁到15~16岁（占上述人数的一半），而后又到17~19岁（占上述人数的另一半），我们对这些儿童进行了专门的教育工作。为了查明学生智力不正常的原因，我调查了两千多个家庭，了解儿童的遗传、日常生活、营养和精神生活的情况。我终于看到：这些智力不正常的原因，在每一个个别情况下来说，好像是一层一层地累积起来的：最初是一个原因在起作用，后来又加上第二个原因。最初的原因往往是儿童在婴幼儿时期生过什么病：风湿病、软骨病、脑膜炎等。但是，如果没有第二种不良的影响——儿童早期受到了不正确的教育——来加重这种状况的话，在许多情况下还不至于造成严重的后果。在某些情况下，后一种状况成了使儿童在发展方面落后的主要原因。说到儿童早期的不正确的教育，我是指许多各种各样的条件的综合。虽然不一定确切，我认为还是可以把一些主要的原因找出来的。

造成儿童发展上的偏差的最有害的因素之一，就是不健康的、经常发生冲突的家庭关系，特别是家长的酒精中毒症。在这种家庭里，儿童智力落后的征兆起初并不显著，但是很快就会变得十分突出了。其次，我想指出的是，家庭智力生活的局限性和惊人的贫乏性，是儿童智力落后的原因之一，我调查过几个不幸的儿童，他们的母亲在跟孩子的交往中，所使用的语言里总共只有二三百个词汇。我很痛心地发现这些儿童对于人们平常从童话、民歌里引用的那些词的情感色彩竟茫然无知。

家庭情感生活的贫乏总是跟智力生活的局限交织在一起的。有一些五六岁的儿童，从来没有对任何事情表现过惊奇、赞叹和欢乐。他们也没有幽默感，不理解喜剧性的场面和情境，很少放声地欢笑，而对别人开的玩笑则报以病态的反应。这一点是容易理解的：笑——是认识的渠道之一，是一种观点，世界随着这种观点而在人的面前展开它的多样性。如果这条渠道被堵塞了，思维就得不到完善的发展。

最后，还有一个情况，就是儿童在出生后的最初二三年里没有受到完满的母亲教育。我是在几千个家庭里研究了儿童的智力发展对于母亲教育的依存性，又对发展的其他条件做了仔细分析之后，才得出这条结论的。如果儿童在出生后的最初二三年里，没有通过最亲近的人——母亲，就这个年龄期的儿童所能接受的程度来发现世界，如果他没有感觉过母亲的爱抚的、慈祥的、忧虑的目光，如果他没有听到过本族语言的细腻而充满情感的音调，那么这个儿童的智力生活就会跟有正确的母亲教育的儿童走上完全不同的发展道路。这个领域——母亲教育学，现在还是一般教育学里的一块未曾开垦的处女地。

总而言之，这些孩子进到学校里来了。然而，他们很快就会感到：自己跟别的孩子不一样。我明白地知道：如果用教所有的孩子那样的办法来教这些孩子，那么他们不可避免地会学得很差，成为可怜而不幸的人，一辈子受着“我干什么都不行”这个痛苦的思想的折磨。应当时时刻刻保护这些孩子，因为他们最容易受到伤害：儿童时期的智力生活的领域是跟道德生活的领域紧密相连的，儿童会把学习上的每一次失败当成一种痛苦的屈辱（顺便指出，这是指儿童的心还没有习惯于忍受这种屈辱和没有变得麻木不仁的时候而说的，否则，任何关于拯救这些儿童的讨论都毫无用处了）。

由此可见，最主要的任务是：不要对学习落后的儿童进行不适当的教学。而在这种情况下，不适当的教学是指什么而言的呢？这里我不准备谈教学法（那是一个专门谈论的课题），而想谈一些主要的原则，因为离开原则，即使是最完美的教学法也会失效的。

在课堂上的学习要求同时使用记忆和思考。但是这些学习落后的儿童记不住跟其余儿童同样多的东西。在学校里给予脑力劳动的评分，是根据学生记住了多少和按照教师的要求而再现了多少来决定的（总的来说，我做出这个结论是有充分根据的。学生们在学校里所背诵的东西，特别是人文学科的东西，其中一大半是本来就无须背诵的。我们没有找到评定学生脑力劳动的正确的标准，这是真正的灾难，由此产生了死记硬背，甚至把很有才能的学生都弄得头脑迟钝了）。我们尽一切努力发展能力差的儿童的认识可能性，增强他的记忆，但同时我们始终不让他想到：对他的成绩是根据他记住了多少功课来评定的。他回答了问题，只有在他取得了进步的时候，才给他打分数。这样做的时候，不要让儿童感到他在班上是跟别人有区别的。

我给一个学习落后的儿童布置一道应用题，把应用题的条件重复讲解好几次，让他记住其中的已知数。他记住了，但是当他刚刚动手运算的时候，又把已知数忘记了。他不会同时记忆和思考。

我编了一本专门的习题集，是供智力有障碍的儿童使用的。解答这些应用题，要求记住一些鲜明的形象、画面和情境。为此我还制订了一套教学法，这在一篇文章里是无法介绍清楚的。我正在写一本叫作《把智力较差的儿童挽救过来》的书，读者可以从该书中对此做详细的了解。

对于学习落后的儿童，一定要让他坚持达到起初的目的——独立地解答习题。有时候，可以花两三节课的时间让他思考，教师细心地指引他的思路，而习题被他解答出来的那个幸福的时刻终于会到来。这会给他带来无可比拟的欢乐、自豪感和自信心。他在这个时候所体验到的情感，比任何药物的作用都更强烈。儿童会要求教师："请再给我出一道题，更难一点的。"他会生气地拒绝同学的帮助，因为他想靠自己的努力完成作业。

如果儿童懂得认识的欢乐和取得成绩的欢乐，那么求知的愿望就将永远伴随着他的学习。

当儿童有了求知的愿望时，另外一个强有力的心理学手段——丰富儿童的智力生活和情感生活——就能发生作用。在小学各年级，我们上一种专门的"思维课"。我们带领孩子们到自然界去——到花园里、树林里、湖岸边、田野里去。在他们面前展示出初看起来难以觉察的各种现象之间的几十种因果联系。孩子们深入地思考着生命的奥秘。

在这些课上，我们从来不提出要儿童记住什么东西的任务。相反的，我们把记忆的目的尽量地暂时放开。放在首要地位的是让儿童在新的发现面前感到惊奇和赞赏。儿童认识的简单的依存性和联系越多，他的记忆力就变得越好。

这项工作离开丰富的语言是不可思议的。我记了几十本笔记，说明怎样借助有表现力的、鲜明的、富于情感色彩的词来减轻了儿童的思维活动。在我看来，这些记载对于医疗教育学是有些参考价值的。

在对学习落后的儿童进行教育的所有年代里，我们让儿童阅读了许多东西（我还编了一本专供他们阅读的文选）。还在小学的时候，孩子们每逢傍晚就到我这里来听故事和编故事。诗歌创作也是一种细致而微妙的陶冶情感生活的训练。这里有响亮的笑声，有忧愁和欢乐，有对人的痛苦的同情和对恶的憎恨。在这些宁静的傍晚时刻，我们大家好像都变成了诗人。我们编了几千个故事。这个做法可贵的地方，就在于编故事的时候，儿童的头脑不仅接收和存储信息，而且也“输出”信息。

创造性的手工劳动也是我们的“教学大纲”的重要组成部分，这是促进这些孩子的发展的重要手段之一。

所有107名原来在发展上有重大障碍的儿童，后来都成了充分够格的有教养的人。他们当中有55人在十年级毕业，25人在读完七八年级后升入中专并受到中等专业教育，17人毕业于职业学校和中等夜校，8人经过培训班而掌握了一门专业。2人由于严重患病，未能按时上完八年级，但在数年后还是完成了八年制的教育。107人中，有13人受到了高等教育。

人的头脑是自然界的一大奇迹，但是这种奇迹只有在教育的影响下才会出现。这是一种长期的、单调的、非常复杂和折磨人的艰难的播种，撒下的种子要过好几年才能长成幼苗。这件工作还要求特别尊重学生的人格。不应当让一个不幸的、被大自然或不良环境造成艰难境遇的孩子知道他是一个能力低、智力差的人。教育这样的儿童，应当比教育正常儿童百倍地细致、耐心和富于同情心。

〔8〕教师应当写哪些计划[①]

这是一个经常遇到的尖锐问题：有时候教师被一些没有必要的文牍压得透不过气来。但是，往往在“官样文章”受到激烈批评时，个别教师又得出结论说，什么计划都不必去写。

这两种看法都不正确。对工作有益的计划是应当写的。

对小学教师来说，制订为期数年的远景计划是很重要的。这种计划包括些什么内容呢？根据我自己的工作经验，应当包括如下几点：

（1）儿童在小学阶段应当阅读的文学作品的书目。当然，只有当学校图书馆有这些必要的儿童读物时，计划里的这一点才能实现。

（2）儿童在学校里应当欣赏的音乐作品（学校里最好有一个音乐教室）。

（3）要跟学生进行谈话时使用的绘画作品。

（4）要求学生背诵的课文和文艺作品的片段。

（5）最低的词汇量，也就是要求学生在小学里要牢固而永远熟记其正确写法的那些词汇。

（6）为扩充学生的知识面而需要阅读的科普读物的书目。应当单列出供学习差的学生——思维过程迟缓的儿童——阅读的书籍和小册子。

（7）“思维课”的题目，即带领学生到思想和本族语言的源泉（自然界——译注）去参观的课题。

（8）儿童在小学阶段各年级要写的作文题目。

（9）教师和儿童要制作的直观教具的大致清单。

（10）小学期间要进行的参观。我建议初、高年级各学科的教师也要制订这样的远景计划。当然，订这种计划时要注意学科的特点。例如，生物教师在远景计划里列入：在自然界进行系统的观察，以使学生形成一些必要的概念。地理教师可以把必须记忆的术语列入参观计划。物理教师的计划里要订有观察工农业的生产劳动。

远景计划是一个重要的努力目标，教师根据这种计划每天在翻阅和思考教学大纲时，就在检查自己的工作，什么已经做完，什么还需要去做。根据远景计划完成的情况，可以判断学生的知识质量。

每个教师还应订出专题计划或每节课的计划。专题计划是根据教学大

---

① 《给教师的建议》第45条，121页。

纲分配给本专题的课时，包括数节课的一种计划。专题计划只适用于不大的课题（二节课到五节课能讲完的）。在专题计划里要注明授课的宗旨和方法，应当避免对讲课的内容做冗长的书面抄录。教师给学生传授的知识，应当记在教师的脑子里，无须做详细的笔记。专题计划是一种教学论上的预见和根据，而不是详细的讲稿。计划里应写明对教材进行创造性加工的内容，如检查家庭作业时要让儿童回答的问题，学新教材时要独立完成的作业种类。布置给学生的习题和练习一般不列入计划（教师们通常都把它们抄在专门的卡片上或练习本里）。

写专题计划的练习本，必须留有空白的地方，以便在出现未能预料的偏离计划的情况时，对原计划做必要的修改。

有些教师不喜欢定专题计划，而宁愿订每节课的计划。他们对题目反复思考，预先订出初步的方案，但仅仅安排一节课的内容。每个教师都可以按照他自己认为最适宜的方式去做。最主要的是要以远景计划为目标，不要忘记最终的目的，经常考虑到教学大纲及其说明，并不断地把它们和远景计划加以对照。

担任班主任的教师要订出教育工作计划。关于这种计划，以后在专讲教育问题的建议中再谈。

【问题与思考】

1. 你觉得教师有必要写计划吗？为什么？

2. 应当写哪些计划？对今天的老师来说，苏霍姆林斯基的建议只能是启发性的，计划内容取决于实实在在地做什么，即取决于整体的课程安排。你能参照这些建议，尝试列一个学期计划吗？不是虚文，而是实实在在用于操作的计划，并在期末进行反馈。

〔9〕关于写教师日记的建议①

我建议每位教师都来写教育日记。教育日记并不是在形式上有某些要求的正式文件，而是一种个人的随笔和札记。这种记载对日常工作颇有用处，它是进行思考和创造的源泉。记了一二十年，甚至三十年的日记，就是一笔巨大的财富。因为，每位善于思考的教师都有他自己的体系，自己

---

① 《给教师的建议》第46条，123页。

的教学素养。如果一位内行教师、富有创造性的教师在结束其一生的创造活动时，把他在长年劳动和探索中的一切成就都带进坟墓的话，那将失掉多少珍贵的教育财富啊！我真想把教师的日记当作无价之宝珍藏在教育博物馆和科研所里。

我记了三十二年的日记。当我作为一个小学教师刚跨进学校的大门，开始从事教育工作的第一天，有件事使我沉思不已。那时，我们村里有一位医士，大家都说他是个古怪的人。我看到，这位古怪的人检查一年级新生的身高和体重时，详细地记录了所有的材料。我们在一起聊了一会儿天，翻阅了他的记录。使我惊叹不已的是，他已经进行了二十七年的统计。

我问："您为什么要记这些呢？"

医士回答说："这是一项很有意思的事。您看，二十七年来，孩子们的身高平均增加了四点五公分。是啊，我能再多活他三十年该多好啊！"

当时，还没有人想到过孩子们会加速成长的问题。战争开始时，医士患了重病，他把自己的记录交给了我。我从学校工作的第一天起，就开始记录儿童的身高、体重和他们智力发展情况的资料。现在，我掌握着五十九年来该村儿童发育的资料，我认为这是极为珍贵的材料……

三十二年来，每年开学后的前两周内，我都要记录下儿童的知识面和概念的一些材料。每年都要让儿童回答同样的一些问题。

例如：从一数到一百……说出你知道的植物、动物、鸟类的名称……叫出你所认识的机器的名称，说说它们有哪些用处……

我觉得，儿童对这些问题的回答同样具有重要的价值。例如，有些资料是值得注意的：在 1935 年，三十五名一年级新生中能从一数到一百的仅一人，能数到二十的有五人（当时，儿童是 8 岁入学）。到 1966 年，三十六名一年级学生中能数到一百的有二十四人，其余的十二人能数到二十、三十、四十（儿童 7 岁入学）。儿童对机器和工艺流程的知识逐年增多。但遗憾的是，儿童对于植物、动物和鸟类的知识却逐年减少。

1935 年时所有的三十五名儿童都看到过朝霞，能描绘日出的情景。1966 年时，三十六名一年级新生中在六月份看到过朝霞和日出的只有七名。

我在自己的日记里还记录着，学生家里有哪些书，家长受到过何种程度的教育，父母用多少时间来教育儿童。把这些材料进行比较，也很有意思。

在我的日记里，关于后进生的记载占有重要的地位。我认为，注意观察他们在课堂上和家庭中行为上和脑力劳动方面最细微的变化，是非常重要的。把观察和记录下来的情况加以思考，对教师的工作有很大的帮助。例如，我考虑到有些儿童思维活动迟缓，知识面相对的要受到局限，从而得出一些结论，说明这些儿童应该读哪些科普读物，以及他们应当怎样读这些书籍。

记日记还有助于集中思想，对某一件事进行深入思考。我在日记里专门留出几页，用于记录有关知识的巩固性的想法。把这些记录加以研究、比较和分析，就能看出知识的巩固性取决于许多先决的前提和条件。记日记能教会我们思考问题。

【问题与思考】

1. 你有写教师日记的习惯吗？你认为教师日记应该具备哪些功能？请尝试详细列举一下教师日志应该重点记录的内容。

2. 网络时代，许多人都通过博客来记录自己的教育教学生活，你认为通常的记录有哪些不足？可以如何改进？

3. 你打算写教师日记吗？打算如何写教师日记？

〔10〕给儿子的第二十一封信①

亲爱的儿子，你好！

你请我就如何经济地和合理地（这完全正确——合理地）利用时间给你提些建议。你抱怨说："工作一件紧接着一件，转眼间一天就过去了。原定要做的事情结果没有做完。"从你的来信中，我清楚地知道，在你的身上，压着一大堆要做的事，就像你说的那样，来不及读完建议你读的书。

根据我的经验，向你提出几点建议。

1. 第一位的和最主要的（关于这一点，早在去年我就写信给你说过），就是善于在听课过程中节约并积累时间。如果不善于听课，会导致大学生在脑力劳动中出现"紧急动员"的时候。测验与考试的前几天，他就一股劲地死啃课堂笔记本，在测验的时候，就开夜车，一昼夜只睡两三小时。他把每天应当做完的工作都堆积到这"紧急日子"里来做。据我计算，这种"紧急日子""紧急动员"的日子，一年之中加起来，不少于五十天，这差不多是全年工作时间的1/4。这里隐藏着时间不够的一个最主要的根

① 《育人三部曲》，735页。

源。必须防止这种“火急地”昼夜不眠地啃课堂笔记的做法。要学会在课堂上思考大纲，每天复习笔记，哪怕只用两小时也好。我建议你把笔记分成两项：第一项内记上简要的讲课内容，第二项内记上需要思考的问题，这里要记中心的主要的问题。这是个构架，这门课程的全部知识都联结在这个构架上。这些构架似的问题需要每天去思考。与思考相关联的就是每天要阅读，这是我过去说过的。如果你能按照这个要求去学习每门课程，那你就不会有“紧急动员”的日子了，也就不需要在考试和测验前死啃笔记了。课程的构架是一个独特的大纲，在它的基础上再去记忆这门课程的全部材料。

2. 如果你想有充裕的时间，那你就要天天读书。每天你要仔细阅读几页（4～6 页）科学文献，这些文献资料在某种程度上与教学科目都有联系。集中精力阅读，深入思考。你所阅读的内容，就是你用以治学的基础，基础越牢固，越雄厚，学习越容易。你每天读的东西越多，你的时间储备就越充足。

因为在你阅读的东西之中，有千百个接触点，这些点同你在课堂上所学的材料连接起来。我把这些接触点称之为记忆的锚。它们把必须学到的知识同围绕人的知识的海洋连接在一起了。

要学会强迫自己每天读书，不要把今天的工作放到明天去做。今天丢弃的东西，明天怎么也补不上了。

3. 要从早晨 6 点钟左右开始你的工作日。5 点 30 分起床，做早操，喝一杯牛奶（不要养成喝茶的习惯，成年以后喝也来得及），吃一个圆面包，开始工作。如果你习惯了自己的工作日从 6 点开始，那就要再努力提前 15 分钟着手工作。这是良好的内在动因，能促进整天的工作。

清晨起来，上课以前，用功一个半小时，这是黄金时间。凡是早晨我能做到的事，我都要把它做完。30 年来，我一直坚持从早晨 5 点钟开始自己的工作日，一直工作到 8 点。30 本有关教育学方面的书，以及三百多篇其他方面的学术著作，都是利用早晨 5 点到 8 点的时间写成的。我已经养成了脑力劳动的节律。即使我想在早晨睡觉，也做不到，因为在这个时间我要全身心从事脑力劳动。

我建议你用早晨一个半小时去完成最复杂的创造性的脑力劳动。去思考理论的中心问题，钻研艰深的论文，写专题报告。如果你的脑力劳动带有研究的成分，那只能利用早晨时间去做它。

4. 要善于制定自己的脑力劳动的制度，这具有多方面的意义。我是指事情的主次关系而言。主要的事要善于安排时间去做，不要把它挤到次要的地位上去。主要的事情要天天去做。要确定哪些是最重要的学术问题，你能不能成为工程师，要靠对这些学术问题的理解程度。一系列的问题是相互渗透的，它们贯穿在许多学科之中。主要的学术问题，应当利用早晨脑力劳动时间放在第一位去钻研。要善于寻找那些有关主要学术问题的最基本的书籍、科学著作，并且仔细认真地去钻研它们。

5. 善于给自己创造内在的动因。在脑力劳动中，许多事情并非都是那么有趣，都是你非常想去做的。平日经常的也是唯一的动因就是工作需要。脑力劳动正是从此开始的。要善于把思想集中在理论的细节上，而且要集中到这样的高度，以至渐渐地把“我需要”变成“我想要”。最有趣的工作总要放在工作快结束时去做。

6. 书刊的大海包围着你。在大学年代，必须很严格地选择你要阅读的书刊。求知心切，酷爱学习的人想读所有的书。然而这是不可能的。要善于限定阅读范围，超出这个范围，那就要违反劳动制度。但是同时也要记住，随时都会出现你预先未列入计划的必读的新书。为此必须有备用时间。正像我已经写给你的那样，这些备用时间是由于善于进行课堂学习，善于做笔记并防止了“紧急动员”而挤出来的。

7. 要善于对自己说：不。大量的活动围绕着你。有科学小组、文艺活动小组、运动队、舞蹈晚会以及许多可以消磨时间的俱乐部。你要善于在多种多样的具有诱惑力的活动中做出果断的抉择，因为假如参与活动过多必定会给你带来很大的损害。娱乐和休息都是必要的，但是不能忘记主要的东西：

你是个劳动者，国家在你身上花费了许多钱，因此，占第一位的不应该是跳舞，而应该是劳动。为了休息，我建议你下下棋，阅读一些文学作品。在极度寂静中聚精会神地下棋，这是调节神经系统，使思维条理化的最好方法。

8. 不要虚度时光。我指的是空谈，白白地浪费时间。时常有这样的情况：

几个人坐在办公室里，像俗话说的那样，扯起闲篇来了。一个小时，两个小时过去了，什么事也没有做，在这种闲聊中，什么高明的见解也谈不出来，而时间却一去不复返。要善于把自己和同志们的谈话变成充实自己精神世界的源泉。

9. 要学会减轻自己以后的脑力劳动，我指的是要善于建立未来的时间储备。我的方法是必须养成系统地记笔记的习惯。我现在有40本笔记。每一本笔记都用来记载关于教育学的某个专题方面的思想，这些思想既是清晰的，又仿佛是昙花一现的（这些思想“习惯”于只在头脑中出现一次，不再复现）。我在笔记中记载了我所阅读过的某一方面问题的最有趣的、最鲜明的思想。所有这些都是将来有用的，都能很好地减轻脑力劳动。我知道你也有笔记，但没有形成制度，要建立记笔记的严格的制度，这样将来这些积累必定会有助于学习。

10. 对于每一件工作，都要寻找最有效的脑力劳动的方法，避免公式化和老套子。要不惜花费时间去深入地思考那些同你有关的事实、现象和规律的实质。你对问题思考得越深刻，记忆就越牢固。在没有理解之前，就不要费心去记它，这样做会白白地浪费时间。一看就懂的东西，不必细读，浏览一下就行了。不深入地草草阅读那些尚没有理解的东西是不行的。任何“走马观花”“不求甚解”都会迫使你不得不回过头来对某些事实、现象和规律多次回过头来予以重新认识。

11. 如果住在一个房间里的人不能达成协议去共同严格遵守某些要求，任何个人的脑力劳动都不能顺利进行。因此首先必须严格地约定，在一定的时间内严禁聊天、争论或做破坏宁静的事情。在集中精力从事脑力劳动的时间，每个人都必须完全独立地进行工作。

12. 脑力劳动要求逻辑思维和形象思维互相交替进行。你可以交替地阅读科学文献和文艺书籍。

13. 要改掉某些坏习惯，我说的是：像开始工作之前闲坐15～20分钟；毫无必要地去翻阅明明不需要阅读的书本；睡醒了，在被窝里再躺几分钟等等不良习惯。

14. “明天”，是勤劳的最危险的敌人。任何时候都不要把今天该做的事情搁置到明天。而且应当养成习惯，把明天的一部分工作放到今天做完。这将是一种良好的内在促进因素，它对整个明天都有启示作用。

15. 任何时候都不要停止脑力劳动，哪怕一天也不要停。夏天不要丢开书本。每天都需要用知识珍品来充实自己，这是脑力劳动所必需的时间来源之一。这就是15条建议，也可以叫戒律，我认为，这15条是每个大学生都应当遵守的。

祝你身体健康，精神愉快！

你的父亲

【问题与思考】

1. 这虽然是苏霍姆林斯基给儿子的信，但对教师尤其是新教师也非常合适。请分析一下自己的习惯，你认为哪些习惯是不好的，哪些习惯是好的，那些不好的习惯，你打算采取怎样的方法改正？你能为自己改正不好的习惯，或者养成一些好的习惯列一个时间表并及时反馈吗？

2. 不妨将习惯的养成，与记录教育日记结合起来。

解　读

苏霍姆林斯基曾经引述乌申斯基的话："没有教育者个人对受教育者的直接影响，就不可能有深入性格的真正教育。只有个性才能影响个性的发展和定型，只有性格才能养成性格。"

在他看来，教师成长，从根本处不是一个不断丰富工具的过程，而是一个自我塑造的过程。在这种塑造中，高尚的道德品质、对教育教学的全心热爱、丰富的专业技能……这一切，都必须和谐地熔铸成为教师的个性，然后才能真正地产生教育的力量。一个不具备高尚品质的教师，不管教育语言多么精妙，也无法培养出具备高尚品质的学生；一个对知识持冷漠态度，知识并未化为自身信念的教师，也必然只是一个知识搬运工的角色，而搬运至学生头脑中的所谓知识，也必然难以发挥真实的力量；最重要的是，一个不热爱教育，不热爱孩子的老师，最终也无法真正地赢得孩子的信任，而没有信任，教育便无从谈起。

所以，在苏霍姆林斯基看来，最重要的，是对孩子的睿智的爱；最核心的，是拥有丰富的专业技能；然后，再穿越重重岁月的磨砺，才可能有教师的真正意义上的成长。

一、睿智的爱

苏霍姆林斯基曾经描述过这样一个案例：

一位数学教师退休了。他在学校里工作了35年，把数以百计的年轻学生送上了遥远的生活征途……而现在，他告别学校的日子到来了。上课前，全体师生集合在校园里枝繁叶茂的椴树下。人们向他赠送礼物，激动地说着告别的话语，老教师感动得不能回答这些良好和诚挚的祝愿了。

亲爱的同志们，在这样的庄重和忧伤的日子里，我们有谁能不心潮起伏呢？是的，这是个忧伤的日子，因为对一位不能再走进教室讲课的老师来说，欢乐已所剩无几。人们没有庆祝和祝贺他退休，只是衷心希望他安度晚年。诚然，也希望他积极参加与学校紧密相关的社会活动，并请他常来学校……但我们每个人都知道：不论退休老人与学校的友谊多么牢固，这已不是学校日常生活的那种焦虑……

……放学以后，全体教师又聚集在苹果树下坐了坐，谈了谈，人们再一次向退休的同事说出良好的祝愿。

坦白地说，在学校里没有人喜欢这位数学教员。学生尊敬他，是因为他精通数理，学识渊博，但在这种尊敬里没有温馨和诚挚的情感。在教师的语言里，孩子们常常感到他对于他们的某种轻蔑和姑息。他们无法用语言表达出这种细腻的感觉，可是他们感受到了这一点。听他的课，学生精神紧张，有时甚至气恼，因为他存心在你听不懂的时候“逮住”你，然后就记上个不及格的分数。孩子们都感到，此时此刻，数学教员似乎很高兴——他的权势能凌驾在学生之上。

教师们也不喜欢这位同事的冷漠，但他们跟学生一样敬重他精深的学识，谁也不想深究这位数学教员与他们之间业已形成的琐细而繁杂的关系。

然而今天，该跟集体告别了。“亲爱的朋友，跟一位珍爱和亲切的人分手，我们是多么难过啊……”当校长说到这里时，老数学教员突然哭了起来。大家寻思：这么说，我们认为他冷漠是个错误……他是爱学校的……

老教师低着头，陷入了沉思，仿佛忘记了他面前还有30位同事。他说出的话使大家大吃一惊。

“我亲爱的朋友们，我不想把已经压了我好些年的话埋在心里。最近以来，我用理智认识到了我的心在30多年里未能感觉到的东西。”

“我从来也没有爱过孩子……每当向教室走去时，我的心情都很沉重，我想写调动工作的申请，只是强压在心。我精通数学，但学生不喜欢我这门课，所以也不喜欢我。只是现在，在我工作的最后一个年头，我才懂得，孩子们是最明智的哲学家和最敏锐的心理学家。他们感到我走进教室就像掉进冰窟窿里。我在学校工作了35年了，我现在才明白，这讲桌是碉堡，我从碉堡的墙后向他们进攻。但他们迫使我从进攻转为防御，我总是陷入重围。在我们之间，有一种无法消除的隔膜……

“说出这一点是痛心的，联想到这一点心里都很苦涩。但就让这一点成为年轻人的教训吧。青春一去不复返，已是老之所至，现在，我痛楚而绝望地问自己：我活着是为什么？我的劳动的欢乐在哪儿？谁在回忆起我时会把我当作良师益友，当作一位在稚嫩的心灵里点燃热爱科学之火的人？难怪有这样的话：少壮不明志，老大不成事……我不该来执教。数学——这是我的天赋。我擅长的是数学，而不是教育孩子。”

教师们听着数学教员的话，每个人都深深地沉思着。他们在思考自己的生活道路，他们也在问自己，我处在他的地位将是什么感受？

亲爱的同志们，就让我们一起来想一想这个不愉快的生活故事吧。而且，应当想一想这个故事的不只是教师。是谁在教育我们的孩子？他们的教导者是些什么人？教育的航船将驶入狂暴的大海，那里可能有漫天的迷雾，有海底的暗礁，有险恶的天气，有掀起巨浪的风暴，这航船的舵把该交到何人之手呢？……

这位数学教员在自己的艰难生活行将结束时，才明白他选错了路，他的悲剧故事（我斗胆地用这个词来称呼它，并不担心用词不当）给那些为“谁能当教师”这个问题焦虑的父亲、母亲和正在思考的教师做出了回答。

不，不是每个人都能成为教师的，正如不是每个人都能成为医生、工程师、花匠和农人一样。各行各业都需要天赋，任何一种创造性劳动都需要有活跃着的灵感的火花（在我们的社会里，无论什么劳动都具有创造性），而在所有劳动活动的种类中，教育工作绝无仅有的突出特点是：这一工作的客体和对象是人，而且是一种特殊的人——理智、情感、意志、性格、观点、信念尚处在形成时期的童稚个体。

教师，这不仅是把知识和技能传授给学生的人，而且，就像父母一样，首先是孩子向他学习生活的人。孩子认知世界的主要方法，是仿照他们每天见到的那些身边的人的行为。是这些人在关心他们，在向他们提出要求。

在孩子面前展现出来的通往周围世界的第一个窗口，是父母和教师的个人榜样。众所周知，孩子具有模仿的能力，他模仿的，是他在对他具有威信的人身上看到的东西。而对孩子来说，教师的威信不但不亚于父母，有时甚至比父母更高。孩子往往视教师为楷模，相信他的每一句话，无条件地完成他的要求。但如果在教师那里出现了某种行为，破坏了孩子对他的信赖，在孩子的心灵里就会酿成第一幕悲剧：发生怀疑，产生不信任感。

这位数学老师，正是许多教师的写照。他的悲剧，不在于“专业发展”不够，而在于“职业认同”出了问题。他有很好的数学专业素养，但是却给人生留下了巨大的遗憾：他没有从职业中获得成就感和幸福感，没有从学生那里获得应有的尊敬。

所以，在教师成长中，最重要的东西是什么？

苏霍姆林斯基在《致未来教师的信》中清楚明白地说：

> 亲爱的朋友，未来的教师！在我们的劳动中，最核心的是把自己的学生视为活生生的人。教学——不是把知识从教师的头脑搬入学生的头脑，而首先是教师和学生的活生生的人际关系。

这揭示了教育教学最深的奥秘，也揭示教师成长中最重要的东西：与学生建立活生生的人际关系。教育教学的本质是一种关系，是师生之间围绕知识、围绕创造、围绕意义、围绕生命本身，围绕一切伟大事物展开的生生不息的关系。

在这种关系中，居于核心的，是教师对学生的爱。

教师为什么必须热爱儿童？（现在有一种论调，认为教师无非是一种职业，这是将教育的特殊性抹杀了，将教育视为和工业生产性质相同的工作的极端有害的观点。）

原因并不复杂："不爱儿童，就不可能了解儿童。"不了解儿童，就不可能有教育发生，而只存在应试层面上的知识传递。苏霍姆林斯基打了一个形象的比喻："教师不爱学生，无异于歌手没有嗓音，乐师没有听觉，画家没有色彩感。"所以，对不热爱儿童的教师来说："要么必须离开学校另请高就，要么培养自己对学生的爱，二者必居其一。"

那么，究竟什么是教师的爱？

与通常的理解相反，苏霍姆林斯基鲜明地指出：

> 这里讲的不是本能的爱——它缺乏生活哲理，它有时会给儿童带来很大害处。这里讲的是理智的人道的爱——它因对人性的深刻认识和对个性一切长短的深刻理解而充满崇高精神，它能防止非理性行为与激励诚实和高尚行为。这种爱是教导人生活的爱，这种爱不是轻浮的爱——它要求集中心灵的全副力量，并把这种力量始终不渝地奉献出来。

本能的爱是教师之爱的基础，但教师之爱并不是本能的爱。因为本能的爱往往是没加分辨的、没有方向感的，缺乏理智参与的、纵容的、非理性的爱。（许多爱学生的老师，把班级或教育教学搞得一团糟，最后往往由爱生怨，这样的例子太多了。）而教师之爱，应该成为发展学生的最重要的力量。

而教师之爱，从根本上是一种理智的人道的情感，或者说，是睿智的爱。

首先，这种爱是面对全体学生的，没有一个学生会在爱的阳光普照之外——无论他多么顽劣。这里包含了一种理性，即充分认识到学生的多面性，而爱，意味着教师认为，不存在没有值得肯定的品质的学生，而爱不是欺骗学生的策略，就是基于对一切学生的这种肯定。相反，本能之爱往往会导致对一些学生的不爱，这在教育中是有害的。

睿智的爱，不是爱学生身上的一切，而是爱他们身上美好的一面与可能美好的一面。用苏霍姆林斯基的话来说："注视你的不是纯净、诚挚、坦荡的目光，而是伪善、蛮横的眼神。对这一切难道也可以爱吗？不，我爱的不是他现在这副模样，而是他应当成为的那个模样。儿童心灵里的脓疮和溃疡总有一天会被根治，儿童眼里也总有一天会荡涤那伪善的讪笑，闪耀出高尚的精神美的光辉，我爱的是这时候的这种真正的人，因为他身上包含着我心灵的一部分。"睿智之爱总是包含着期待，包含着对学生可能性的肯定，这种积极的肯定会深刻地塑造学生。这份睿智表现在哪里？表现在一种必要的分离：对错误绝不宽容，对灵魂无限爱护。即"具有把邪恶与儿童本人区分开来的巧妙能力"。

显然，在这里，爱不是教师自身的降低迎合，而是包含了理智的判断，更包含了一种尺度，这种惊讶会向儿童不断地提出苛刻的要求，要求他们努力地使自己的行为符合这份期待。

因此，睿智的爱总是基于对儿童的理解，基于对儿童的尊重，基于对儿童的信任。它不只是一种姿态，更是一种能力；它不只是一种能力，更是教师活生生的个性的体现。当教师用自己高尚丰富的自我去与儿童的自我发展关系，儿童就会被这份爱所唤醒并积极回应。

所以对教育教学而言，睿智的爱，是一个必需的起点。但它同时又是终点，是"我们的教育修养和思想感情的顶峰"。而从起点到终点的穿越旅程，就是专业发展的旅程。

二、阅读，教师成长的必经之路

在苏霍姆林斯基看来，教师必须"一辈子备课"。教师为课程所做的主要准备究竟是什么呢？

这就是阅读。要天天看书，终生以书籍为友，这是一天也不断流的潺潺小溪，它充实着思想江河。阅读不是为了明天上课，而是出自本性的需要，出自对知识的渴求。如果你想有更多的空闲时间，想使备课不成为单调乏味地坐着看教科书，那就请读科学作品，要使你所教的那门科学原理课的教科书成为你看来是最浅显的课本。要使教科书成为你的科学知识海洋中的一滴水，而你教给学生的只是这门知识的原理。到这个时候，备课就不需要花几个小时了。

优秀教师教学技艺的提高，正是由于这种经常性的阅读不断地补充了他们的知识海洋，如果在从事教育工作初期，教师所掌握的知识与应当教给学生的基本知识的比例是10∶1，那么，到了15～20年工龄的时候，这个比例应当成为20∶1，30∶1，50∶1，而这一切全靠阅读。在教师的知识海洋中，教科书一年比一年成为愈来愈小的一滴。问题不仅在于教师的理论知识有数量上的增加。数量转变为质量：衬托着教科书的背景愈宽广，犹如微弱的光线在明亮的光流中一样，那么，建立起教学技艺的基础的业务品质就表现愈明显，这就是在课堂上叙述教材（讲述、讲演）时分配注意力的能力。例如，教师在解释三角函数，但他所想的主要不是函数，而是学生：他观察每个学生怎样学习，那个学生遇到什么理解、思维和记忆上的困难。他不仅教课，而且在教课的过程中培养学生的智力。

也就是说，唯有阅读，才能让教师具备强大的智力背景，并完成多重解放：从繁杂的工作中解放出来（效率提升，备课时间缩短，更多创造性时间），从知识中解放出来（从关注知识转移到关注学生）。

那么，到底应该读哪些书？苏霍姆林斯基建议：

青年朋友，我建议你每月都要买这三种书籍：（1）关于你所教的基础知识的那门科学的书籍；（2）关于作为青年楷模的那些人的生平和斗争的书籍；（3）关于人，特别是儿童和男女青少年的心灵的书籍（心理学方面的书籍）。

这“三种书籍”，其实隐含了专业阅读的结构，这与新教育教师专业发展项目所提出的阅读结构是极其相似的：

（一）本体性知识（即“所教的基础知识那门科学的书籍”）

苏霍姆林斯基说：

> 我们认为很重要的一点是，教师在学校里教的是科学基础学科，他应当能够分辨清楚这门科学上的最复杂的问题，能够分辨清楚那些处于科学思想的前沿的问题。如果你教的是物理，那么你就应当对基本粒子有所了解，懂得一点场论，能够哪怕是粗略地设想出将来的能源发展的前景。教生物的教师则需要懂得遗传学发展的历史和现状，熟悉生命起源的各种理论，知道细胞内部发生的生化过程。

例如，对语文老师而言，本体性知识至少包括：文本解读能力、语文课程设计能力、修辞知识、大量的文本阅读（名著、文言文、时文等）……

本体性知识能力高下的标志是：

（1）拥有与本学科相关的强大的基础知识，能迅速而熟练地解决本学科的专业问题；

（2）对本学科的重要专家以及重要著作有比较深入的了解，并对其中最重要的部分进行过深入研读；

（3）能跟踪本学科前沿发展；

（4）能恰当地根据学生情况的不同向不同的学生推荐不同的书籍。

（二）教育学心理学知识

如果说修炼本体性知识，强调的是对知识的洞察力，那么，教育学心理学的阅读，则强调修炼对人（尤其是儿童，也包括自我）的洞察力。

苏霍姆林斯基说：

> 教师的教育素养的一个很重要的因素，就是要懂得各种研究儿童的方法。教育素养在很大程度上取决于，教师是否善于在儿童的脑力劳动和体力劳动过程中，在游戏、参观、课外休息时间内观察儿童，以及怎样把观察的结果转变或体现为对儿童施加个别影响的方式和方法。

（三）其他阅读

苏霍姆林斯基还强调了要阅读“关于可以作为青年们的学习榜样的那些人物的生活和斗争事迹的书”，这其实讲的是自我认同以及职业认同的问题。即不但学生需要榜样的激励，老师同样也需要榜样的激励，需要榜样帮助自己坚定信念和明确方向。

需要说明的是，苏霍姆林斯基极少说到教师的自我认同的问题，也就是说，教师必须回答“我是谁”这个问题。因为在苏霍姆林斯基的时代，这个问题是不必加以讨论的：大家都是共产主义接班人。我们要做的，只是将共产主义修养内化为自身修养，并以学生可接受的方式传递给学生。

但在我们这个时代，显然这是不够的。固然不妨将共产主义当成我们的政治语境，但它无法取代一切，尤其是无法抹平丰富的个性，教师仍然应该追问：我是谁？一如苏霍姆林斯基所强调的，必须自觉地形成自己的个性。

这种个性，似乎可以包括三个层次：最外层的是“文化自我”，即对教师自身呼吸其间的元语言的追问和清晰化。所谓元语言，即“我”所由来以及生活其间的文化传统。中间层的，则是“专业自我”，即教师必须形成自己的专业框架，拥有合宜的专业思想和丰富的专业技能，这是专业发展最重要的部分。但最核心的或者说最高一层，则是“个性自我”（这是个很矛盾的词语，其实就是“个性”或“风格”），即将上述一切统摄进自己的独特的方式之中，最终形成鲜明的个人风格，这种个人风格，就是活生生的个性，是教师成长最终形成的东西，是一种个性化的活生生的我。

吸纳苏霍姆林斯基关于阅读的重要思想，新教育实验网络师范学院也形成了自己关于阅读的共识：

1. 奠定一个人扎实的专业根基的，是专业领域的根本书籍；形成一个人优良的阅读品质的，是知性阅读（啃读较难但仍在自己的最近发展区之内的图书，“最近发展区”意指，自己竭尽所能方能抵达的上限，与在他人、其他铺垫性书籍，以及共同体相互启发下所能达到的上限之间的区域）而非感性阅读。守此核心，则阅读尽可以广泛与感性。

2. 结构决定功能。每一个专业领域（甚至每一个专业问题），背后均隐含了一个最佳的知识结构。专业阅读，要在保持自身优势的同时，努力追求结构的均衡。守此中庸，则阅读可顺着生命密码而形成不同的特质（例如文青型、理论型，等等）。

3. 阅读，既是修炼本领，又是认识自我，前者通向专业发展，后者通向职业认同，二者既有差异又紧密相连，不可分割，并最终形成“个人风格”。这种个人风格，越同时且深入地思考和容纳文化根基、专业根本和个人特质，越丰富、深刻和成熟。

4. 阅读不能脱离生命以及专业实践。相反，阅读照亮生命及专业实践，生命及专业实践又反过来促进了阅读的深入，这是个循环不止的过程。

三、教师如何做教育研究

教师应该成为研究者。

苏霍姆林斯基三十多年的教育教学实践，就是一个阅读、写作与研究的典范。而我们所学习的，就是苏霍姆林斯基长期深入研究的辉煌成果，这本身就给我们以启发。

苏霍姆林斯基都研究过哪些问题？从宏观上讲，人的全面发展的问题、儿童的道德养成问题、不同时期儿童的思维发展问题、记忆力的问题、家庭教育的问题、阅读问题，等等。从微观上讲，第一次教授新教材的问题、批改作业的问题、时间利用的问题，等等。而贯穿始终长期孜孜不倦进行的，是教材研究（两套大纲等）以及学生研究（主要是后进生的研究）。

苏霍姆林斯基的研究取得了丰硕的成果，这些成果直到现在还远远未被充分地理解和运用。或者说，现在我们所进行的大部分教育教学研究，就深入程度和取得的成果而言，还远远不能和苏霍姆林斯基相比，反而显现出两极化：学院研究的高飘、不切实际，与基层研究的轻率、粗疏。那么，苏霍姆林斯基取得丰硕成果的奥妙在哪里呢？

首先，苏霍姆林斯基有高度的专业素养，这是一般人难以企及的。这种高度的专业素养包括教育学及心理学素养，他不但继承了苏联教育学心理学方面的遗产（其中有不少他的同时代人），对乌申斯基（俄国）、马卡连柯、赞可夫、巴班斯基、维果斯基等人的理论有深入的研究，而且视野广阔，对皮亚杰、杜威等人，也有广泛的涉猎，并且很注意世界领域一些新的研究成果的出现。也就是说，没有扎实而深入的教育学心理学素养，教育研究往往肤浅化，难以深入。而要有扎实而深入的教育学心理学素养，教师必须经常性地研习专业经典。

专业素养当然不止这些，学科专业素养更为重要。没有精深的学科知识研习，透彻地研究教材就是不可能的。

其次，是对教育教学实践中重要主题的长期持久的聚焦。苏霍姆林斯基的许多研究，都是持久多年聚焦的结果。例如自动化读写问题，就经历了漫长的观察研究。学生的思维发展问题，更是无数案例的总结。

最典型的是后进生的研究：

在35年时间内，经过我的手教育过共107个孩子，这些孩子我可以有把握地把他们称为能力差的、甚至智力差的孩子（“智力较差”这个说法，是对问题的实质的最确切的表述了）。从5岁到15～16岁（占上述人数的一半），而后又到17～19岁（占上述人数的另一半），我们对这些儿童进行了专门的教育工作。为了查明学生智力不正常的原因，我调查了两千多个家庭，了解儿童的遗传、日常生活、营养和精神生活的情况。我终于看到：这些智力不正常的原因，在每一个个别情况下来说，好像是一层一层地累积起来的：最初是一个原因在起作用，后来又加上第二个原因。最初的原因往往是儿童在婴幼儿时期生过什么病：风湿病、软骨病、脑膜炎等。但是，如果没有第二种不良的影响——儿童早期受到了不正确的教育——来加重这种状况的话，在许多情况下还不至于造成严重的后果。在某些情况下，后一种状况成了使儿童在发展方面落后的主要原因。说到儿童早期的不正确的教育，我是指许多各种各样的条件的综合。虽然不一定确切，我认为还是可以把一些主要的原因找出来的。

所有107名原来在发展上有重大障碍的儿童，后来都成了充分够格的有教养的人。他们当中有55人在十年级毕业，25人在读完七、八年级后升入中专并受到中等专业教育，17人毕业于职业学校和中等夜校，8人经过培训班而掌握了一门专业。2人由于严重患病，未能按时上完八年级，但在数年后还是完成了八年制的教育。107人中，有13人受到了高等教育。

这种研究的数量之多，时间之长，钻研之深入，成果之丰硕，均令人赞叹。可以说，在苏霍姆林斯基这里，研究本身就是一种教育教学的方式，甚至是一种生活方式。

最后，在这个研究过程中，教师日记，是非常有价值的一种方式。苏霍姆林斯基记了32年的日记，这自然而然地成了一笔巨大的财富。教师日记不但记录了大量的丰富的现象（例如关于后进生的描述），也记录了大量的思考。这些，都是以后进行研究的资料。

当然，博客兴起后，自觉写教师日记的人越来越多了。但是，教育叙事本身也是一门艺术，如何记叙？怎样研究？这本身就是一个研究课题。

或许，最重要的，仍然是苏霍姆林斯基对教育事业的热爱，这是一个总的前提。用他一本书的书名来说，是“把全部心灵献给孩子”。

教师成长是个漫长的、没有止境的过程，在这个旅程中，确实有许多的方法技巧，这些方法技巧也确实很重要，但更重要的是，要将这些方法技巧熔铸进自己的人格里。

如何熔铸？

用睿智的全身心的爱，用孜孜不倦的阅读和探索，用漫长岁月中在教育教学中的沉浸，用几乎全部的心血与热情……最终，熔铸而成的鲜明的人格，才是教师成长真正的目的。这，就是苏霍姆林斯基给予我们的活的启发。

案　例

好老师

我们的社会将成为智慧与劳动的王国，现在，我们正站在这样一个社会的门槛上。在苏共党纲中，作为一个重要的道德品质，对知识、技能、勤劳等是当作一个有机的整体来看待的。为共产主义明天培养人才，首先需要学校、需要教师。把创造性的思维和创造性的劳动变为形成一代新人的有力手段，这就是当今教师能力的本质所在。教师在进行科学知识的教学时，应当把共产主义人道主义的教育贯穿于教学的全过程，让科学知识深入学生的内心世界。为此，教师应该永远把每一个学生都看成是不仅从理智上，而且从感情上接受知识的人。应该把每一个学生都培养成渴求知识、坚信自己的力量、能顽强克服困难的人——这就是现实生活给学校提出的新要求。

我认识很多教师，我们已经完全有权利把他们称之为新型学校的教师了。

战后过了几年，有一个刚从大学毕业的年轻英语教师来到了一所农村学校。她心里有点忐忑不安："上大学的时候我们没学多少教学法，我在这里怎么工作呀……"可实践证明，她这种担心是多余的，没过多久，外语就成了学生们最喜爱的科目。过去，学校里总有不少的孩子不爱学外语，甚至把读外语当成最讨厌的事，校长不得不请这些孩子的家长督促他们学。可现在，孩子们叽叽喳喳，成群结队地去找这位教师，请求她："请帮我翻译一下这个句子"，"您看看，我写的这篇英语短文有没有错误，我准备把它登在墙报上"，"您什么时候有时间，我想让您给我检查一下我写的那篇广播新闻稿”，“这本小书我已经读完了，再给我一本好吗”，等等。

这位精力充沛的女教师总是尽量满足所有同学的要求。学校里过去课外活动开展得不好，安东尼娜·安德烈耶夫娜老师就把孩子们使不完的劲儿引导到这方面来：组织英语晚会，演出英语戏剧，办广播新闻报。为了准备“英国人民文化艺术晚会”，孩子们从厚厚的杂志和文选上查阅文章。在这所乡村学校里，还办起了一个“英国艺术博物馆”——当然，这充其量不过展出了一些复制品而已。

两年以后，安东尼娜·安德烈耶夫娜得到了一次时间较长的休假。她的课临时由一位新老师来代。这位新老师是位有经验的知名教师（他已经有18年的教龄了），可是学生们对待外语课的态度却发生了急剧的变化。他们经常是几周都不看一下外语课本，晚会和演出对他们来讲也都成了对往事的回忆。

后来，安东尼娜·安德烈耶夫娜休假归来，孩子们就又坐下来啃那些难懂的英语文章，校园里又出现了举办英语晚会的海报，“英国艺术博物馆”也活跃起来了，同学们开始同14个国家的孩子们用英语通信。

学校里发生了一件大事：新来了一位年龄比较大的大队辅导员。他叫米沙，中师毕业，有23年的团龄，刚从部队复员。孩子们很快就迷上了他，但是让孩子们着迷的并不是他的组织能力，而是他的雕刻艺术。从童年时代开始，他就学会了用木头、树皮以及埋在土里的坚硬的树根来雕刻鸟、兽、人等各种形象。看到他的刻刀下面出现了片片精巧的花瓣，孩子们的眼睛亮了——这是他在完成自己的作品《杯中花》。这位辅导员不善言辞，给少先队员们讲话的时候总是感到十分窘迫，组织队会对他来讲也是难题。但是，当他一边雕刻，一边给孩子们讲述关于皮格马利翁的美丽传说时，就连那些最坐不住的孩子，也屏住呼吸来听。

学校里出现了好几个孩子们学习雕刻艺术的小组。米沙让他们坚信，他们每个人都能学会雕刻动物形象和人物的半身像。这位辅导员对孩子的创造力给予极大的信任，致使他们经常连续几个小时不离开工作室。原来存放废旧灯管和破抹布的一个小库房，现在开辟成了一个小小的工作间。米沙教给孩子们用可塑性很强的软泥来制作花盆、各种观赏器皿以及鸟兽的造型等。

可是没过多久，这位激励孩子们进行这种创造的辅导员却不得不离开了学校。不管你觉得多奇怪，总之，区团委同意了校长的意见，这位校长说米沙“不务正业”。在这位辅导员离开学校后的最初几周，由他在孩子们心里燃起的那团火还在闪着余光，后来就逐渐熄灭了。让人感到最奇怪的是，过去那些手不离刻刀，眼睛里总是闪烁着创造之光的学生们，现在看着自己的那些劳动果实都无动于衷了。

区教育局给学校派来一个新的数学老师。这个名叫尼古拉·雅科夫列维奇的年轻数学教师得知，五年级每年都有一半学生算术学习成绩差，每班只有两三个人完成家庭作业，其余的都是照他们的抄。高年级的情况略微好一点。

与另外两个他的数学教师同事所预想的正好相反，尼古拉·雅科夫列维奇没有要求教高年级，而是要求把五六年级的教学课给他。起初，谁也没有去听这位新老师的课，可是后来，从学生的反映中，老师们感觉到，在他所任课的班级里发生了一些奇怪的变化。当问到“老师给你们留了什么作业题”时，孩子们莫名其妙地微笑着回答：“我们不做题……我们编题。”不知道是应该感到惊奇还是应该感到高兴，教导主任去听尼古拉·雅科夫列维奇的课了。他在课堂上所看到的，完全不能用教学法的框框去衡量。教务主任简直不知道应该怎么记录这堂课，如何对它进行评价。这位教师并没有拘泥于检查作业、复习、巩固所学等教学环节，而是从数与数之间的联系和相互依赖关系的角度，在学生面前展示了一个全新的大自然的世界。被这个神奇世界所迷恋的孩子们，自己编出来的习题，比习题集里的题更难做、更复杂，但是更容易理解。他们甚至没有感觉到，这是在解题，他们在努力寻找数与数之间相互依赖关系的根源。正像学生们自己所说的，在寻找答案的过程中，“习题本身就迎刃而解了”。在最紧张的时候，下课铃响了，于是尼古拉·雅科夫列维奇建议他们：“好吧，回家再想。”就这样，他们在课间想数学题，甚至在其他课上也想数学题。当教务主任满怀狐疑地向尼古拉·雅科夫列维奇问到家庭作业的时候，他回答说：“您看到了吗，孩子们还没到做家庭作业的时候呢。现在应该做的是，在课堂上丰富他们的头脑，开阔他们的眼界。应该让他们懂得，数学不仅是带刺的荆棘，而且和文学一样也是芬芳馥郁的玫瑰。数学首先是一种思想，一种想了解一切、想判断一切的思想。数学教会人们思考，同时也往人类智慧那无穷无尽的力量中注入信心。它能锻炼人的意志、培养人的性格。您说过，学生们已经习惯于照抄别人的作业，而不愿意独立完成作业。这就说明，这个科目的教育力量还没有在他们面前展现出来。我确信，半年以后，你把现成的答案送给最懒的学生让他抄，他也不想抄了——良心不允许他这样做。我们那些差生，至少有一半是有数学天赋的。我的愿望是，让他们自己感觉到这一点。”

于是，按教务主任的说法，数学在学校里就逐渐成了“占统治地位的学科”。学生们把做数学题不仅仅看成趣事，简直当成一种享受。孩子们经常是成群结队地去找尼古拉·雅科夫列维奇，看着他的眼睛，请求他再搞一次数学课外小组活动。学校里举办数学晚会、数学奥林匹克竞赛、数学问答、数学游戏和数学报告的次数越来越多。在所有这些活动中，五六年级的学生都占有主导地位。

一些高年级学生也被吸引到数学课外小组里来了。尼古拉·雅科夫列维奇并不认为让不是自己年级的学生也参加他的课外活动有什么不合适。可还是出现了一些不和谐音……有一次校长和教务主任找他谈话，话里话外暗示他，说这样做可能会影响其他数学老师的威信。

“为什么他们自己不组织课外小组活动呢?”尼古拉·雅科夫列维奇反问。

校长和教务主任双手一摊，不知道应该做何回答。可以这么说，几乎所有七至十年级的学生都来参加尼古拉·雅科夫列维奇的课外小组活动了。后来有一位数学老师要求调动工作，他调离学校以后，校领导就让尼古拉·雅科夫列维奇教九年级和十年级的数学课。到学年末，他所教的年级，数学已经没有差生了。除了同其他优秀教师一样具有丰富的本学科知识以外，他还有一种十分可贵的品质，那就是对学生的绝对信任。那些差生，只有当他们取得了初步成绩以后，他才对他们做出评价。“某个学生今天没完成作业，明天会完成的；一些定律和公式，第一次讲解以后他不懂，下一节课上，或者个别辅导以后他就会懂的。”在老师这种信念的影响之下，连那些最“不可救药”的懒惰学生也产生了克服困难的愿望。在尼古拉·雅科夫列维奇与学生的关系之中，充满了一种互相信任的气氛。一部分学生在一定的时间段里按照专门为他们设计的方案进行学习——解决和编写那些比较容易的习题。这位老师坚信这样一条原则：学生们少学一点，总比根本不学要好。

尼古拉·雅科夫列维奇每天所从事的工作都充满了一种创造的气氛，这种气氛终于感染了全体教师。

新来的校长支持这位天才教师的每一个想法，经常找他去征求意见。过去，在校务会议上，老师们总是耐着性子去听那些枯燥无味的报告，现在情况改变了，经常进行的是具有创新色彩的学术讨论，老师们所讨论的都是那些十分尖锐的实际问题，每个人都充分发表自己的意见。诸如这些问题："怎样才能让学生在课堂上认真听讲"，"学生们认为什么样的课是好课？而老师又如何看待这个问题"，等等，老师们讨论起来个个兴趣盎然。

共产主义建设的蓬勃发展，对老师不断提出新的要求。现在的问题是，不能让我们社会中的任何一个人不受教育。而要达到这一目的的决定性条件就是要有好的教师。

真正的教育者，即能为受教育者点燃知识的明灯并帮助他们克服困难的人，才能成为这样的教师。当今时代，我们的生活中到处充满了高尚的道德品质和高涨的劳动热情，在这样的时代，做一名好教师，仅仅精通自己所教的科目是远远不够的。做一名好教师的一个主要条件，就是相信人的力量，善于发现人的积极因素。高尚的道德品质，现在也已经成了教师教学技能中的一个重要条件。这样，那些非常善于发现人的积极因素，相信人的力量的教师，能够征服自己学生的心也就毫不奇怪了。一名教师，之所以能够受到学生的热爱并在学生中享有崇高的声誉，并不仅仅由于他精通自己所教的科目，还由于他能把对自己科目的热爱和对学生的热爱在内心深处结合为一个整体。

一名刚从大学毕业的年轻物理教师来到了我们州的一所中学，他当年也是这所中学的毕业生。与他的前任们不同，他深信，真正的物理课，首先在于实验和研究。刚一开始工作，他就请求学校给他提供一间实验室。校长对他的这一请求感到疑惑不解，因为学校里已经有设施十分完善的物理实验室了。"不，物理实验室是供全体学生上课用的，"这位教师反驳道，"我们需要的是供少年物理爱好者使用的一间实验室。另外，我们还必须要一间供自动化装置和遥控机械小组开展活动用的工作室……"尽管在列昂尼德·亚历山德罗维奇工作的最初几年里学校既没有给他实验室，也没有给他课外小组的活动室，他还是以饶有兴致的创造性劳动把孩子们吸引到了自己的周围。这位年轻教师一到课余时间就去摆弄那些车床、钻床或者虎钳。少年物理小组看来是从最简单的事开始的，但这却非常重要：每个想参加自动化装置和遥控装置小组活动的学生，都要亲自制造一套劳动工具：小锤、圆规、内卡钳等。列昂尼德·亚历山德罗维奇为学生做出了示范：他所制造的工具，既实用又像工艺品一样精美。他干得那么投入，乃至你和他在一起工作的时候，也会被他的精神所感染而喜欢上这项工作。

教师对自己工作的热爱就像一把火，它在孩子们心中点燃了无比的热情。孩子们看到，自己所工作的地方可以变得那么美、那么舒适，在自己亲手制作的一尘不染而又光彩照人的车床上工作又是多么惬意呀！于是每个人都想把自己工作的地方收拾成那个样子。为使自己的机床成为最好的机床，一场竞赛就这样悄无声息地开展起来了。孩子们先是感觉到，然后又真正理解到，修造自动化装置和仪器的精巧而又细致的工作简直就是真正的艺术，而列昂尼德·亚历山德罗维奇就是进行这方面工作的艺术家，向这样的人学习才是最大的幸福。这位教师成了男孩子和女孩子心目中的理想人物，特别是那些酷爱技术创造的人，尤为如此。

还是在列昂尼德·亚历山德罗维奇开始工作的第一年里，他就想设计制作一套自动化生产线的工作模型——把车床和钻床按一定的操纵程序连接到一起。这位年轻教师有一个最可贵的品质：他善于让每一个学生都积极参与最复杂的工作。学生们是在不知不觉间进行学习的，这就形成了种创造性的力量，这种力量把每个学生和他的同学、老师结合成一个大家庭。在创建自动化生产线的过程中，大部分工作都是列昂尼德·亚历山德罗维奇做的，而小组成员们却把这条生产线看成是自己的事。这位教师在劳动集体中奠定了这样一种相互关系：每个人都把整个集体的成就看成是个人的成就。学生们不仅从老师那里学到了技能技巧，而且还在他的感召下，产生了对创造性劳动无比热爱的感情，坚信这种劳动能给人带来乐趣，能满足人们精神生活的需要。后来，列昂尼德·亚历山德罗维奇终于得到了一间教室，他把它称作“技术创造工作室”。每个小组成员都在这里制作自己喜爱的模型，同时也参与一些集体性的劳动。“在学生没有制造出某种新东西以前，在他们没有对机器进行某种改进以前，在他们成为发明者以前，我不认为对他们的劳动教育已经完成了，”列昂尼德·亚历山德罗维奇这样说，“为了更好地操纵机器，就应该去感受它，而为了更好地去感受它，就应该动手去干。”

培养共产主义一代新人又向我们提出了新的任务：要毫无例外地把每个人的创造天赋和创造能力都开发出来。每个人在走向生活的时候都应该成为全面发展的人，他们能从创造性劳动这一取之不尽的源泉中充分感受到自己生活的乐趣。为了从每个学生身上找到他们最强的方面，开发出他们最适合充分表现自己的能力，所有的教师都应该成为热爱自己工作的人，而且善于把自己学生的工作热情充分调动起来。

人类的劳动是没有止境的。在任何一所学校里，只要给孩子们创造一定的条件，他们都可以对诸如种植粮食作物和经济作物以及建筑事业等产生浓厚的兴趣。如果像列昂尼德·亚历山德罗维奇这样有能力的物理老师一样，学校里还有同样有能力的生物老师，那么学生在这方面的天赋就能充分发挥出来。当然，除了有能力的生物老师之外，还应该有才能出众的建筑师，一砖一瓦能够通过他们的手变成宏伟的建筑物。

文学教师维克多·阿列克谢耶维奇已经在乌克兰的一所中学里工作十多年了，可以毫不夸张地把他称作青年男女心灵的征服者。他不仅接受过大学教育，更重要的是他有能力找到通往每个学生心灵深处的路。

“高尔基的《鹰之歌》去年学过，而今仍在学”，维克多·阿列克谢耶维奇这样说，“不过今年我要讲一些不同于去年的新内容，因为学生是一批新的学生，而每一个受教育者的心灵对于外界感化的要求都各不相同。”在这位老师的课上，学生们不仅自己亲自分析、讲解文艺作品，而且仿佛亲自积极参与了这一诗篇所反映的那场精神斗争。在他的文学课上一直都贯穿着这样一条思想红线：能够开发人的才能和提高祖国地位的劳动是一个人道德高尚的顶峰；人具有通过自己的劳动才能争取到丰富多彩的精神生活的权利。教师的这种思想直接深入了学生的心灵深处。比如在课堂上学涅克拉索夫的《谁能在俄罗斯过上好生活》或者《铁路》，学拉季舍夫的《从彼得堡到莫斯科旅行记》或者高尔基的《母亲》时，都是这样。在分析艺术形象时，维克多·阿列克谢耶维奇引导学生树立这样的信念：自由的、创造性的劳动是人类的理想，争取社会解放的斗争，就是为争取这种劳动权利而斗争，就是为争取由丰富的精神生活带来的幸福而斗争。

这位教师知道，学生当中也有那种毫不理解劳动乐趣的人。无论分析哪一部文艺作品中的人物形象，他都时刻挂记着这些学生。有一个他已经教了 5 年的学生，叫科利亚，就属于那种很难教育的孩子，在他的性格中包含着极大的复杂性和矛盾性。这个孩子深知这样一个简单的道理：只要在课堂上好好学习，就能很好地回答问题，能写与文学课有关的文章，但是他逃避体力劳动，害怕困难，在与同学的关系中表现出自私自利、不关心别人。看到一个少年的心灵如此空虚，没有什么能让他心动，令他着迷，难道能置之不理吗？维克多·阿列克谢耶维奇一分钟也没有忘记，在他的文学课堂上还坐着这样一个学生。在讲述那些修建铁路的无名人物时，在讲述过去那些在争取幸福的斗争中牺牲的英雄时，在讲述老一代奋力争取得来的幸福是他们留给孩子们的宝贵财富时，老师经常提问这位同学，激发他对奴役、强迫人们拼死劳动的旧制度的痛恨之情，促使他思考这样一个问题：今天的幸福来之不易，我们应该如何珍惜它呢？关于自由劳动能使人幸福的思想已经进入科利亚的心灵深处，因为教师的每一句话都充满了说服力。在深入了解自己这位学生的生活和言行举止的基础上，他用自己充满激情的语言对他的行为时而大加赞赏，时而指出错误，让他自己受到良心的谴责，并力图以此来确立这个年轻人的自我尊严感。

有一次，科利亚的行为让全班同学气愤不已：他拒绝用农家肥制作给果树追肥的营养液。当同学们指责他懒惰的时候，他却这样表白："让傻瓜去搞粪肥吧，我只做我愿意做的事。"这件事发生以后，老师在备课的时候，一边重读拉季舍夫的《从彼得堡到莫斯科旅行记》，一边不断思考这样一个问题：应该在课堂上把拒绝参加日常劳动的危害全盘指出来，让科利亚对自己的行为有所自责，从而从自身找到改正错误的力量。

于是，在课堂上，维克多·阿列克谢耶维奇就讲了下面这些看似奇怪的话语："由于给地主进行的超负荷的劳动而变得疲惫不堪的农民们，只有在夜间才能找到一点时间在自家的小块土地上干点活。用这种劳动种出来的粮食是苦涩的，人们的生活是暗无天日的。人们进行劳动，起码应该使自己免于饥饿而死，但当时人们的劳动却达不到这样的目的，所以人们诅咒这种使人不堪重负的劳动。那个时代已经一去不复返了。在当今我们所生活的这个社会里，人们把劳动视为一种崇高的事业，对一块面包的关注已经退居第二位了，为成千上万人创造物质财富的人们，受到人民的普遍尊重，享有崇高的荣誉。为什么在我们的社会里还有一些寄生虫式的人物呢？他们逃避日常的普通劳动，认为这种劳动又脏又累，想找点什么轻松的活干。你们应该如何对待这种人呢？一个人蔑视普通劳动，就等于贬低自己的人格，侮辱自己的名誉，这种人最终会偏离寻找幸福生活的正确道路。"

此后，教师就请所有的学生来到集体农庄的一块土地上参加一场水土保持的劳动。"这是一场真正的创造性劳动，"他说，"那些害怕在田间劳动的人，当他们为别人创造出点什么来的时候，也会体会到劳动的快乐。"

在维克多·阿列克谢耶维奇的倡导下，组织了一个不大的劳动集体。科利亚也参加了这个集体。他们准备在那里劳动的那块地是一个大山沟的斜坡。庄稼收割完之后，学生们马上就翻耕了这块土地，并且在上面筑起了数千个防止土壤被冲刷的小土埝。这是一种既不轻松又很单调的劳动，但它那崇高的目的照亮了孩子们的心，因而使他们深受鼓舞。这位文学教师和他的学生们一起劳动。孩子们干累了休息的时候，他就给他们讲俄罗斯革命前农民的生活状况，并且给他们描绘共产主义社会那快乐的劳动场面。他们付出劳动的这块土地发生了变化。由于这个地块土保持住了充足的水分，所以此后的第一年，这里的收获就是其他那些被冲刷殆尽的地块上的一倍半。

每场大雨过后，孩子们都到自己的地块上来查看；冬天降雪以后，他们也来看，珍贵的水分是不是保持住了。在这块地上种上了冬小麦。过去被认为是极为贫瘠的土地，这次却获得了空前的大丰收——每公顷收获了4100 千克。

在这一过程中，维克多·阿列克谢耶维奇一直都在关注着科利亚。他把勤学好问、善于钻研的思想像种子一样播入了这个学生的心田。这个孩子决定自己开辟一块不大的实验田，他先是独自把那些最大的种子选出来准备播种，然后又饶有兴致地去收集厩肥和鸟粪。过去不愿意干脏活的想法，现在在他身上已经荡然无存了。功夫不负有心人，他的劳动终于取得了明显的成果：他这块实验田收获了五千多千克小麦。

现在，科利亚在一个国有农场的大田生产队工作。他从事实验工作，培育粮食作物和经济作物的新品种，种植果树。现在这位农场工人的精神生活非常丰富，他经常阅读文学作品和科普读物，与不少育种专家都有书信往来。

如果不是物质成果和财富，而是劳动本身能使人感受到真正的乐趣和崇高的精神享受，那么就可以毫不夸张地说，这种人已经能够按照共产主义原则来生活了。我们的社会十分关注的一个问题是：教师不仅仅要向学生传授知识，而且要把他们培养成热爱劳动的人。那些把劳动当成幸福的老师，他们所培养出来的学生也必然是幸福的。我们这里所谈的这位文学教师，他不但热爱自己所教的学科，同时也热爱田间劳动。他不仅善于把自己对大自然仔细观察的结果讲述给学生，同时也善于用自己的双手创造美：他培育果树树苗并把它们转赠给当地居民，他收集各种果树和观赏树木的种子与其他一些加盟共和国的学校交换。管理葡萄秧，读歌颂自然、歌颂人的抒情诗，都给他带来了极大的乐趣。他自己也写，但不是为了出版，而是为了教给自己的学生们准确地使用词语。在农村学校工作的 22 年中，他写了一千多首小诗，都是讴歌大自然与人类劳动之美的。在郊游或徒步旅行的时候，他给学生们读自己的作品，让他们注意自然现象的多样性和劳动之美。每年夏天，他过去的学生们都来探望维克多·阿列克谢耶维奇，他们当中有教师、工程师和新闻记者。他便把自己的小诗和亲手培育出来的葡萄秧苗作为最宝贵的东西展示给自己的学生们。

相信人——这是一种巨大的精神力量，其中包含着我们这个社会人与人之间关系的真谛。在学校里，每位教师都应该随时随地把这种信念充分表现出来。教师只有把自己的每一个学生都看成是未来的人，他才不愧为个真正的教育家。如果学生在教师面前表现为心理不平衡，没有学习愿望，对任何事都表现不出兴趣和能力，那么教师就应该感到忧心忡忡了，因为知识不是能直接放进孩子头脑中的学问。至于知识，它首先应该能够在心理不平衡的学生心中激起他做人的尊严，潜移默化间触动他们最敏感的心弦。

只有在教师善于激发学生对自己所教的学科产生浓厚兴趣的时候，学生的能力和爱好才有可能充分开发出来，才有可能培养出天才的数学家、生物学家、历史学家。学生的兴趣、能力、爱好乃至整个生活道路，在很大程度上取决于那些能在青少年时期就以其不可抗拒的力量对他们的智力施加影响的人们。我所了解的一所学校，在 17 年中，培养出了一大批从事农业技术和畜牧技术的杰出人才，还有一批种田能手。这所学校的很多毕业生在接受了高等教育以后又回到乡下来，成为热爱自然、热爱农业劳动的专门人才。

他们每个人对农业劳动和大自然的浓厚感情都是由一位优秀教师培养出来的，他是教生物和化学的教师，是学校农业小组的负责人。

如果每个学生都能热情地、全方位地渴求知识、渴求劳动、渴求创造，那么我们这个世界将成为什么样子呢？这样的时代是一定会到来的。到那时，所有的教师都要成为教育家。每个孩子的天赋都会毫无例外地被开发出来，让他们的智慧得以充分发展。让我们社会的道德和知识都发展到这样的高水平，这就是我们的目的，这就是共产主义。

【问题与思考】

1. 如果请你列举这些好老师身上的共同特质，依重要程度排序，你会如何列举？你为什么认为这些特质是重要的？

2. 你认为自己身上哪些特质是重要的？还缺乏哪些特质？

资源与拓展

教师成长是一个很大的话题，相关资源非常丰富，无法一一学科性地列举。

一、关于教师阅读，可阅读：

1. 拙著《教师阅读地图》（又名《构筑合宜的大脑》）。

2. 《如何阅读一本书》，[美] 艾德勒、[美] 范多伦著。

3. 《谈读书——新教育实验网络师范学院每日一诗》，魏智渊编辑，可网上搜索。

二、关于教师成长，还可阅读：

1. 《书写教师的生命传奇——新教育实验第九届研讨会主报告》，可网上搜索。

2. 《教学勇气》，帕尔默著。

三、成功的教师，本身就是一种榜样，可参照：

1. 雷夫·艾斯奎斯。（主要著作：《第56号教室的奇迹》《成功无捷径》等）

2. 阿莫纳什维利。（主要著作：《学校无分数三部曲》，尤其是《孩子们，你们好》）

3. 《怀恩师》，选自德鲁克《旁观者》一书。

第七章　学校文化

学校领导人只有不断完善自己既作为教师又作为教育者的技艺，才能充当教师和学生的优秀而有威信的指导者。一个好校长，首先应当是一个好组织者、好教育者和好教师。

导　读

学校文化，是一所学校所有成员共同拥有的一种生活方式。这种生活方式，渗透于学校的使命、愿景、价值观系统之中，渗透于学校的仪式、庆典以及各种活动之中，渗透于学校的日常教育教学、教研以及组织方式之中，也渗透于学校的建筑景观以及空间布置之中。

教育学循环，是从生命内部勾勒发展的内在逻辑，揭示其动力系统与影响因素。而学校文化，则是许许多多生命（既包括学生，也包括教师）活动的舞台，它交织着多种关系，并在时空中活生生地展开。

身为帕夫雷什中学校长，苏霍姆林斯基创造了一所奇迹般的农村学校。在他二十多年的校长生涯中，帕夫雷什中学逐渐形成了自己的学校文化，并实实在在地影响了一批批的师生，以及学校所在的社区。

帕夫雷什中学的办学方向与办学思想，它的组织管理与教研方式，包括它的学校及教室建设，至今仍然会给我们以深刻的启迪。

文　选

〔1〕校务会议的组成和作用①

我们总是竭力把校长对学校的领导跟集体讨论并决定教育教学工作重大问题的会议制结合起来。

会议制的效能，有赖于在决定教育方向与本质的原则性问题上的观点一致。教育观点和信念的这种一致性，使我们的教师能够在校务会议上集体解决学校的生活与劳动中的各种问题（校务会议每年举行 7 ~ 8 次）。集体对各种问题做出的决定和决议，学校全体工作人员都必须遵行。

我校校务会议成员包括：教师、少先队总辅导员、图书管理员、长日班教导员、校医、课外小组辅导员、校长、教导主任、总务副校长、5 ~ 7 名家长委员会委员（每年由全校家长大会选举产生）及共青团组织的代表。校务会议的主席、副主席和秘书一年改选一次。校长照例被选为主席，副主席则从教师中选出。

校务会议每年选举校长和教导主任，为教师们分配教学科目和班级，确定班主任及课外小组辅导员，在各科教师中各确定一名老教师担任联合教学小组组长，还确定少先队辅导员，人选由共青团委员会从高年级学生中推荐。

校务会议审批年终呈报国民教育局的学校工作总结报告。每年，集体审议批准关于呈报奖励优秀教师的决定，奖励类别包括：教育部颁发的奖金、荣誉奖状、“优秀国民教育工作者”奖章及“功勋教师”称号。由校

---

① 《帕夫雷什中学》，65 页。

务会议委托其委员写出相应的评语。

校务会议在分配教课任务和课外工作时，以有利于工作为首要方针：每个教师应当保证高水平的授课和对孩子进行教育。在这方面，不仅重视教师集体的意见，而且也重视家长们的意见。我校发生过这样一个事例：家长代表，即校务会议委员要求停止一位历史教师教课，因为他工作懈怠，备课不认真，不提高自己的知识水平。

在分配教课任务和课外工作时，还考虑教师的利益，其中包括他们的工资。如果没有可能分配给教师足够的授课时数（即保证必要的劳动报酬的工作量），那就再分给他有报酬的课外工作。我们总是争取使教师的总收入不低于定额工资的一倍半。这样，总收入就接近于校长和教导主任的工资。而这个原则总是十分严格地得到遵守，即使有一个教师的利益受到损害，校务会议也不会批准这个讲课任务和班级工作的分配方案。

校务会议关心孩子们进校学习的准备。我们对本乡的所有儿童从 4 岁起就进行登记。由将来教他们的教师会同医生一起走访这些孩子的家庭。他们借此结识家长，帮助家长制定能保证儿童身心发展的合理生活制度。校务会议还不时地听取医生关于这些孩子健康状况的报告。

我们关心病儿的治疗和体弱孩子体质的增强。经校务会议介绍，12 年间（1955—1967）集体农庄和企业（即铁路车辆厂、水电站、汽车制造厂、榨油厂——我校孩子们的家长在这些企业里工作）的工会组织拨出资金为 45 个孩子做营养补助，63 个孩子被送去进行治疗，从而防止了孩子因病而长期耽误学业的可能。

校务会议还审议决定，应当给哪些学生在学校食堂里免费补充营养和牛奶（由国家、集体农庄、企业工会拨付资金）。

校务会议关心师生的作息制度，审批为早、中、晚各学龄段学生制订的作息时间表。关于这些时间表的说明，在家长学校上课时做出。为个别孩子（患过重病的、身体虚弱的、容易患伤风感冒的）规定专门的作息制度。教师、医生、家长委员会委员经常调查分析孩子们在学校的疲劳程度和家庭作业的负担情况；医生报告个别孩子在每季度开头和末尾的健康状况。医生还定期报告学生心血管系统、呼吸道以及视力和听力各方面的状况。由于有了这些做法，使我们得以在近 19 年间（1948—1965），防止住了学生中 28 例严重心脏病、肺病、眼病的恶化。医生和受托担负这项重要工作的教师每年向校务会议报告一次校用家具的状况以及课桌椅规格是否适合学生身高的情况。

校务会议负责审查和批准教学工厂、工作室、实验室、儿童电站和教学实验园地等处工作的安全规则。校务会议还审核各个年龄段学生公益劳动的量力问题和时间长短问题。如果地方上某个领导人要求学生完成力所不及的劳动（遗憾的是，这种情况时有发生），那么他要打交道的就不只是校长一人，而是整个教师集体。关于是否准许学生完成某项工作，校务会议有权做出最后决定，任何人都无权更改。

校务会议审批课程表和课外活动计划，对假期教育工作计划的审查尤为细致：劳动与休息的结合，应当做到使暑期的劳动不致影响休息。制订秋假、寒假、春假、暑假的教育工作计划时，应当考虑使每个教师除法定的两个月假期以外，每年能在学生休假期间有不少于 20 天的休假。教师的工作是十分劳神的，没有定期的休假，就无法使他们在精神上得到充实提高。

校务会议关心教育教学过程物质基础的创设、充实和完善，还关心体力劳动的减轻和机器的使用。教师们把应该为学生置备的那些直观教具、工具和设备的建议提交集体讨论，而且主要从教育方面和教学法方面考虑这个问题。校务会议就此做出的决定由整个集体去执行（例如，供低年级学生用的儿童工具以及浇灌树木用的机具就由教师和高年级学生去制作）。

年终，校务会议讨论学校图书馆的藏书情况，并决定应该为图书馆和阅览室购置哪些图书。

校务会议每年在开学之前都讨论教学大纲的内容，并列出不可能由教学大纲详细规定的那些实际技能和技巧的项目。例如，审核低年级学生应当牢固掌握其正确写法的那些字的一览表已成为一个传统。教师根据各自对学生的观察对这张在数年间形成的正字表做出补充修订。校务会议还审议数学、物理、化学、生物各科教师的建议书，书中规定一学年中应当做什么习题和做多少；学生应当制作哪些机器、机械和装置的活动模型作为实践考查作业；他们在暑假期间应当采集一些什么干叶植物标本和实物标本，等等。校务会议每年还讨论并确定书面创作的题目，即各个年级的作文题目，以及高年级学生撰写论文的题目。

校务会议讨论校长和教导主任在一定时期内听课情况的报告。这些报告分析研究的都是教育教学过程的一些关键性问题，如学生脑力劳动的积极性，教学过程中知识的发展与加深，知识在实践中的运用，不及格现象的预防，道德信念的形成，等等。简要地汇报或报告工作经验，也是教师参加学校集体领导的一种形式。教师们提出的一些建议往往能给予整个集体的实际工作以很大的影响。例如，1959—1960 学年度，女教师 M. H. 维尔霍文尼娜做了一个题为“情感在早期学龄儿童的道德教育中的作用”的报告。报告中包含了许多令人信服的生动事例，说明儿童行为的情感修养的巨大意义。M. H. 维尔霍文尼娜的经验为整个集体所接受。孩子们精神生活的情绪范畴成为集体实际工作中的一个专门领域。

校务会议还研究关于学校环境美的问题及其创造和保持的问题，关于语言文明的问题，关于学校卫生标准和卫生规则的保持和遵守问题。

校务会议的某项决议都是整个集体集思广益的产物，每个教师都把它当作集体的意志去执行。

〔2〕我们怎样在校长和教导主任之间实行分工①

我跟教导主任一道做着同一项工作，这就是帮助教师们改进他们的教育技巧：听他们讲课并给予分析，组织学生的课外活动，研究教育经验，监督作息制度的遵守情况，参与少先队和共青团组织的工作。在共同工作中我们互相商议，一起总结优缺点。为了协调一致，我们每逢学年、学季、教学周开始之前，先讨论已经完成的工作，然后进行具体分工。例如，有一学年，我跟教导主任做了这样的分工：一年之内我旁听并分析 7 位教师的系列课，教导主任则旁听并分析 8 位教师的系列课（这就是说，我们旁听每个教师若干节课，这些课所讲授的是教学大纲中一个完整的题目或部分）；我帮助一至七年级教师的作文教学，教导主任则帮助八至十年级的；我做两名缺乏经验的年轻教师的个别工作，教导主任也做两名青年教师的个别工作。

在做新学年的准备工作中，我帮助低年级教师及数学、物理、历史、图画、制图、唱歌等科目的教师学习教学大纲，教导主任则帮助语言、文学、化学、生物、地理、劳动等科目的教师；我参加低年级教师及物理、数学教师的联合教学小组的工作，教导主任则参加化学、生物、历史、地理、语言、文学诸科的联合教学小组的工作；我负责指导准备和举行 3 次观摩课，教导主任则负责 5 次；我负责检查 17 个需要经常对其观察的学生的作业，教导主任则负责 14 个；我对四至七年级的学生就课外阅读和完成家庭作业问题进行谈话，教导主任则对八至十年级学生进行谈话；我检查

① 《帕夫雷什中学》，69 页。

一至七年级学生的知识（包括检查测验作业卷、做笔记的情况、完成制图的情况、教室日志反映的情况），教导主任则检查八至十年级学生的。

在每个学季开始时我们就商量好，我参加少先队的哪些集会，教导主任参加哪些这样的集会。

我对听课的分析材料加以综合，然后在校务会全体会议上做了几次报告，报告题目是《学生在课堂上学习新教材过程中的脑力劳动》《课堂上最初接受知识之后，这种知识的发展、深化和运用》《关于学习的技能》。教导主任根据听课分析材料准备的报告题目则是：《教学过程中对学生个别施教的方法》《教师怎样准备系列课》《教课的直观性》《备课时对教科书材料的教学论加工》。

除旁听和分析系列课以外（这是研究教师和学生劳动的最有价值的一种形式），我和教导主任还定期听所有教师的课，在听课量的安排上做到一年之内分析每个教师 8 节到 10～12 节课（我们每周旁听和分析的课总计达 10～12 节）。关于定期听课问题，我们大致每月商议两次。

我跟教导主任每周要花两三小时进行交谈，互相交换各自在分析课堂教学和研究学生课业劳动过程中所产生的想法。往往某个微小的细节会迫使我们去深思某个重要问题，引出一个大课题来。我们通过交换想法，使我们的教育观点更加明确，教学论知识日渐加深。在这些交谈中产生出某些意图，然后这些意图在教师集体的创造性劳动中获得发展。

我在分析低年级有经验的教师以及数学教师的课时注意到一个细节，我觉得它十分重要：有经验的教师有时要返回来讲已学过的教材，但不是简单地重复，而是把学过的教材引入新问题中来，是用新的知识、概念和规律阐发已学的内容。我把观察到的这些情况告诉了教导主任。我们思考了许多实例，分析了许多教师和自己的经验之后，得出结论认为，这关系到发展学生的知识。我们通过进一步地观察和跟教师们交谈，越来越确信这样一个想法：发展知识，是一个完整的教学论问题，要解决这个问题，就要采取专门的方式，教师就要对教材做专门的分析。这个问题的讨论，在教师集体的工作中占据了一个重要地位。教师们交流起自己发展学生知识的经验来。每个教师在学年之初着手工作时，就考虑需要发展关于哪些概念、事实、规律和定理的知识。

在校长与课外活动组织者之间的分工问题上，我们也进行了协商。课外活动的组织者是年轻的数学女教师 A. Г. 阿里辛科，她负责指导技术和农业方面的课外小组，帮助教师们准备和讲授选修课，组织共青团员们的社会政治活动。我则负责组织家长学校的工作，计划并领导在集体农庄进行的公益劳动，各个少先中队的活动也由我照管。我们——校长、教导主任、课外活动组织者，在做年度分工时，要商议由我们当中谁来负责过去几年中遇到困难和挫折较多的那一部分工作。例如，1967—1968 学年度，实际领导那项保证理论知识与实际技能相结合的工作分给了我；教导主任负责做思维迟钝儿童的个别工作；课外活动组织者的任务，则是培育低年级的儿童集体。

〔3〕帮助教师完善教育技巧①

校长的一项任务，就是帮助每个教师建立个人的创造性实验室。

对教师做个别工作是指两方面的事，一方面是分析他采用的教育方法，另一方面则是给他以实际帮助。这项工作的内容、方法和性质取决于教师的教育素养、他们的眼界、兴趣和精神需求。在学年开始之前，我跟教导主任就商定，我们各做谁的个别工作。照例，这项工作在全年内是跟分析系列课同时进行的；我和教导主任不仅把自己的经验、教育观点和信念传授给教师们，而且还把其他教师的经验也传授给他们，我俩都有各自的教师——学生。这项工作最主要的一点，就是向教师揭示这样一个道理：他的工作效果取决于他的知识和素养，取决于他读些什么书，怎样自学和怎样充实自己的知识。

下面举一个实例，是我对物理教师 A. A. 菲利波夫做个别工作的例子。

A. A. 菲利波夫在被正式任命来学校工作之前，一面参加课外工作，一面了解我校教师的教育观点和信念。我好几次跟这位未来的教师谈教学方法和课的类型，谈孩子们的独立作业，谈对孩子们的个别施教等问题。我当时就认为，这位青年教师只有在跟孩子们有了共同的精神生活，有了共同的智力兴趣、劳动兴趣和创造兴趣的条件下，他才能成为教育工作能手，因为只有通过这种途径才能了解儿童。

我帮助这位教师钻研了几本论述课堂教学的教育学著作，然后他就着手对准备由他执教的科目（六至七年级的物理和八年级的数学）的教科书做教学论分析，旁听富有经验的教师的课，某些课是我俩一道去听的。在这期间，我们特别重视对教学大纲和教科书进行教学论分析。

---

① 《帕夫雷什中学》，72 页。

我们在分析教学大纲的过程中，探讨了这样一些重要问题：（1）在六、七年级学习物理时，对自然现象的观察应当怎样为在高年级领会这门学科的理论概括做好准备。（2）孩子们应当深入理解初等物理教程中的哪些概念，才能在随后的几年里很好地理解和顺利地学习物理定律和规律。（3）哪些定理、定律、公式和数据是学生必须牢牢记住和永远不忘的，从而使这些知识在记忆里的保存有助于思维的积极工作。（4）理论知识与实际技能之间的相互关系应当是怎样的；为了顺利进行学习，即为了顺利地理解、认识和分析周围现实的事物和现象，孩子们必须熟练地掌握哪些技能。（5）应当把哪类作业列为家庭作业，这类作业的完成将怎样促使脑力劳动的积极化，将怎样发展对知识的兴趣、求知欲望和勤学好问的精神。（6）应当完成些什么实践作业，学生应当亲手制作些什么东西。（7）孩子们应当阅读哪些科普读物，应当怎样由此而扩大他们的眼界；他们有哪些个人兴趣和爱好应当得到发展，我们怎样才能在课外活动中满足孩子们的这些需要和兴趣。

然后我们逐节浏览教科书和习题集，细读了其中最重要的、在学生看来也是最困难的章节。

按照同样的原则，每个教师都在我或教导主任的帮助下钻研自己所教科目的教学大纲和教科书。低年级教师在做这项工作时，特别注意把会学习这个工具交到孩子手里，没有这个工具就不可能进一步掌握知识。这个工具包括五把“刀具”，即五种技能：（1）读；（2）写；（3）思考；（4）观察周围世界的现象；（5）用语言表达所见、所做、所想以及所观察到的事物。教师们还编出儿童在低年级时就应当永远记住的正字表。一般讲，低年级教师对孩子们教学工作的准备，实际上也就是对孩子们日后到五至十年级去学习的准备状况的分析。

对这位年轻教师做个别工作的下一个阶段，就是帮助他准备头几节课。但去旁听初次任教的教师的头几节课，则是不适当的，应当容他有机会熟悉一下班里的情况和步入工作的正轨。但同时防止他可能产生的错误也十分重要。在讨论头几节课的内容时，我向 A. A. 菲利波夫提出了如下问题：

1. 您将引用周围生活中的哪些事例来形成关于物理现象运动、运动的相对性这些概念？

2. 怎样组织新教材的学习，才能使学生自己做出结论和概括，自己对生活中必然遇到的种种现象进行分析、理解和比较？

3. 过去掌握的知识有哪些是适宜于在学习新教材过程中加以发展和深

化的？

4. 当您布置家庭作业时，将让孩子们去注意周围生活中和生产中的哪些现象？

这位教师在思考这些问题时，必然要一再地去深钻教材内容。A. A. 菲利波夫在上课的头两周内，每天下班时都把自己上课的情况讲给我听。谈论我还没有去听过的这些课，可以帮助我了解到，他是否善于分析学生的知识与自己的备课质量的依从关系。令人高兴的是，A. A. 菲利波夫能坦率地谈他讲课的所得和所失，并力图说明有所失的原因。从谈话中清楚地了解到，他的最大困难是在学习新教材上。七年级的第二堂物理课上，就已经有一部分学生不明白第一堂课所学过的教材了。

我告诉他，怎样在学习教材过程中了解全班和个别学生的学习情况，怎样观察和分析儿童脑力劳动的效果。课堂上应当在教师亲眼目睹下就完成教学的第一阶段，也就是主要阶段，即全体学生应当对刚讲过的现象、规律及相互依从关系的本质都已十分清楚。而家庭作业，只不过是对已获知识的加深、发展和应用而已。

随后接着进行的谈话表明，A. A. 菲利波夫在努力做到一面教，一面弄清学生的掌握情况，防止课堂上出现不懂和没有掌握的现象，并摸清个别学生的学习特点。但正是在进行反馈联系上，这位教师往往遇到很大困难。我明白了在他的课上应当把注意力放在什么问题上，应当在哪方面给他进一步的帮助。这时已是能够开始旁听和分析他的课的时候了。

我第一次旁听 A. A. 菲利波夫的课就说明，他很难把讲述、谈话、完成实习作业跟了解知识的掌握情况、跟考查学生的脑力劳动过程结合起来。他本应同时既考虑教材内容，又考虑必须把他备课时没有预见到的那些变化纳入教材的学习过程中来，以便防止学生听不明白和克服他们不会思考和分析事实这个弱点。

我在分析我听过的第一堂课时，主要探讨的是学生怎样沿着知识的道路前进的。分析，就是把这位教师做了的跟他应当做的进行比较。不过在这种情况下，即使做出最详尽的分析也是不够的。而应当把你所说的和所建议的做给他看才好。我跟 A. A. 菲利波夫约好，他来听我上语法课，然后我再去听他上物理课，往后就这样互相听课。

我对这位年轻教师将要来听的那堂课做了充分的准备。十分重要的是，要使他看到和弄懂怎样观察和分析掌握知识的过程。

我讲的这堂课是学习简单句的类型和复习原先学过的正字法规则。每个学生都独立地分析钻研列有一些句子和正字的个人卡片，孩子们的回答实际上就是对实例的深入思考。学生们经过思考，便各自依据自己的实例独立地达到对语法规律的理解。完全没有把提问划作课的单独一个部分，了解和评定知识的掌握情况都是在课的进程中进行的。

课后的交谈表明，这位年轻教师弄懂了这样一个要点：能看清脑力劳动的过程，就意味着善于组织孩子们去独立地（从这一概念的广义上说）认识事物和现象。我详细地评述了我那堂课，并着重说明了这样一点：只有在许多事例通过了学生的意识，并且经学生分析这些事例而发现真理的情况下，知识才可能是深刻的。

我们互相听课持续了一年。此外，我还跟菲利波夫一起听了其他教师的课。

一直都对这位刚开始任教的教师提出的一个目标是，分析学生在学习新教材时是怎样被激发进行积极的脑力劳动的，他们独立认识事实是怎样进行的，识记和熟记是如何建立在深刻理解基础之上的。这位年轻教师除听课之外，还研读了教育学参考书中关于主动自觉掌握知识的过程这一部分，以及心理学参考书中《思维与言语》的章节。

没有理论上的认识，就不可能借鉴别人的经验和掌握教育技巧。我校每个初任教的教师不论教育程度如何，都要在头三四年内紧密结合对自己的教学实践及其他教师的经验的分析，去学习教学论和心理学。只有当一个教师能够深入掌握每种教育现象的理论实质时，他才会取得教育技巧。

A. A. 菲利波夫在如何复习学过的教材方面遇到的困难较大。只有清楚地了解了周围世界种种事物和现象相互联系中的心理学规律、教育学规律和逻辑规律，才能理解复习是怎样在学习新教材过程中进行的。教育学和心理学书籍的研读，帮助了这位年轻教师去理解他在富有经验的教师的课堂上所看到的一切。他明白了，复习不是目的本身，而是发展和加深知识的手段。巧妙地选择复习材料，首先要明确各部分以及各概念、规律、定期、公式等之间的逻辑联系。

为总结第一学年的工作，我跟菲利波夫进行了谈话，参加谈话的还有菲利波夫听过他们课的那些教师。这位年轻教师学会了如何激发孩子们去进行脑力劳动，如何跟他们建立牢固的联系，掌握了按逻辑顺序阐述教材的方法和进行启发式谈话的方法，在把学习新教材跟考查知识的掌握情况结合起来这一点上开始迈出了最初的几步。但是他在教学中依然有许多不足之处：不善于正确地为若干节课安排复习；知识的运用与知识的掌握过程相脱节，不大善于利用某些学生对技术创造、搞设计和制作模型的爱好来扩大他们的眼界和加深他们的理论知识。

我们确定了下一年要对他做的个别工作，具体安排如下：

我跟有经验的教师一起要听他 8～10 节课。目的是改进教学方法，特别是学生对事实和现象独立开展脑力劳动的方法。菲利波夫将听我的 3～4 节课，目的是学习进行谈话和讲述的方法，学习对已学内容进行复习的方式，以及学习为加深知识而运用知识的方式。他跟我一起将在六年级听 С. П. 潘钦科老师的代数系列课，借以了解这位老师的备课情况，学习复习、发展和加深知识的过程。然后我们将共同编写一堂物理课的教案（逐句写出讲述内容）。菲利波夫要钻研这个教案，并按它上课。目的是改进讲述和阐释新教材的方法。随后他要继续钻研教学大纲和教科书，以及教育学和数学、物理教法参考书。

菲利波夫第二年的教学开始了。我在分析他的课时，越来越深入地涉及学生脑力劳功的细节。我们把注意力放到了一个有趣的规律上：越是利用过去学过的教材来领会新教材，学生的脑力劳动就越积极，新教材就领会得越深，而过去学过的知识也会变得越巩固。当学生把过去获得的知识作为领会新教材的钥匙来使用时，他的脑力劳动就最积极。此外，我越是深入思考课堂上发生的现象，我面前就越是展现出教育思想的新源泉，创造的新溪流，教育信念的新萌芽。

我能取得教育经验，应当归功于我听过和分析过他们课的那些富于智慧而又善于思考的教师。当我面前展现出教育工作的某一新境界，而我不论怎样仔细观察和思考它也无法理解它的实质时，我就一连听这些教师 5 节、7 节课，以求找到触动了我心思的那个问题的答案。

我在菲利波夫的课堂上研究学生脑力劳动的积极程度同他们应用以前获得的知识之间的依从关系时，发现一个规律：应理解和识记并用它当作解释新事实和现象的钥匙来加以应用的那个抽象真理越难，学生识记这个抽象概念（定理、公式、定律）并把它保持在自己的记忆里就越在更大的程度上取决于他为此而独立分析和思考过的事实范围的大小。通过我跟这位年轻教师一道分析他的课，得出这样一个结论：当学生集中思考过相应的事例，对它们进行过分析，并从这些事例的相互关系中得出理论性概括时，就可做到牢固地识记规则（定律、公式）并把它们保持在记忆里。这也就是脑力活动过程中的那种创造性活动，智力才能就是靠它得到发展的。

在第二年年终的总结性谈话中，我跟菲利波夫一起拟订了一个继续做他个别工作的长期计划，这时拟定的已是为期 3 年的计划了。我计划每年旁听并分析这位年轻教师 10 ~ 12 节课，并确定将着重注意那些使知识系统化的课，即预定要分析包括实验作业、实践作业、参观、对自然现象和劳动的观察以及对教科书和科普读物的独立钻研等活动形式的系列课。我们还拟出了要他在 3 年内独立钻研读的教育学和教学法书籍的书目。到任教第四年的年末，他准备好了一篇报告，题目是《领会事实与识记结论》。

这时我再听菲利波夫的课，主要注意的就是认识途径了，即从观察、分析事实到形成结论并把这些结论用于日后的学习。教育过程的新规律一个接一个地被揭示出来。我们认识到，如果结论能作为解释一个个新事实的钥匙而多次运用，就无须专门去背诵它便能识记。这样，课堂上就会有空余时间去做实践作业，锻炼和培养学习技能。新教材的学习便跟知识的发展、加深和巩固结合起来了。

我跟这位年轻教师一起不止一次地思考过某些课的细节（这些思考也是一种教育上的创造）。例如，我们对将要上的“磁场”一课做了一番思考。按照这位教师的设想，学生观察了实验，就应自行得出结论来。然而从交谈中了解到，这种观察在相当大的程度上是消极的，学生那时在忙于记住讲解，以便以后能再现它。我们便仔细思考，怎样才能把直观性用在积极的获取知识上。我们得出结论认为，必须把学生将要在课堂上领会的那些概念（空间、作用力、磁力线、磁场，等等）都纳入他们获取知识的积极劳动过程中来。让每个学生在独立观察时就在心里解释他看到的现象。例如，当他在磁铁旁摆放了若干小磁针之后，就让他说明眼前出现的现象（说说磁针和磁铁是怎样相互作用的，磁场磁力线的作用是什么）。我还建议考虑好若干个以“为什么”开头的提问，以便当学生独立操作时向他们提出。学生为了回答这些问题，将积极利用直观教具去探寻因果关系，因而也就是去获取知识。

菲利波夫已能巧妙地使直观性服从于积极的脑力劳动了。以“为什么”开头的提问逐渐变为把直观形象同理性规律的分析结合在一起的思考题。他读了一些论述思维过程心理的论文，把观察、实验作业、实践作业同理论性规律的思维分析相结合的思想又被集体加以发展和深化。我们举办了首次关于课堂上学生脑力劳动的理论讨论会。从那时起，每年举办关于这个题目的理论讨论会已有 19 年了：在讨论会上，我做分析课堂教学和学生答问的报告，教师们则汇报各自的创造性探索与发现。

在一次理论讨论会上，菲利波夫向老师们提出了一个有意思的问题：教师怎样才能看清和弄明白学生在接受新知识时头脑里在发生什么？他声明："我应当在没有结束自己的阐述和讲解之前就知道，我所阐述的新知识在学生的意识中跟他已知的哪些概念在结合。"他在这里又一次涉及早已使他不安的那个反馈联系的问题。在他的工作中对这个问题已有了点点滴滴的经验。

此后，我跟这位教师又对实现反馈联系的教学方式做了一番研究，这个问题我们已经钻研 10 多年了。他向学生的意识揭示事物和现象的本质时，总能做到使他们在意识中产生带有鲜明情感色彩的问题——也就是产生诧异：为什么会是这样？诧异感，这是求知愿望的蓬勃源泉。这位教师在学生接受新知识时巧妙地组织他们进行独立的脑力劳动：学生在跟随教师思路的同时，把它反映在平面图、示意图和素描图中。结果教师在讲解过程中就能看到，个别学生是怎样领会教材的，他们遇到一些什么困难。

菲利波夫用以实现反馈联系的最得力的教学方式是：学生先观察自然现象，观察劳动，观察技术和工艺过程；依据观察材料编写总结报告、科学报告和专题报告；利用直观教具（不经课堂讲解）完全独立地钻研教学大纲的有关章节。现在我校整个教师集体都在研究反馈联系问题。菲利波夫力争使每个着迷于教学工厂、学科专用室和实验室某项劳动的理论问题的学生，都研读科学图书，开展研究工作，进行实验活动。他在指导几个学生小组的技术创造活动过程中，也从自己的高年级学生中培养儿童集体的领导者。他从来都没有过不及格的学生。

现在，菲利波夫常做报告，给教师们介绍工作经验，参加区联合教学小组的工作。近 5 年内他为全区教师做报告的题目有：《运用知识是教学过程的重要规律》《物理教程中的概念体系》《掌握知识过程中学生独立作业的种类》《爱好与志向的培养》《怎样观察和分析学生的脑力劳动》《如何在课堂上培养注意力》《个人才能的发展和求知兴趣的培养》。

如果一个教师肯于用心深入地分析自己的工作，他就不能不产生对学生的知识状况与自己的教育素养之间的因果联系做出解释的意图。教师对自己的工作进行分析，必然会促使他把注意力集中在教学过程中他认为是在那个场合能起最重要作用的某个方面，促使他考察分析事实，研读教育学和教学法书籍。这样就开始了教育创造活动的高级阶段——实践与科研成分的结合。经过一年、两年、三年之后，教师便能在理论讨论会或校务会议上做报告了。

我校教师在1962—1963年到1964—1965学年在理论讨论会上做报告的题目有：

В. А. 苏霍姆林斯基的《学习新教材过程中学生的脑力劳动》《高年级学生集体的精神生活》；

А. И. 雷萨克的《知识与信念》；

В. А. 斯科奇科的《教育教学过程中情绪因素的作用》；

А. И. 苏霍姆林斯卡娅的《男女青年生活理想的形成》；

М. Н. 维尔霍文尼娜的《思维过程迟缓的儿童》；

Е. Г. 阿夫瓦库莫娃的《爱国主义感情与爱国主义信念》；

В. Т. 达拉甘的《教学过程中高尚道德需求的形成》；

М. Н. 利马连科的《道德信念的形成过程》；

А. И. 列兹尼克的《儿童智力才能、素质和兴趣的研究》；

О. А. 皮西缅娜娅的《学习外语时脑力劳动的特点》；

А. Ф. 巴尔文斯基的《高年级学生公民感的培养》；

М. А. 雷萨克的《学龄中期学生个人荣誉感和尊严感的培养》；

А. А. 菲利波夫的《个人才能的发展和求知兴趣的培养》；

А. Г. 阿里辛科的《数学与人的智力发展》；

О. И. 斯捷潘诺娃的《教学过程中的科研因素》；

М. Т. 塞罗瓦特科的《教育者的教育分寸》；

Е. Е. 科洛米钦科的《知识与科学唯物主义信念》；

А. Я. 沃夫钦科的《学龄中期学生集体中的道德关系》；

Е. С. 列兹尼克的《把我们的社会道德财富传给年青一代》；

А. А. 萨姆科夫的《农业实验活动中的智力发展》；

Е. С. 沃利克的《学生无神论信念的形成》；

Е. М. 扎连科的《小学生初步科学唯物主义观念的形成》；

П. Т. 沃罗希洛的《学龄早期儿童善恶概念的形成》；

Р. К. 扎扎的《学龄早期儿童教育中的美感》；

В. С. 奥西马克的《学龄早期学生集体中的道德关系》；

А. А. 涅斯捷连科的《小学生道德教育和审美教育中的大自然》；

М. И. 贡恰连科的《学路早期的劳动审美》；

В. П. 诺维茨卡娅的《学龄早期儿童思维的个性特征》；

С. И. 叶夫列缅科的《音乐欣赏过程中美感的培养》；

Г. Т. 扎伊采夫的《儿童精神生活中的图画》；

P. A. 克里沃舍娅（长日制班教导员）的《游戏是发展儿童智力才能的手段》；

Г. И. 列兹尼克的《体育与健康》；

B. И. 申古尔的《劳动美感的培养》；

A. A. 沃罗希洛的《设计过程中创造才能的培养》；

B. A. 戈尔巴奇的《少先队工作中的浪漫主义》；

E. E. 马洛利特科的《读书与德育》。

教师们在独立撰写这些报告的过程中，便会深入范围更为广泛的大课题中去，这种研究有时会持续好几年。我们不妨举几个我校教师近几年中正在研究的题目，其中有："困难儿童"（B. A. 苏霍姆林斯基），"高尚的道德需求"（B. T. 达拉甘），"个人与集体"（A. И. 列兹尼克），"低年级的美育"（P. K. 扎扎），"低年级的德育"（E. M. 扎连科）等。

这类研究中的每一项都是下面我要谈到的那种集体研究工作的一个部分。我校出有手稿汇编《教育思想》。我校有 26 名教师在教育杂志和报纸上以论文形式发表过自己的报告。

我们不容许使教师的独立研究工作变成写官样文章。尽可能少让教师拟计划、写提要，不让他做任何书面总结。这已成为我校工作常规。教师需要有空余时间去思考科学的新成就，充实自己的知识，总结已有的经验。我校集体在工作中严格遵守这样一条规定：让教师每周只有一天花费在理论讨论会、校务会议上或联合教学小组的活动上。这样，教师就可以把其他几天的时间都用在独立工作和休息上，用在跟学生们进行那种能使他得到道德满足和审美满足的精神交往上。教师之所以需要有自由活动时间，最主要的还是为了读书。教师若不读书，若没有在书海中的精神生活，那么提高他的教育技能的一切措施就都失去意义了。

这里想给校长们提几点建议。不论教师面临的任务多么紧迫，都不能一蹴而就。不论是教育战线的新手，还是有些经验的教师，对于校长来说，重要的是辨明他的能力、他的教育素养和一般素养、他的眼界和学识，重要的是怎样更好地防止课堂上出现各色各样的缺点和错误。听过头几节课之后就应做出结论，"为改进这位教师的工作质量都需要做些什么"。

个别工作的成效主要取决于教师怎样借助于校长的意见和建议去掌握独立分析自己的成绩、缺点、失误的方法。在我校，意见和建议的性质乃至语气全都符合这个目的，这些意见和建议都产生于跟教师一道对教学过程的共同分析。每堂课上都会揭示出某种新问题，思想也会深入在此之前一直不易察觉的细节中去。重要的是，要使校长的思想也能吸引教师，使校长和教师为共同的探索所激励，成为教育过程的共同研究者。最有经验的教师绝不应当在已经取得的成绩上停步不前，因为不继续前进，就必然要落后。

在做有经验的教师的个别工作时，校长的任务在于跟他一起（往往由于教师的能力比校长强）去寻找一个可以从那里开始进一步完善教学技巧的创造领域。完善教学技巧，这在我们的工作中是没有止境的。

如果你在做年轻教师的工作，那就要在开始时向他展示一些教学技巧，哪怕是一点一滴也好。但正如砧木里的汁液没有开始畅流之前，嫁接在上面的幼芽就不会复苏一样，想借鉴好经验的人在尚不具备借鉴这种经验所必备的条件，即不具备一般文化素养、相应的眼界、教育学和教学法知识以及理解儿童精神生活的能力以前，好经验是不会开花结果的。为教师创造这些条件，要比让他看到现成的经验并做到使他清楚地理解这种经验的实质还要困难。

因此我要再三忠告：切勿忘记关注教师读些什么书，他怎样对待书籍和科学。只有当读书成为教师的一种很重要的精神需求，只有当他不仅有书读而且也有读书的时间的情况下，他才有可能借鉴别人的经验。时间，这是教师的精神财富，应当通过巧妙安排教育教学过程来珍惜它。

在真正的教育者身上能体现出在教育新一代方面已经取得的成就的全部精华。教师对年青一代来说，是满腔热情地劳动和献身于崇高理想的榜样，是丰富多彩的精神生活的典范。

〔4〕我们的传统①

毫无疑问，我们的学生对童年、少年、早期青年时代都会留下最温暖、最亲切的回忆。学校生活中的某些活动现在就已经代代相传，成为传统。

下面来讲讲最重要的传统。

少先队员同将于两年后上一年级的 5 岁小朋友会面。这项活动在 8 月中旬进行。会见这些小朋友的是过两年将充当十月儿童团的组织者——带领做游戏、游览参观以及其他儿童趣事的那些少先队员。少先队员们把小朋友领到果园里。在葡萄架旁的草地上，孩子们观看儿童木偶戏表演，听

① 《帕夫雷什中学》，92 页。

唱歌，听诗朗诵。然后少先队员们给小客人抬几筐葡萄来招待他们。

会见7岁小朋友——未来的一年级同学。这项活动在6月初进行。会见小朋友的是他们的老朋友——少先队员，这时已是六、七年级的学生。赠给每个小朋友一件礼物：一本课外读物——普希金的诗集，或小本的舍甫琴科的《弹唱员》。请小朋友吃学校果园自产的水果。从这天起，他们每天都来学校，已经算是我校的学生了。

为一年级生举办的“首次铃声”节，在上课的第一天进行。毕业班的学生祝贺小朋友们加入学校大家庭，给每个新同学赠送一本题写了赠言的书；带小同学们到校园里，把他们在10年前上学的第一天亲手栽种的树移交给新同学照管。随后，举行传统的仪式——栽植永恒的学校友谊树：毕业生跟小同学同栽一棵苹果树苗。

我们努力加深和发展曾有人吐露过的那股浪漫情思：只要校园现有学校友谊树常青永存，我们的友爱精神、同志关系、兄弟情谊就将不断发展和加强。

毕业生的“最后铃声”节，在毕业生上课的最后一天举行。毕业生和一年级生班对班地排成两列。一年级生给每个毕业生献上鲜花和题有赠言的一本书［在这个节日当作礼物的赠书，已成为传统习惯的是赠送普希金的诗集，舍甫琴科的《弹唱员》，歌德的《浮士德》，塞万提斯的《堂吉诃德》，荷马的《伊利亚特》或《奥德赛》，亚当·密茨凯维支、山道尔·裴多菲、赫里斯托·博捷夫等诗人的诗集，拜伦的《查尔德·哈洛德的旅程》，雨果的《悲惨世界》，但丁的《神曲》，伊拉塞克的《古代捷克传说》，卢斯达维里的《虎皮武士》《萨逊的大卫》（亚美尼亚民族英雄史诗），日本的和阿拉伯的民间故事等］。多年前的本校毕业生、如今的学生家长乃至老年人，也都来参加这个庆典。小同学们的赠书上用大个儿字母题写的感人祝愿，象征着学校集体的永世长存。由一个小同学走近铺着天蓝色台布（这已成了传统）的桌子，拿起系着天蓝色丝带（这也是传统）的铃铛。当响起铃声时，从高年级学生队列中走出一名男青年或女青年代表集体向老师们致简短的谢词。这篇谢词是预先经过长时间准备的，但在典礼前一直保密。

祝贺学生中学毕业的庆祝典礼（颁发中学毕业证书）。在这个典礼上由一位最年长的老师向毕业生做临别祝愿。这篇祝词由整个教师集体事先郑重思考后起草，祝词中包含我们的教育理想和我们集体的教育信念。我们认为，不论是祝词的内容还是形式，都具有十分重要的意义。

这里，我抄录一篇化学老教师 E. E. 科洛米钦科 1964 年致毕业生的祝词。

我亲爱的孩子们：

今天，你们要和母校告别了，而我们教师今天也更上一层楼。我们每个教师一生中能登上的这种楼层并不那么多，也许能上 30 ~ 35 层。对我来讲，今晚就意味着登到第 32 层楼了。

你们虽然将离校走向生活，但永远都会留在我们心中。你们要知道，我们终生都会因为听到关于你们任何一个人的任何一句好评而感到莫大的欣慰。同时也要知道，也会因为听到关于你们任何一个人的不愉快的消息而使我们伤心。

幸福——就是崇高的生活目的。理想，是人要力求达到的最高点。伟大的俄罗斯作家屠格涅夫写道："没有理想而活着的人是不幸的。"幸福之巅寓于创造性劳动之中，创造性劳动能给你们每个人带来可贵的人的自豪感，并为祖国增添荣誉。你们有的人将成为工程师和数学家，成为教师和医生，有的人则要当钳工和车工，当农业机务人员和畜牧工作者。要懂得，在任何一项劳动中都可以攀登高峰，都能成为创造者、诗人和艺术家。不要鄙弃任何一种劳动。为给你们每个人指明那条能走向幸福的道路，我们已做了所能做的一切。今后就靠你们自己了。要记住，获得幸福最可靠的途径——就是劳动，就是有益于我们社会主义社会的劳动。

要记住，生命属于人只有一次。度过一生，要在世上留下自己的贡献：留下稳立于花岗岩基石上的、高墙矗立的楼房，留下郁郁葱葱的茂密林木和硕果累累的苹果园。你们也将生儿育女，将在他们身上重现你们自己。要把人类创造的纯洁道德、美和智慧都传给你们的子女。小伙子们，要把姑娘当作未来的母亲尊重，对爱情要忠贞不渝，要永远记住，爱——就是给你所爱的人以幸福。姑娘们，要高度珍惜女性的自豪。当你们带着自己的孩子来上学时，我们教师中许多人还将在学校工作。要知道我们将在你们的孩子身上看到你们优良品格的反映。但愿这种反映将是纯洁无瑕的。

幸福——就在于诚实、正直和高度的原则性。要像珍视生命和个人荣誉那样珍视真理。要毕生为真理而斗争，而这个真理意味着：生活中没有哪件事情不与你有关。机器在露天里生锈——你要操心；一个残酷无情的人在欺负人——你心中要激起怒火；在遥远的非洲殖民主义者杀害了卢蒙巴——也要引起你的悲伤。要十分关注你周围发生的一切。在生活中，要按你良心的最初意念（那是最高尚的）——去行事。任何时候也不要让任何人压制你最初的美好情感。不要昧着良心办事，不要用貌似合乎逻辑的理由来自慰：说什么，我对发生的情况无能为力，无法做任何改变；说什么，发生的事情与我何干。要终生牢记果戈理的话："带着吧，在你从温和柔弱的年轻岁月走向严峻刚毅的成年途中带着所有的人道意念，不要中途丢弃，丢弃了就无法挽回。"

中学毕业以后，任何时候都不要在你们已经达到的程度上停步不前。这只不过是文明、教养的一些基础知识而已。要使书籍成为你们毕生的朋友。要记着母校和老师们，任何时候都不能忘了自己的父母。祝愿你们成为真正的人——忠于我们伟大祖国的爱国主义者。

隆重的气氛和男女青年在这个日子里激动无比的那些感受，会增强临别赠言的印象。教师集体的临别赠言会使受赠者铭记终生——我校早期毕业生的回忆就说明了这一点。临别赠言的教育力量是巨大的。

每年于1月30日举行的老校友会晤，也是我校的一个传统。这天，应届毕业生、大学生、工农业劳动者，都到学校来聚会。这种会晤能培养学生对母校的敬重，能做出一年来的工作总结，并向教师集体展示他们的劳动成果。

母亲节。每个学生都为这个节日做很长时间的准备。节日前夕，即3月7日晚，向母亲们献礼，礼物是收集有诗和画的纪念册，或者，某种必定是亲手制作的手工制品。节日这天，许多孩子把学校温室里培育的鲜花或开着花的杏枝作为礼物献给母亲。礼品的价值常以儿童在自己的劳动中所注入的精神活动而定。"三八"节这天，孩子把自己在劳动中和在校学习中愉快高兴的事报告给母亲。如，把老师给了最高评分的作文拿给母亲看，或者把自己在课外小组活动中的成绩讲给母亲听。这个传统使孩子们在看待一个人给别人带来的快乐的源泉上确立起一个正确观点：快乐，首先在于做好事，在于树立家庭的荣誉和尊严。

女孩节。这项活功在寒假的头一个星期天进行。这一天，男孩给女孩们赠送礼物——鲜花、图画等。

八年级学生（15岁的少年）向加入少先队的小同学隆重转交少先队红领巾。我校这个仪式在列宁诞辰纪念日的4月22日举行。这天，退出少先队组织的八年级学生举行他们的最后一次队会。由一名少先队员代表八年级学生向三年级同学致贺词。他先报告他们中队的活动情况，然后向新接班者发出珍惜爱护红领巾荣誉的呼吁。当三年级生宣读完少年列宁主义者的庄严誓词的最后词句之后，八年级生便走近他们身旁，每人给自己的小同志系上红领巾。队会在少先队队歌声中结束。这一天，许多成年人也到学校来。隆重的授巾仪式逐渐也成为家庭生活的一件大事：父母们感到这件事是他们的儿子或女儿在生活道路上迈出的重要一步。靠着这个传统，我们成功地克服了那些进入青年早期年龄的部分少年对待少先队工作的冷淡态度。

春天的节日——有“歌节”“花节”和“鸟节”。“歌节”这天，学校合唱团、小合唱队及某些学生个人演唱各种新歌曲，作为对集体的献礼。“花节”在5月底举行。每个学生带来他在专辟的小畦里（即在父母的宅旁园地里）培育的或在野外、森林里采来的几枝花，用以显示自己会配一束小小的、但是很漂亮的花束。放学后，孩子们便到同学家里去访问，观赏他们的花坛和盆花。少年花卉栽培家小组这一天举办玫瑰花丛及花坛观摩。家长们也到学校来，每人都可以在暖房里或小畦里选取花苗。9月底还举行秋季“花节”。这是一种特殊形式的秋季花卉栽培艺术的竞赛。

“鸟节”在燕子归来的时候举行。这是小同学的节日，这天，他们把冬天捡来的、由于寒冷而生命垂危的、随后又在“鸟医院”治愈的禽鸟放回大自然。这天，孩子们还互相赠送鸽子。这个传统培养着善良情感——道德上的和审美上的善良情感，加深着同志式的友爱关系，培养着孩子们对大自然的热爱和珍惜。

卓娅·科斯莫捷米扬斯卡娅纪念日。我们的少先队大队就是以这位英雄的名字命名的。在卓娅英勇就义的纪念日召开大队会。礼堂的中央悬挂着这位巾帼英雄的大幅画像，画像周围用秋天的鲜花装饰起来形成一个花圈。少先队员们朗诵歌颂她功绩的诗篇。按照传统，大会最后由在卓娅牺牲的那个月（即11月）出生的一名男共青团员或女共青团员发言，以此结束大会。

向朋友们报告成绩。我校集体跟白俄罗斯戈麦尔州科尔姆区的学生很久以前就建立了友谊。每年一次，通常在9月份开学之初，都要由大家综合材料给白俄罗斯朋友们集体写一封信，信中每个少先中队都要介绍自己所做过的、所经历过的种种好事。这个传统是培养爱国主义友好情感的很好手段。

无名英雄纪念日。在本村中心广场上，在卫国战争阵亡英雄兄弟陵墓旁，有一座无名英雄墓。每年在我们村从法西斯占领下解放的那一天，都有一个少先队中队（通常是最年长的少先队员们）到这座陵墓前敬献鲜花。少年列宁主义者在陵墓前默哀一分钟，悼念为苏维埃祖国的自由与独立献出了生命的英雄们。

为最小的小朋友举办新年松树游艺会。邀请来校参加游艺会的是刚学会走路和说话的最年幼的公民，由妈妈们带领他们来。这天要给小客人赠送礼物，为他们演出木偶戏，他们的年长朋友、一年级生为他们做文艺表演（这大概是这个传统节日中最有意义而且最有趣的事情：一年级生在这里以年长者的身份出现，他们事先要帮助小小朋友做节前的准备，教他们朗诵诗歌。每个幼儿在这里要作首次诗朗诵）。

堆砌雪城的冬节。参加这个活动的不光是小学生和少年，而且也有高年级生。孩子们在森林边的空地上、在草场上，用雪为冬老人建造一座小城——有小房子、有塔楼。已形成一个传统，这天要在这小小雪城里、在建好的小雪房旁边吃午饭。这餐冰冷的午饭总是觉得格外香甜。日后，这座雪城便供学前儿童在里面玩耍，直到阳光把它融化为止。

我校集体认为，培养学生具有同志式互助精神以及互相支持和援助的意愿，是一项重要任务。我们力求能在幼小的孩子心灵里就唤起关怀同学命运的感情，学会把一个同学的不幸看成是整个集体的不幸，养成团结一致的集体感和随时准备相助的意愿。这是防止利已主义的最重要的条件。每个孩子在上学的岁月里，总会有不愉快的遭遇：某个同学生了病，另一个同学母亲病了，第三个同学的鸽子窝被大风吹毁了，第四个同学的小狗失踪了——所有这些遭遇，都需要有人予以同志式的分忧与同情。我们使孩子们从小就习惯于为遭到不幸的同学做好事。有一个女生患了两周重病，接着奶奶又去世。孩子们便请求老师，在她还没有平静之前，不要检查她的作业，不要叫这个同学到黑板前来。而在整个这段时间里，同学们——男生和女生——每天都去帮她补课，使她不至于落下功课。

"如果你自己会，而你的同学不会，你就要教会他。"——这是我们从孩子一开始学校生活就予以引导的思想。在工作间，在教学工厂，在实验室，都有专为进行同志式互助而设的台案。

劳动的传统在我们的集体生活中占有特殊地位，由于这些传统而使劳动带有浪漫色彩，并伴随着鲜明强烈的情感和感受。孩子们在劳动过程中体验到的高昂情绪给他们带来愉快，劳动与幸福感便会融为一体，成为一种道德财富。

放暑假之前，孩子们制作直观教具及布置教室和少先队活动室用的各种装饰品，作为献给学校的礼物。如 A. A. 涅斯捷连科老师教的孩子们，到一年级结业时赠给学校一本《描绘我们最喜欢的事情的故事画集》，每一页是一个学生的故事画。二年级结业时送给学校一幅镶嵌画——《小男孩在开花的玫瑰旁》，这是用禾谷类秸秆碎片镶嵌成的。第三学年末，他们制作了“像大人建造的真正的”小房子模型。再过一年，他们赠给学校的礼物是粮食作物和技术作物标本集，标本装在一个表面用像蚌壳镶嵌那样拼贴起来的精制盒子里。

随着孩子们年龄的增长，他们为学校制作的礼品也越来越富有意义。在学龄中期和晚期，劳动过程本身就带有喜庆活动的性质。这个活动跟期待大功告成，制品展现在集体面前的那个庄严时刻相联系着。中、高年级学生的制品既反映不同年龄的不同兴趣，也反映对各种劳动的不同爱好。例如，在 1963—1964 学年结业时，各年级学生给学校制作了这样一些礼品：五年级学生赠给学校的礼品是卓娅·科斯莫捷米扬斯卡娅和奥列格·科舍沃伊的肖像，他们把这两位英雄的像绣在了织锦上。六年级学生为物理室制作了一台汽轮机活动模型，还以民间故事为题材绣了一幅画。七年级学生制作了一台播种机活动模型。八年级学生制作的是热电站活动模型，还绣了一幅列宁肖像。九年级学生制作了一套悬架式电气化铁道活动模型，送给学校几棵他们用 3 年时间培植起来的柠檬树。十年级学生制作了一个无线电遥控的汽车模型，还装了一台电子管收台机。

对学校的依恋之情，对母校培养教育的感恩之意，以及行将别离老师们的惜别之情——这一切，特别使十年级学生心潮起伏，心境不安。他们希望在自己身后给学校留下某种有意义的、总能使一代代新同学念及他们的老校友的劳动纪念品。如在 1964—1965 学年，毕业生为学校制作了两件礼品：一是按自动技术原理设计的一台初轧机模型，一是一幅以乌克兰民间故事为题材的刺绣画。

第二个劳动传统，就是在暑假里为生物专用室置备直观教具，如土壤、种子、昆虫的实物标本，蜡干植物标本，可保持原有形态与色泽的用沙土制的干花卉，植物压机，等等。孩子们开学的头一天就把自己的赠品拿到学校来。

第三个劳动传统，就是在学年开始之前和考试开始之前美化教室和校园。暑假最后一天 8 月 31 日，学生和老师都到学校来，每个班集体把自己的教室布置成像过节一样。他们用鲜花编成花环，用它们装饰英雄人物肖像，在老帅的讲桌上摆上一束鲜花。而一年级同学的教室则由高年级同学帮助美化。然后，学生们去整理校园，平整学校果园的林荫道，为花坛松土，给花浇水。三四个小时之后，整个学校便呈现出一派节日景象。到晚上，大家聚在一起参加少先队篝火晚会。多年前的毕业生则带着自己的孩子到学校来。新学年的开学日，这是孩子们生活中的一件大事，能使他们感受到极大的快乐。

第四个劳动传统，就是春秋两季的“果园周”劳动。“果园周”开始的那个星期日，全体学生都到学校来。每个年级都从学校苗圃里掘出树苗，挖好树坑，备好稀肥和浇灌用的水。从一年级起所有学生都参加植树。四年级同学帮助一年级植树，这也是一个传统。一年级学生每年在学校园地里栽 1 ~ 2 棵树，中年级各班各栽 3 ~ 4 棵，高年级则栽 7 ~ 8 棵。各年级都在专设的《果园周记录本》里记下所栽的果树品种和栽植的日期。当高年级学生翻阅他们在几年前所做的记录时，他们的苹果树、樱桃树、欧洲樱桃树、梨树都已结果了。一想到这些，便唤起他们的劳动自豪感。

由于为进行普通农业劳动都举行某种隆重仪式，所以孩子们总体验到一种崇高的美感，而劳动的美则丰富着集体内的道德关系。

日后，孩子们便按组或单个地在公共园地里或在父母的宅旁园地里干活。每个学生都把树栽在适当的地点，使它将来不光能给他自己的家，而且也能给别人带来愉快和好处（例如栽在大路旁）。已成为传统的另一件事情，像我已经说过的那样，就是每个一年级学生在他上学后的头一个春天，要在家里为母亲、为父亲、为奶奶、为爷爷各栽一棵苹果树，并且日后由他照管。几年之后，树便开始结果。孩子们把第一个苹果和在同一个春天栽下的葡萄树所结的第一茬葡萄献给母亲、父亲、奶奶、爷爷吃。这是培养人道精神的一个好手段。

学生们在几年前开辟的公共葡萄园和公共果园里参加集体劳动，也成了一个传统。孩子们由于创造了属于大家共有的财富和可供大家共享的福利而感到高兴。

跟“果园周”相关联的一个传统是，学生互相交换果树苗，并栽下作为纪念。例如一个学生带着核桃树苗到学校来，别的学生则带来欧洲甜樱桃树苗、李子树苗、苹果树苗、桃子树苗，等等。他们互相交换，然后把树苗栽在家里或校园里。这样在学生时代栽下的树，对每个人来说都是同学之情和牢固友谊的一个活的纪念物。

第五个传统就是“首捆庄稼节”。在收割庄稼的头一天，全校学生清早就到学校来。老师向他们祝贺节日。男女青年们分散到大田里去，在机务作业队和畜牧专业队里劳动。小同学则收集小麦和其他作物的最大的粮穗，给教学实验园地当作种子。晚上大家都到学校来，在铺着绣花台布的桌子上摆一捆庄稼——象征丰收。庄稼捆两旁则摆放高年级学生烤制的面包。高年级学生载歌载舞，欢庆丰收。

第六个传统是“新粮面包节”。这是小学生的节日。孩子们把自己小块园地上的小麦收割来，用小型脱粒机脱了粒，然后交给磨坊，得到面粉后，母亲们帮助烤成面包。孩子们把妈妈都请到学校来，用自己种的新粮面包款待她们。在这个节日里，特别鲜明地显示出劳动与美的统一。筹办这个节日的那些日子充满深刻的美的感受。

第七个传统就是夏季割草。7 月初，男女青年们在黎明时分便乘车到浸水草地去。在那里干一周活，用割草机或用镰刀收割牧草，把干草搂成堆，垛成垛。少先队员们也参加若干天的劳动，他们为牛犊配制含维生素的饲草。这项劳动的魅力在于，那集体的友爱生活，那蓝天下的露宿，那河水中的捕鱼，那篝火上的烹食，那草原上的日出，那仲夏的黄昏，那繁星的闪烁……

第八个传统是本村环境的改善。学校集体每年都要为村子的绿化做些事情。这项活动始于战后的头一个春天，当时，学生们把村子的一条街两旁栽满了排排杨树。自那时起，改善本村环境的活动带上了全村居民集体劳动的性质。我们开辟了新的公园，在公墓区栽上了树木，为农村青年装备了运动场，绿化了托儿所的庭院，开辟了两个公共果园和两片葡萄园。

第九个传统，就是班集体给同班同学的父母以劳动上的帮助。这个传统也产生于战争和战后头几年的艰难岁月，当时，许多人都需要给予物质上和精神上的帮助。有个同学的父亲刚动工盖房子，却突然得了重病，母亲一人胜任不了建房工程。于是高年级同学都来到这个同学的家里帮忙。九年级全班同学连续干了几天，直到主要工程完成为止。以后，其他班级的集体也给自己的同学进行了这类帮助：帮助种植蔬菜，贮备燃料，收割庄稼等。学生们完成这种助人行为时，便在自己的劳动中倾注了崇高的思想感情。有两个九年级学生——16 岁的小青年，在隆冬的寒夜，冒着呼啸的暴风雪，把他们邻舍一位患了重病的老人送到 10 公里外的医院去就诊。由于救助及时，保住了老人的性命。类似的事例不胜枚举。这些举动中最主要的一点是：它们都是受良知的支配而为，毫无私心杂念。

由于我们把愉快而崇高的思想感情跟劳动联系在一起，从而使我们学生的心灵变得高尚起来。

〔5〕课堂教学和课外活动的环境①

我们学校的课堂教学分在四幢楼里进行。主楼设有10间教室，由五至十各年级占用（五至七年级在一层，八至十年级在二层）。相邻的其余三幢楼由一、二、三、四年级使用。每幢楼里都设有教员休息室。

每幢楼里如同住着一个不太大的家庭，里面所有的孩子互相都认识，他们渐渐还会进入校集体的生活。这里没有那种使小孩子很容易疲倦的嘈杂忙乱和拥挤现象。孩子从自己的楼里跑出来就是花园和绿草地，不管天气好坏，他都可以通过水泥走道到任何一幢楼里去找大同学或小同学，而不致沾湿双脚。

学生到校后即脱大衣并挂在衣架上，直至放学回家时才去再穿。不论从一幢楼到另一幢楼走多少趟（他总是需要走几趟的），都不穿大衣。

供低年级班用的每幢楼和主楼的每一层都设有一个阅览室，这是孩子们日常在智育、德育、美育诸方面获得发展的一个基地。他们在这里可以读到不断更新的各类书刊：科普读物和科学书籍、各种杂志和小册子、儿童科技文选、《儿童百科全书》及文艺书籍等。楼道里也设有书籍陈列架，陈列适合相应年龄阅读的图书。这些图书的陈列和更换都由学生自己管理。每个人都可以在校内看这些书，或借回家去阅读。各个阅览室配备的图书旨在使学生逐渐超越教学大纲，使读书成为他的爱好。划出专供读书用的房屋和经常关心个人兴趣的发展，是智力培养很重要的一个方面。

老师们针对一定时期内对于孩子们的精神生活具有特殊意义的主题，以及可充作他们智力发展基础的东西，选配图书放入书橱内，并为各个知识领域划出一定的位置。比如说，供一至四年级学生阅读的图书是按以下类分格摆放的：

无生物界、生物界、花卉、果木、飞禽、劳动、人、艺术、我们祖国和人类的往昔、世界各民族、名人生平、少先队员英雄人物的生平事迹、技术、世界各国民间故事、游戏、谜语、谚语、俗语等。

五至七年级阅览室的图书分以下各类：

动植物界；祖国的大自然；花卉；果木；飞禽；无生物界；世界各国和人民；我们祖国的往昔；名人生平；人与人是朋友、同志和兄弟（关于

---

① 《帕夫雷什中学》，109页。

集体主义、友谊和互助的书籍）；数学和物理学；机械学；电工学；化学；自动化技术和无线电电子学；科学幻想；专业与职业；世界各国民间故事；关于英雄主义的书籍；游戏、谜语、谚语、俗语等。

八至十年级学生阅览室图书类目名称反映了年轻人认识世界的多方面的意愿，而且对科学尖端问题尤其感兴趣。下面就是这些分类名目：

个人与集体；未来社会；何为道德；人与人是朋友、同志和兄弟；伟大的思想家——空想社会主义者；各国人民在各个时代争取社会和道德进步的斗士；著名科学家、作家、作曲家、雕塑家、画家、表演家；优秀的劳动人物；物体、物质、能量；粒子世界、力场、引力、电子学、控制论、遥控技术、仿生学；化学；生物化学；天文学；宇航学；我们的同龄人——我国和外国当代青年；生活中永远存在建立功绩的机会；尚未解决的科学问题；有关社会生活、文学、艺术当前问题的报刊讨论文章；幻想、奇遇趣闻；爱情与友谊；职业、技艺；《苏联小百科全书》、辞典、手册等。

此外，各阅览室还备有各种杂志，如《知识就是力量》《技术青年》《少年技师》《少年自然科学家》《知识与劳动》（乌克兰文版）、《自然》《寰球》《新世界》《十月》《物理学问题》《艺术》《少年时代》《青年与技术》（德文版）、《友谊》（法文版）、《美育》（捷克文版）等。

不进行课外阅读，课堂阅读就会变为死记硬背。

各类图书的补充以图书专用基金款购置。阅览室的图书如不进行补充，就意味着砍断为课堂脑力劳动输送营养的根子。

现在，我们把五至七年级阅览室“无生物界”一类所备图书目录列举如下：

加涅依泽尔著《江河为什么流入大海》，梅津采夫著《我们周围的水》，马尔著《谈谈普通的铁》，卡尔马申著《风和风的利用》，阿尔汉格尔斯基著《一滴水的旅行》，利亚普诺夫著《关于大气的故事》，西多罗夫著《从松明到电灯》，科马罗夫著《冷》，莫罗佐夫著《模型的奥秘》，帕夫洛维奇著《研究无生物界的仪器和模型》，斯米尔诺夫著《物理实验和自制设备》，阿尔曼德著《可怕的力量》，扎瓦里茨卡娅著《火山》，戈尔什科夫著《地震》，巴耶夫著《地球——天体》，奥戈罗德尼科夫著《地球架在哪里》，伊万诺夫斯基著《太阳及太阳系》，巴耶夫和希沙科夫合著《社会学入门》，布勃列依尼科夫著《地球之谜》《地球与钟摆》《地球的结构和成分》及《地球富源》，费尔斯曼著《有趣的地质化学》《有趣的矿物学》《宝石的故事》和《关于岩石的回忆》，莎斯科莉斯卡娅著《晶体》，布扬诺夫著《奇异的原子》，热姆丘日尼科夫、戈尔合著《煤》，季洪拉沃夫著《石油的故事》，亚科夫列夫著《岩石世界里》《寻找矿藏的长征》，拉祖莫夫斯基著《怎样识别矿石》，苏斯洛夫著《水及其应用》，泽尔泽耶夫斯基著《大气海洋》，切斯特诺夫著《电离层之谜》，斯捷科利尼科夫著《闪电与雷雨》，伊林著《人与自然力》，沃利涅尔著《大化学》，别姆、多尔格合著《原子巨人》，沃尔科夫著《天与地》等。

教学主楼里除教室外还设有数学专用室、语言文学专用室、备有录放设备的外语专用室、无线电实验室（附设校广播站）、音乐室、少先队室、共青团室、校博物馆、教学研究室、家长活动角、摄影实验室、美术角、运动大厅、安静角（学生可以在这里得到个僻静所在，以便进行思考和幻想，和同学谈谈心、看看书报等），以及自我服务用具存放室等。

五至十年级各班学生都在主楼上课，除非上物理、化学、生物和劳动教学等课时，才到设在其他楼里的专用教室和工作间去上。体育课在天气暖和的日子一律在户外操场上进行。

数学专用室在课余时间各年级学生都可以到这里活动。少年数学家小组的活动也在这里进行。这里的橱柜里既有适用于学龄初期和中期的数学游戏书籍，也有适合于学龄晚期的数学史书籍、习题集以及计算仪器和装置等。自学校成立以来的毕业考卷也保存在室内。

语言文学专用室收集了两百部文艺作品，这是每个人在上学期间都要看完的，这样他才能成为艺术上有教养的人。这比通常一个人在进入成年之前所看过的书要少得多，然而要做到让学生就是把这些书看完（其中某些著作要反复看几遍），也不是一项容易的教育任务。这里还有向各种年龄的学生推荐阅读的书目和单独列有要反复读几遍的著作目录。我们认为，缺少了这些就不能想象有符合要求的德育和美育。这里备有学生自编的有关优秀文艺作品的评价，有致少年读者的建议，有优秀作文集、文艺壁报的专刊，有手抄杂志《我们的创作》的辑存本。

在推荐做反复阅读的著作目录前面，我们写了这样几句前言：

青年们！列在你们面前的是已进入人类艺术宝库的著作目录。这些书是要反复阅读的。它们将教给你们怎样生活，将向你们展现艺术之美。

列入书目的作品有：

拉迪谢夫著《由彼得堡到莫斯科的旅行》，格里鲍耶陀夫著《智慧的痛苦》，莱蒙托夫著《当代英雄》，普希金著《叶甫根尼·奥涅金》，屠格涅夫著《父与子》，托尔斯泰著《战争与和平》和《复活》，涅克拉索夫著《俄罗斯妇女》，果戈理著《死魂灵》，车尔尼雪夫斯基著《怎么办?》，萨尔蒂科夫—谢德林著《戈罗夫略夫一家》，契诃夫著《草原》，高尔基著《伊则吉尔老婆子》，肖洛霍夫著《静静的顿河》和《被开垦的处女地》，奥斯特洛夫斯基著《钢铁是怎样炼成的》，法捷耶夫著《青年近卫军》，波列沃依著《真正的人》，列昂诺夫著《俄罗斯森林》，扬诺夫斯基著《骑士》，冈察尔著《旗手》，莎士比亚著《李尔王》和《哈姆雷特》，塞万提斯著《堂吉诃德》，歌德著《浮士德》，席勒著《威廉·退尔》，海涅著《德国》，拜伦著《查尔德·哈洛尔德游记》，雨果著《悲惨世界》，夏尔·德·高斯特著《乌伦斯比格的传说》，伏尼契著《牛虻》，巴尔扎克著《驴皮记》，罗曼·罗兰著《约翰·克利斯朵夫》，杰克·伦敦著《马丁·伊登》，密茨凯维奇著《塔杜施先生》，伐佐夫著《轭下》，伊拉谢克编著《捷克古老传说》，鲁斯塔维利著《虎皮骑士》，舍甫琴科著《科布札歌手》，亚美尼亚叙事诗《达维德·萨松斯基》，伏契克著《绞刑架下的报告》，霍斯罗夫·鲁兹别赫著《交给了风暴的心》。

有时就读过一遍或几遍的书的内容举行座谈。通过这种方式使学生对读过的书产生更大的兴趣。

外语专用室里备有我们学校所授两种外语（法语和德语）的课外读物，另外还备有英文书籍，英文是由学生任意选修（在小组）的。这里还备有录放设备，有课堂教学及诗歌和散文朗诵的录音磁带，有教师、作家、工程师和社会活动家们的讲话录音。另外，还单独存录有一部分学生在外语课上的答话及对他们的发音所做的语音学分析。卷宗里还有跟外国中学生的集体来往信件（外文），以及标记着跟我们的学生通信的国外通信者所在的国家和城市的地图。

无线电实验室备有从事无线电工程实际活动所必备的各种设备：组装新收音机用的成套元件以及用来向无线电操纵的模型动力机械发射指令信号的无线电发射机。这里还备有成对的收录机，一架用来收听和收录节目，另一架则放在台上，以及电视机（另有一架电视机放在物理专用室里，供学生收看节目用）。无线电实验室里还装备有校广播站，用来转播每周的广播杂志（各个教室、活动室和工作室都装有喇叭），还有磁带录音设备（可用来收录课余文艺团体的演出、个人表演以及学校的来访者和家长对孩子们的讲话等）。学生安装了两个广播站：一个在无线电实验室，另一个在物理专用室。

音乐室是用来进行音乐和歌咏课外活动的。这里备有供学习音乐知识用的装备和直观教具，收集有古典和现代音乐作品的唱片和录音带。我们力求使得听这些作品成为我们学生的精神需求：课余空闲时学生来这里听音乐。这里还备有各种民族乐器。

少先队室里放着少先队大队的什物用具（大队队旗、中队旗帜、古巴、民主德国、捷克斯洛伐克等国少先队授给我们学生的领巾以及鼓号等），保存着孩子们入队时写的决心书卷宗。有时，有的父亲出席儿子入队仪式时会拿出他在二三十年前写的决心书给儿子和全大队看。家长对儿子和所有孩子的祝词会使孩子们感到十分激动，触动孩子们的内心深处。为少先队室配备的图书包括杰出人物的传记，还有汇集了介绍我们祖国及各国人民英雄儿女生平事迹的书，陈列了关于各国人民团结友好、保卫和平的斗争以及各国儿童生活等方面的书籍。

我们的孩子们十分懂得，世界各国劳动人民儿女的思想和意愿是一致的。

少先队室的墙上和我国少先队员英雄人物并排还挂着曾因美国原子弹爆炸而严重受害的日本广岛女孩佐佐木贞子的像。我们的少先队员如同世界上所有的孩子一样，当得知死亡在威胁小女孩的时候，也给她寄了许多纸仙鹤，按日本习俗这样可以带给人幸福。未寄出的纸鹤（当时正准备寄发时传来了女孩已夭逝的消息）陈列在她的画像下面。这里还张贴着一条饱含义愤之情的标语："我们永世诅咒那些向和平城乡投掷及企图投掷原子弹的刽子手。我们苏联儿童希望大地之上永远是明朗的晴空。"

少先队室悬挂着我们引以为荣的老队员——优秀的工人和农民，陈列着他们馈赠的礼物——图书、画片等。这里还备有儿童音乐作品的录音。我们总是竭力设置尽可能多的场所使孩子们能够在那里听听最喜爱的音乐，思考思考问题，和他的好朋友在一起或自已单独待一待。

共青团室里可以和朋友谈心，可以看书，也可以像在少先队室一样听听音乐。这里配备了从《杰出人物生平》丛书中选出的书籍和介绍共青团历史的书籍；在单设的书架上陈列有记述为崇高理想而创立功勋的书，记述胸怀宽广、理想崇高的火热生平的篇章。这些书如同摆在书写着关于生活目的语录的红色标语牌前的鲜花一样具有象征意义。这些名言出自那些争取社会进步的英勇斗士之口，他们是：乔尔丹诺·布鲁诺和康帕内拉、扬·顾斯和加里巴尔德、克斯丘什科和科舒特、艾恩斯特·台尔曼和赫里斯托·鲍捷夫、圣·卡塔亚马和帕特里斯·卢蒙巴、尤利乌斯·伏契克和尼古拉·奥斯罗夫斯基、车尔尼雪夫斯基和亚历山大·乌里扬诺夫、马克思和列宁。年轻人可在这个僻静之所看书，考虑生活道路。

共青团室的音乐作品主要是适应青年人特有的情趣和感受的。

学校博物馆里点点滴滴收集的是被全校师生视为我校荣誉和尊严的所有东西，是把我们全体结为一个团结和睦家庭的所有东西。陈列品中也有个别能体现学生劳动技巧的实物（可以活动和使用的模型和仪器、绘画等），有为祖国光荣立功的校友的肖像，有已退休老师们的肖像以及他们对学生集体致辞的录音带。这里还保存有记载班集体做好事的记事簿以及多年前毕业生的优秀作文和作业本。博物馆也陈列有报刊剪辑，内容是本村乡亲们关于学校、关于个别学生或老师美好回忆的短文。

教学研究室是供教师在里面工作、看书和研究问题的场所。这里准备的教育书籍中有关于教学和教育理论、心理学、伦理学和美学等方面的图书，有百科类辞书和各种参考手册。这里还备有关于教育和教学问题的报刊文章的剪辑，剪报按以下各类分卷存放：道德教育理论与实践；智育；体育；美育；政治教育与教学；勤劳精神的培养；个人爱好和志向的培养；学生的精神生活；知识掌握过程的心理；学龄初期、中期和晚期儿童的心理特点；职业选择；集体里的男生和女生；科学基础知识教学法（按各科分卷存放）；低年级教育教学工作；学生的书面创作；科学、技术新闻（分人文科学类和自然科学类）等。个别卷宗的材料贴在大张纸上保存，可供张贴使用。教育工作专用类的张贴材料收集了供教师用来给青年人树立榜样的描绘人的道德面貌和记述英雄事迹的特写、随笔和报道。新书陈列架上陈列新出版的教育图书。

家长活动角陈列的是介绍孩子的劳动、学习和创作的各种展品。每位家长都可以在这里看到显示自己子女某种优点的东西：做得很好的书面作业，自己动手在工作间制作的工具或活动模型，练习簿、图表、绘画等。老师可以在这里和学生的父亲或母亲单独进行谈话（这种谈话单独进行是很重要的）。

教员休息室里除课程表之外，没有什么东西能使人感到这里是学校环境：桌上摆着鱼缸；旁边是一个绿化角，摆着可以净化空气的观赏植物（柠檬树、月桂等）；桌子周围是一些软椅，桌上是杂志和象棋。

美术角是二层楼的一间教室和一段走廊。这里常常举办小画家们的画展。橱柜里放着可以概括介绍世界上一些最重要的博物馆收藏品的美术画册和书籍。《艺术新闻》陈列橱里是报刊剪贴。

安静角是一间不大的舒适幽静的房间。墙上挂有著名画家作品的复制品（挂两幅作品，定期更换；比如近三年期间挂出过的名画家有：列维坦的《金色秋景》、库英札的《桦树林》、瓦斯尼佐夫的《阿廖努什卡》、瓦西利耶夫的《大雨将临》、特鲁托夫斯基的《月夜》、波希托诺夫的《乌克兰的冬日黄昏》等）。桌上摆放着名画画册和音乐作品录音带，这可以引起遐想、回忆和思索。

女生角设在一个小房间，里面摆着解剖学和生理学、少女和妇女卫生以及母道等方面的书籍和小册子（这些书册是经常补充的）。少女们很乐意看这些书籍，而且一般都是拿走便不再归还的。我们把这看作是正常现象：女孩子往往不好意思进行这方面的谈话或向老师提问，即使拿书，也要设法不让别人知道她对什么发生了兴趣。

每幢教学楼都有存放自我服务用具的储藏室。每个班都有自己的水桶、喷壶、长把儿掸子、抹布等用具。每一层楼有一个吸尘器。每件东西都有固定的存放地点。

学生进入教学楼之前要擦洗两次鞋：第一次在校园进口的洗鞋池里，走过混凝土走道进楼之前再在另一个池子里彻底洗净。值日生要检查鞋是否干净，办法是：让学生站在白色粗麻布上蹭鞋底，布上不留痕迹，便可以进入校舍；如果布上显出污迹来，学生就得去重新擦洗，并且把粗麻布也带回去洗。在这些事情（擦洗鞋、检查）上，每个学生一天花费的时间不超过两分钟，但是这两分钟却可以大大减轻和节省清洁工的劳动和学生自我服务的时间。

楼与楼之间的甬道总是保持绝对干净的，即使在雨天被淋湿之后，孩子们脚上沾到的只是雨水，而不是泥泞。

各个教室都设有一个家务角，里面备有针线、纽扣、布头和碎布块等。

一、二年级上课的楼里设有游戏室和故事室。游戏室备有供小学生玩的玩具，它们可以扩大孩子们的眼界、发展机敏性，培养种种实际技能和技巧，而最主要的是树立对周围世界的富有人生乐趣的态度。每逢天气特别寒冷时孩子们就在这里玩。

大部分玩具都是电动的，有些是由高年级学生按自动学原理制作的。在玩具的配备和运用上，我们遵循这样一条原则：玩具应当成为促使全面发展的工具，特别是在智力及电学知识方面更应如此。

故事室里的布景和各种模型构成一种童话环境。例如，一个角落里是森林、鸡爪支撑的小木房和猫头鹰以之为家的树洞，这让人联想到讲老妖婆的俄罗斯民间故事；另一个角落里则是胶合板模型布置的关于天鹅在背上驮走小男孩的乌克兰童话的布景；又一个角落里是安徒生某篇童话的场景；第四个角落里则是日本童话的场面。这一切都是为了对孩子施以情绪上和审美上的影响而创设的。有些阅读课和语言发展课就在这里上。课外在这个环境中朗读或讲述故事，会在孩子心里留下不可磨灭的印象。

各个教学楼里都设有生物角，摆着孩子们栽培的花草。孩子们在这里做农作物和土壤实验。

低年级的某些课，是在大自然中、在暖房里或在教学实验园地里上的。在春秋两季的暖和季节，一、二年级的课都到“绿色教室”里上；而冬季高年级的课有时则要到冬季教室里上，这种教室是专门为此而设的。

各个班都拥有自己的一些常用什物：一两盆花、柜橱（存放练习簿、铅笔、直观教具、手工用具和材料等）、直尺或米尺（供黑板上做题用）、圆规、指示棒、彩色粉笔匣、算术尺或计算尺。讲桌橱子里则存放本班财物（钱财、图书，等等）。

各科专用室及各种工作室都设在教学主楼 30～40 公尺以外的一幢专用楼内。这里设有：物理、化学、生物和土壤学、机械学和电工学等科的专用室（供高年级用）；低年级和中年级的电工技术工作室；无线电技术工作室；少年设计家、少年自动学和无线电电工技师工作室及一至四年级手工劳动工作室。楼背面另有一道门通向学校发电站和小“铸造车间”。有碍健康的化学试剂存放在地下室保险库里。物理和化学教师备课有专门的实验室。

物理专用室和化学专用室各设有 20 张双人实验台、放映教学影片的银幕（放映机装设在隔壁的放映间内）、黑板和电气化的门捷列夫元素周期表。每张实验台都装有泄水池，以便做实验时排放污水和残液。每个操作位置都安装有电路和水管。橱柜里备有供个人做实验和进行电工及无线电装配活动用的仪器和材料。每个作业位置都配有一个“轻便实验室”，其中包括供个人使用的一套种类不多的固体试剂、坩埚、喷灯、镊子、研钵、玻璃棒、小铲、吸管、滤纸、盐酸、焊接吹管、无水酒精及乌洛托品等。学生自己配备的轻便实验室在他们的独立活动中，特别是在少年地质家的远足中起很大作用。

生物专用室有供放映教学电影和幻灯片用的银幕，每个操作位置都备有显微镜、成套的放大镜和切片，以及学生采集的各种标本。

物理、化学和生物各室都有一个《科技新闻》卷宗，里面收集了由教师和学生们剪辑和翻译的报刊及外国儿童和少年科技刊物上的文章和图片。

近 3 年期间由无线电技术教师 B. N. 申古罗夫带领高年级学生为物理专用室新安装了 3 套程序教学装置。教师的桌上是控制台，同每个操作位置都有电路相连。各个操作位置上则装有接受控制台指令的设备。教师可以同时发布 36 项不同的作业指令，每个学生分别接受各自的单独作业。学生完成作业后，向控制台报告结果，取得评分并接受新作业。在数学课和物理课上都使用这套设备。数学和外语两个专用室也安装了这种设备。

各专用室的各项设备不仅考虑了按教学大纲学习的学生，而且也照顾了较有才能的学生，他们对某些科学问题在课堂讲授前一年乃至两年就可能已经熟悉了。学生在大纲之外掌握的知识越多，整个集体的智力生活就越丰富，才能比较低的学生智力发展水平就特高，发生学习跟不上乃至不及格的危险就越小。

各专用室还设有标题为《日常物理学》《日常化学》《日常的电动机模型和生物化学》和《日常数学》的演示资料，其中某些资料还配备了仪器设备，以便用来以深入浅出而又饶有趣味的形式揭示自然规律的实质。

为高年级学生而设的机械学和电工学专用室备有：可运转的电动机模型、电瓶充电装置、变流器、能运行的电气化火车模型、各种机器和机械模型及其他模型和示意图表等。这里还设有供分组（15 人，即教学班的半数人）上课的操作位置以及进行集体活动的地方。高年级学生在这里装配各种活动模型、机器及各种电气仪表和装置。

低年级和中年级的电工室则是供少年电工和电器装配工小组活动用的。室内配备有供 15 名学生活动的工位，另一张台案上备有可以通电开动的机器和机械模型。每个操作位置都备有装配和制作电气仪表和模型所必需的元件和材料，以及电气装配工具。为这个活动室配备机器和机械模型的意图，在于使学生看到热能、机械能和化学能的相互转化过程。室内除了能说明电工原理的机械和装置外，还有能反映前景、反映明天的机械和装置（用半导体装成的热电装置、能说明无电机发电原理的模型等）。低年级电工爱好者的活动基地也在这里，为他们设有专门的台案，以及特别配备了成套工具的若干操作位置。孩子们在这里制作小型发电机模型、用现成的部件、零件和机构装配机组模型。

无线电技术活动室有 12 个位置，只有那些喜好无线电技术的低年级和中年级学生才在这里活动。摆在这里的几乎所有的机具、仪器和装置都是课外活动小组组员在较有才能的八至十年级的同学指导下亲手制作的。每个操作位置都备有完成各种难度的劳动作业（装配无线电收音机、制作操纵模型的无线电装置等）用的器材和工具。这个室是为进行长期的和集体共同协作的活动项目而设置的。

少年设计师和少年自动化和无线电电子技师活动室备有：金属和木料加工机械和工具（虎钳、车床两台、钻床、铣床、刨床各一台）、电熔化炉、电焊烙铁、细工电锯等。为年纪最小的学生单划出活动场所，配备有小型钻床两台、车床两台和铣床一台。孩子身边的各种机器装备能激发他们搞技术创造的志趣。

活动室的另一部分供自动化和无线电电子小组活动。这部分房间设有进行金属精密加工的5个操作工位，备有测量仪器、电焊烙铁、制作各种继电器的材料以及制作按自动原理运转的机器和机械模型材料等。为年纪小的学生备有小型车床和钻床。室中央安装有一台塑料和软金属零件的程度控制车床。这个活动室的一些装置本身就很能标志组员们的劳动性质：室内灯光的开关是自动的，进行焊接时有排气柜排除废气，规定小组活动时间的钟表也是自动开停的。

一至四年级的手工活动室设有可供一个班学生活动的操作工位，配备有存放器材和工具的橱柜、细工电锯和两台木工车床。学生在临近四年级末时便会用这个小车床车东西了，这也和使用剪刀一样是劳动的初步技能。这个活动室并不是随便安排在其他科技活动室旁边的，而是让低年级学生每次都可以看见大同学在干什么，可以访问那些少年设计师，访问那些少年自动化和无线电电子技师及少年电气工程技师。他们会亲自体验到，光有从事某种有趣活动的愿望还不够，还要学会很好地锯、刨、粘贴和旋磨才行。一般来说，年幼的同学应当尽可能多地看到年长的同学怎样学习和工作才好。

校发电站分两部分，并具有教学作用。

一部分装着配有16千瓦交流电发电机的动力装置一台，配有4.5千瓦交流电发电机的动力装置一台，配有2千瓦直流电发电机的动力装置一台，热电发电机一台，电瓶充电设备、电溶槽、电熔炉、电焊机、铣床、研磨装置和圆锯等设备。这些设备安装在这里，是为了电站在做教学运转时不白白发电。

另一部分是儿童发电站。这里装着一台配有低压小功率交流电发电机的动力装置。发电机可以连接各种活动模型。高年级同学在这里安装了几个装置，可以自动启动和停止小内燃机的运转，避免不幸事故的发生。

电站旁边是“铸造车间”和锻工炉。

各个专用室、活动室和工作间里的一切，差不多都是学生和老师们亲手制作的。我们的专用室和活动室每学年都增添新机床、活动模型和装置、试验台及设计和制作模型台案。如1963—1964学年，师生便制造了一台金属铣床、一台木工万能机床、一架圆锯、两台程序控制旋床、6台供低年级和中年级学生用的小型金属车床、15台可运转的交流电发电机模型和45台无线电收音机。至于金属加工机床，我们不光为自己而且也为邻近学校制造。近10年来我们向别的八年制学校提供了机床18台，数理化各科直观教具45件。

教学主楼一旁是厂房。学生进工作间要更换长工作服或连裤工作服（视工种而定）。工作间分木工、金工和电工三部分。头两部分各有20个工位，第三部分则设有18个工位和一个装配台案。

木工部装着5台木工旋床、一台刨床、一台铣床、一台万能床、一架圆锯和3台小旋床。每个木工台旁都设有工具箱，箱内每个工具都有固定位置。室内装有抽气管清除空气中的粉尘。这里还安装着由学生装配的木屑制砖机，可以把刨花和锯屑制成用于卫生技术上的隔热材料。

金工部有4台车床、一台钻床和一台铣床，此外还有两台小型车床和一台小型钻床、小型虎钳及5把电烙铁。每个工位都配备有台钳和一套工具。

电工部的每个工位都备有供装配发电机和制作电气测量仪器及电动制品用的零件和材料。

各部设置的工位席数都比上课所需要的略多一些。这样安排是考虑到中、高年级的学生都有自己的小朋友，而这种友谊基础则是共同的兴趣、气质和爱好。不论年长的学生在哪里活动，总是考虑到年幼同学的劳动，所以各个部门同时都安装有小型机床。

目前，在厂房入口处又安装了一块铁篦子，下面是一个不大的空室和抽气管相连接。当人一踏上铁篦子，抽风机就自行开动，气流便会把鞋上的尘土清除干净。

校图书馆也设在工厂所在的那座建筑里面，但另有单独的出入口。馆内收藏的图书是孩子们要熟悉的，一部分是会在阅览室、在语言文学专用室及在少先队室和共青团室读到的。凡按教学大纲要学到的书籍，我校图书馆都有收藏。图书小组立有读书登记簿。登记簿里列有学生名单，并且列着每个学生都必须读的书名，学生每读过一本之后便在簿上做个标记。

若干书橱专门用于存放《世界文学不朽之作》这类书籍。凡进入世界文学宝库的作品，这里都有足够数量的复本。教学主楼的前庭里张贴有这些作品的目录。不读完这些著作被看作是一种缺少文化和无知的标志。遇有某个学生由于某种原因很少阅读列入这个目录的书籍时，就会作为一桩“事件”在校务委员会上进行讨论。

馆内供高年级阅读的学术著作是按文学、历史、数学、物理和化学等科目配备的。

供家长阅读的这个部分也经常得到补充。

〔6〕关于听课和分析课的几点建议①

上课——这是教育和教学的主要形式。教师每天在课堂上给学生以教养和教育，并使学生得到全面发展。上课质量的高低，不仅决定学生知识的巩固程度和深度，而且可以决定他们能否树立起科学唯物主义的世界观和共产主义信念，是否热爱知识和科学，尊重人类所创造的精神财富。上课发展学生的认知力、创造力，形成科学思维的能力，培育对书的热爱。上课也是学生智力生活的一个主要方面。在课堂上，生活经验丰富的教师和刚刚在生活道路上迈步的学生之间进行着精神交往。因此，教师的榜样是非常重要的。

上课不仅是以知识来教育学生。同样的知识内容，在一个教师手里能起到教育作用，而在另一个教师手里却起不到教育作用。知识的教育作用在很大程度上取决于它跟教师个人的精神世界（他的信念、他的道德生活和智力生活、他对自己教育对象即年轻一代的未来的看法）融合的密切程度。教师的榜样——这首先是指他的信念，他对科学的热爱以及他的道德面貌。

一个有经验的校长，他所注意和关心的中心问题就是课堂教学。经验证明，听课和分析课是校长的一项极为重要的工作。有许多东西——教师集体和学生集体的智力生活是否丰富、教师的教学技巧是否高明、学生的需要和兴趣是否多样和广泛——都取决于校长的听课和分析课是否有高度的科学水平。如果校长能对课堂教学进行深思熟虑的分析，使之得到不断的改进，那么整个学校的教育水平就能提高。课堂教学同学生的课外活

① 《和青年校长的谈话》，教育科学出版社，2001 年，216～241 页。

动、自我教育，同教师个人的创造性实验，同学校的家长工作，等等，都通过许多条不易察觉的线索相联系着。在课堂上，我们可以发现学校的课外活动、对家长所做的关于教育学知识的宣传以及对学生集体的教育等工作的优缺点。

下面我想就听课和分析课的问题，向年轻的校长提些建议。

（一）听谁的课，何时去听，听多少课

校长只有掌握了足够的事实和进行过足够的观察，他才能高质量地做好教育教学过程中的这方面的工作。而只有经常听课和分析课，校长才能了解教师们在做些什么。如果校长不定期去听课，或因忙于开会和其他事务性的工作而无法走进教室，去接触教师和学生，那么他的其他一切工作都会失去意义，无论是开会还是干其他工作，都将毫无价值。

多年的经验使我深信，尽管校长有各种各样的工作，但应当把听课和分析课摆在首要的地位。我给自己做出一条规定：一天内必须听两节课。否则，我就会认为这一天我在学校里什么事也没有做。如果今天要去开校长会议，抽不出时间去听课，那么明天就得去补听，一共要听四五节课。这一天将过得很紧张。要是预定出差四五天的话，那我就得在这之前的两星期内，每天去听三节课。遗憾的是，有些学校有15～20个班，可是校长在整整一年里却只听七八十节课，甚至更少。这种校长好比是一个被蒙住眼睛的人在黑暗中徘徊：能听到一点，却什么也看不见、不知道、不理解。

校长要分析教师的工作，最适当的形式，就是定期地去听所有教师的课——既要听有二三十年教龄的教师的课，也要听青年教师的课。可是有些校长却错误地认为，对于那些有多年教龄的教师，可以少听他们的课。教龄的长短并不一定能决定经验的多少（遗憾的是，有些具有多年教龄的教师，说得形象些，就像干枯了的花朵：仅仅在外形上像朵花，实际上早已失去了鲜艳的色彩和芳香，失去了生命的气息。这种现象虽然令人不愉快，却实际存在着。教师只有不断地进修提高，才能成为真正的教师。我们有一种教育机构帮助教师在精神上得到提高和充实，它们被称为教师进修学院，这是很恰当的）。在我看来，教师的成长取决于他的教育学知识的深度。教师的进修提高，首先意味着他对于某一教育真理的看法今天已胜于昨天。一个在努力提高自己的教师，他总是不断地处理着理论与实践的关系，一面在总结自己所积累的丰富的经验，一面在用理论的光芒照亮自己前进的道路。他就是这样成长起来的。

校长去听课和分析课，不只是为了给教师一些东西，提些建议而已。

学校是个教育实验室，在那里，教师在进行创造性的工作，相互之间每天在进行精神的交往。对那些有经验的教师，校长应当多去听他们的课，为的是把他们个人创造的一切有价值的东西都吸取过来，变为全体教师的共同财富。

听课和分析课，应当贯串学期的始终。既不要在开学初期“加速进行”，也不要在学年结束前的两三个星期就匆忙停下来，似乎认为学期就要结束，大局已定，对于教育和教学工作再加干预未必会有什么益处。这些做法与想法是不对的。正是在学期快要结束的时候，对课堂教学的分析才有更大的意义。它不仅有助于校长对学生的知识质量做出估计，而且可以使他看出教师能否拟定进一步改进自己的创造性实验的途径。

校长除了要经常听课以外，还要对一系列的课进行分析，这在他的整个工作中也占有重要的地位。教育工作的特点，就是它的高度的复杂性和多样性。学生在今天的课上所做的事，将在以后的许多课上继续下去，发展下去，深化下去。知识不是某种凝固不变的东西，而是不断发展的——这是真正的知识具有的极其重要的特征。一个有经验的教师永远不会这样断言：在今天这一节课上，他就一定会使学生获得牢固的知识。这是不可能的。学生只有由于教师用了巧妙的方法来不断发展和充实他们的知识，才能牢固地掌握知识。为了分析教师在这方面的工作，校长应该系统地听课，即听一个教师在一个课题下和一个章节范围内所上的一系列课。这样系统地听课和分析课，将有助于校长对自己提出的意见和建议所产生的效果和实际作用做出判断。

系统地分析课之所以必要，是为了看出和理解各种教育现象的实质及其因果联系。在这一过程中，最便于揭示教学工作中的这样一些主要问题：牢固而又深刻地掌握知识的条件是什么，知识肤浅的原因是什么。在学年开始前，我就和教导主任一起拟定计划：这一年内我们将分别系统地去听哪些教师的课。我和教导主任每年可以系统地听 15 ~ 18 位教师（校长听 6 ~ 8 位教师，教导主任听 9 ~ 10 位教师）的课并加以分析（一边进行系统听课，一边进行系统分析）。这样就有可能在一年内对每一位教师的工作都进行考察。

（二）听课和分析课的目的是什么

有时可以听到个别校长抱怨说：“我听那位教师的课已经连续几年了（也许有 5 年、10 年），但是毫无益处——他的课仍然上得不好……”为什么会存在这种情况呢？这是因为这些校长听课和分析课的目的过于狭窄：

只是想发现教师上课的错误和缺点，至多也只是要对教师指出，怎样才能在备好课的情况下使教学方法获得较好的效果。

在听课和分析课的时候应当记住，今天某教师上的一节课，不仅仅是他昨天花一定时间进行准备的结果。一堂课并不只是、也并不那么多地就是教师在走进教室之前所读过的那点教学参考书和补充资料。

课堂是反映教师的一般修养和教育素养的一面镜子，从中可以看出他有多少智力财富，他的见识和他的博学程度。谈到上课，我们不应该忘记教育和教学是相互交叉的这样一个十分重要的事实：教师在讲解教材时，不但是在向学生打开通往知识世界的窗户，而且也在表现他自己。

我认识苏联各地的几十位出色的教育行家。他们的教育技巧的最主要的特征就是表现自我，即把自己的精神财富展示在学生面前。我和戈麦尔省科尔姆寄宿学校校长米哈依尔·阿法纳西耶维奇·德米特里耶夫结识多年。他曾多次来我校做客，我也常去科尔姆。他是一位出色的教师，他的教学技巧就在于能使学生从他的讲课中感觉到一个人可以拥有惊人的精神财富。他以丰富的思想吸引着儿童。他上历史课时，能整页整页地背诵历史文献。学生在听他的课时，眼前会呈现出一幅幅鲜明的历史事件的图景。这位教育能手的一个突出的特点，是善于找出鲜明的、有表现力的形式来表达某种思想，致使它能够扣人心弦。米·阿·德米特里耶夫说：“我在备课的时候，从来不给自己规定一个非得遵循不可的刻板公式。我只是周密地考虑要讲的事实的范围，而特别用心考虑的是怎样利用这些事实来讲清楚思想。”

你今天听了一节课，这节具体的课的质量，是跟教师的精神生活有着密切联系的。因此，听课和分析课的主要目的，应该是研究教师的眼界、兴趣和精神财富是如何表现出来的。我在听课时，首先就是要看教师在生活中最关心的是什么、他在读些什么书、在他的精神生活中书籍占有何种地位，以及他是否时刻关心着科学和文化方面的最新成就。

例如，在一节文学课上，教师在讲莱蒙托夫的小说《当代英雄》。我看得出，他是了解这部作品的，能很好地复述作品的内容，但是当他开始讲解主人公的内心悲剧时，就暴露出他对 19 世纪上半期青年人的精神生活了解得很肤浅，关于这一历史时期的作品他读得很少。在这种情况下，如果只就讲述和分析文学作品的方式、方法向这位教师提出意见和建议，对他会有帮助吗？看来是不会有帮助的。因此，校长在和这位教师谈话时，应当首先建议他读些什么书，讲通过什么途径扩大自己的眼界，丰富自己的精神生活。

数学课上一位教师在讲授三角函数的初步概念。他下的定义和举的例子都是正确的，但学生却很难理解新教材，因为教师没有讲清数学抽象乃是对周围生活各种具体现象的概括。他也没有举出一些例子向学生说明，掌握了三角函数，就能成功地解决哪些实际问题，例如可以实地测量从一点到另一个无法接触的点之间的距离。学生由于不了解数学概念的生活基础，于是就竭力去死记硬背。没有理解就去识记，所得到的知识必定是肤浅的、形式的，尤其有害的是不会实际运用学到的知识。对这节课的分析，也是从了解教师读些什么书，藏有哪些教学论和普通教育学的参考书谈起的。

我在低年级一个班听语法课时，注意到学生是通过生动的言语材料来学习语法的：女教师教儿童怎样思考，教他们讲述自己在大自然、劳动以及人们的相互关系中所看到的东西。因而，学生就不再把语法看作必须死记硬背的抽象概念，而感到是正确地思考以及表达各种事物的性质和关系的细微差别所必需的规则。初看起来，似乎这位女教师并没有专门花时间让学生去背熟语法规则，然而学生在整节课上都通过有趣的作业反复学习和运用它们。这样的教学和教育方法值得我们特别重视。我总结了这位女教师的经验，并向低年级全体教师和其他年级语文教师做了介绍。从这以后，这种创造性的词汇教学成了最重要的语法教学法。我举这个例子是想说明，怎样利用听课和分析课来研究和发展教师的经验，怎样把个别教师的经验变为集体的财富，用以丰富全校的创造性的教育实验。

（三）教师怎样理解和达到课的目的

许多课（甚至有多年教龄的教师的课）的重大缺点之一，就是没有明确的目的，因而未能使课的一切方面和阶段都服从于这一目的。问题并不只在于课堂教案里要写明本课教学目的。有时虽然在形式上是写了，但是教师并没有真正认识它。漫无目的的课不仅是白白浪费时间，而且会增加学生的疲劳，使他们养成一种松松垮垮的习惯和不良的道德品质——懒惰。

看起来，好像理解上课的目的是再简单不过的事。“课的目的吗？”一位一年级教师重复着我的问题说，“那就是让学生读读，复述一下。这就是课的目的呀。”

我们走进课堂，一种令人担忧的感觉控制了我：这里在白白地浪费时间，学生上完这节课就跟没上时一样，他们的技能毫无长进。为什么会这样呢？因为教师没有提出应当提出的主要目的，即：教会所有的儿童（不只是那几个被提问的儿童）阅读，发展他们的阅读技巧。教师对孩子们说，当叫到的同学在朗读时，大家应当仔细地听，记住他读的错误，然后大家来纠正。一年级的课文是很简单的，词也很容易记住，孩子们记住那些读错的地方也不难。当发现同学朗读中的错误以后，孩子们怕忘了，就不再听了，也忘记了要仔细看课文的要求。接着孩子们纷纷举手，要求纠正那位同学的错误。气氛是很热闹，但是益处甚少：孩子们并没有学习阅读。

那么，在一年级（也可以包括小学各年级）学习阅读意味着什么呢？这就是首先要学会把一个单词（尤其是多音节的词）作为一个整体来感知，而对词的分析，即分音节朗读，则是达到这种感知的途径。让儿童看着课本去检查别的同学的朗读并不重要，重要的是要让儿童看着课本，按音节读词（默读或者轻声地读）。这样的教学目的，正在于让每一个儿童独立地阅读。要达到这个目的（这正是小学特别是一二年级阅读课的最重要的目的）并不是很容易的，这里必须最大限度地注意每一个儿童的学习情况。有的孩子读得快些，有的孩子读得慢些，这一切都应当估计到。不要害怕有的孩子落在后头，也不要害怕孩子们读起来嗡嗡作响，好像一窝蜜蜂。并不是所有的一年级孩子都会默读的，在这一点上不必着急。孩子们朗读的声调较差也并不可怕，先让孩子们学会读词，以后就能表现出词的情感色彩来。

在听课和分析课时，我所注意的正是那种教学目的不明确的缺点。现在教师对于教学目的有了一定的认识。多年的经验告诉我们：教学目的越是简单，看起来越是容易确定，事实上却越是难以确定。属于这一类课的，除了有小学的阅读课以外，还有外语课，要解应用题的算术课、代数课，以及联系实际问题的几何课、三角课、物理课、化学课。在外语课上，主要的学习形式是阅读课文，最好是小声地读。还应当专门分出时间让学生进行默读，这时教师必须仔细地观察每一个学生是怎样学习的，应当教会他们独立学习。

要提醒教师不要过分迷恋于集体作业的形式，不要被那种一切顺利的表面现象所迷惑。要把学生独立的、个别的作业作为他们学习教学的基本途径。可以向全班布置好几种不同形式的作业，让每一个学生都去独立地分析应用题的条件，独立地思考各个数量之间的从属关系，独立地解题。在开始阶段，教师会发现学生在学习上有很大的差距：一个学生用 15 分钟就解出了一道应用题，还需要再给他一道新题目；而另外一个学生直到下课还没有解完一道题。对后者，你丝毫不要着急或感到失望。在下一节课上，你还应当让他继续解那一道没有解出的题目，让他思考，再思考，一定要迫使他独立解决。坚持让学生进行独立思考，总有一天，就连最差的学生也会独立地解出应用题的。

我想对年轻的校长和教导主任提一点建议：请你们去听一些和分析一些数学课（包括低、中、高各个年级的数学课），其目的在于专门分析一下学生脑力劳动的独立程度。在听这些课和分析这些课的时候，特别重要的一点是，要注意每一个学生是怎样学习的，教师是否提出这样的目的，即毫无例外地让每一个学生都进行独立的脑力劳动。

（四）为什么以及如何检查学生的知识

许多课的严重缺点，就是在第一阶段（检查家庭作业）浪费时间。可惜，校长并不一定注意了这个问题。正是在这一阶段最容易忽略上课的明确目的。教师在 15～20 分钟内提问三四个学生，给他们评分，而其余的学生却无事可做，或者至多不过是几个勤勉的学生估计教师要提问到他们，便在翻阅课本上的答案。一个学生回答完了，其余的学生便都十分紧张地等待着教师的提问。但是，只要教师一叫出某个学生的名字，其余学生便会立刻松一口气，于是就各干各的事了。在一节课的 1/3 时间里，他们什么事也没有做。这种惰性接着又会迁移到课的下几个阶段。这样日复一日，就使学生逐渐变得懒惰了。

课上浪费时间正是造成学生知识肤浅、懒惰、散漫的一个主要原因。校长不应该容忍这种状况：检查和评定知识变成了一种目的，教师提问学生只是为了给他打一个分数。在听课和分析课的时候，请注意观察：当教师喊到的学生在黑板前或在座位上回答问题时，班上其余的学生在做些什么。在检查知识的时候，应当让所有的学生都从事积极的、独立的脑力劳动，而在高年级（七至九年级）这种劳动则应当具有自我检查的性质。

在实际工作中如何才能做到这一点呢？在一些优秀教师那里有一种规定：每一个学生都备有一个草稿本（各门学科合用一本）。在检查知识的时候，学生都把草稿本打开，听着教师的提问，然后各自拿起铅笔，在自己的草稿本里简短地写出答案的主要意思，经常可以写成图表、示意图、详图等形式，或做简明的列举等形式。例如，一个学生到黑板前去求分数的公分母，其余学生不等待教师叫他们从黑板上抄下例题或者另解一个例题，他们都在草稿本里写自己的例题，求公分母，并同黑板前的学生进行比较。这样，教师逐渐使学生习惯于独立运算、解题，对知识进行自我检查。

在有些课上，学生的自我检查起着特别重要的作用。叫一个学生把自己造的句子抄在黑板上，其余学生把这个现成的句子照抄下来，这样做是不能鼓励学生独立地去进行脑力劳动的。而在这样的课上，学生的脑力劳动只有独立进行，才能积极开展起来。因而有经验的语文教师，总是要求每一个学生自己造句。

总之，在分析课的时候，要注意分析教学是怎样进行的；检查和评定知识时，学生的知识是否得到了发展和深化。使学生的脑力劳动积极化的途径是很多的，这里，善于思考的教师有着发挥创造性的广阔余地。

在检查家庭作业时浪费时间，这往往还表现在教师所提的问题完全是重复教科书里的小标题，这样一来就会促使学生去死记硬背。这种错误做法在一些学校里盛行。在文学、历史、社会常识课上，学生往往用 20～25 分钟的时间整段整段地复述教科书。这样经常地、一节课又一节课地背诵，会使学生智力发展迟缓，缺乏才能。校长有责任去消除这种不良现象，他必须向教师提出具体的建议：应当怎样提问题，才能促进学生的智力发展，培养他们对所学学科的兴趣，防止他们死记硬背。

比如，在历史课上检查有关 1861 年改革的知识。这时就应该先提出一些问题，让学生说明历史事件的因果关系。下面就是一位有经验的历史教师提出的问题。

为什么沙皇政府不得不把农民从农奴制中解放出来？如果沙皇政府不解放农民，那么俄国社会的发展会走什么样的道路？既然不分配耕地的单纯的人身解放并没有改善农民的处境，为什么又说这种改革在俄国历史上具有进步的意义？俄国哪些阶级和社会集团只关心解放农民自身而不给农民分配耕地，为什么？如何理解 H. A. 涅克拉索夫对这场改革的评价——“粗大的锁链被砸断了，它的一端打在贵族老爷身上，另一端打在农民身上”？俄国农民的解放与其他国家农民的解放有何不同？为什么俄国农民的解放迟于西欧其他国家？

提出这些问题，目的是要学生认真阅读和理解教材，而不是要他们死记教材。

在小学各年级，检查知识的形式比较特殊。没有必要花专门的时间去检查学生对语法规则和运算规则是否掌握——这些都可以在实际作业中得到检查。如果你能够说明小学教师怎样在学生运用知识的过程中检查他们的知识，那么你就等于能分析课堂上的极为复杂的教育现象了。知识的运用对儿童特别有意义。在课后跟教师谈话的时候，校长应当特别注意了解学生在做练习时运用了哪些知识，他们的知识有了什么进步。

（五）是否注意教会儿童学习

那些为教会儿童学习而采取的方法和方式，应当引起校长的特别重视。在小学，掌握知识的能力具有特别重要的意义。校长要经常注意这样一个问题：学生的观察能力、思维能力、阅读能力、书写能力等处于一种怎样的相互联系之中？在小学里听课和分析课，应当考查和计算教师上课有多少时间是用来教儿童掌握知识的。在朗读上是否用了足够的时间？阅读是否被各种各样的谈话所取代了？教师是否检查了儿童的课外朗读？多年的观察使我们得出这样的结论：为了学会迅速地、有理解地、有表情地朗读，学生在小学的四年时间内，朗读的总时数不得少于200小时（以一二年级每天朗读10分钟，三四年级每天朗读15分钟计算）。教师对这些时间应当加以统筹分配，而校长则要检查教师是怎样指导学生的个人阅读的。

我和教导主任在小学里听课时，曾经提出一个专门的目的：听学生的朗读。同时提出一项任务：每一年要对每一个学生的阅读能力做出评价，看他迅速阅读的能力如何，以及除了教科书以外他还读些什么书。一个阅读能力不好的学生，就有可能成为一个差生。如果在小学里没有教会学生迅速地阅读，他们日后在学习中就会遇到无法克服的困难。学会迅速地阅读和理解——这是防止学习上的惰性和学习落后的可靠途径。一个学生即使不能掌握数学、物理、化学等方面的知识，即使不能学会像中等生那样解答应用题，但只要他掌握了阅读技巧，他这个未来的劳动者和公民也将为自己打开通往丰富的精神生活世界的窗户。一个不掌握数学、不会解应用题的人，仍可以生活下去并获得幸福；然而，如果不会阅读，则不能生活，也不会获得幸福。谁没有掌握阅读的技巧，谁就是一个没有受过教育的人，一个不懂道德的人。

要学会相当迅速地、清晰地和正确地书写，学生应当在小学里完成一些为了培养书写速度的专门的练习。在听课和分析课的时候，校长应当不仅考查每一个学生的学习内容，还要考查他的学习分量。

思考能力（对比、比较、概括和解释因果联系以及其他联系的能力）具有特别重要的意义。在听课和分析课的时候，校长要注意考查学生解决了哪些思维任务，以及这些任务是否在掌握知识的过程中完成的。

对中、高年级的学生来说，还有一种具有重要意义的能力，这就是自我监督、自我检查的能力。经常听课和分析一系列的课，能为校长提供足够的材料，以便判断学生的这种能力是否得到适当的和目标明确的训练。

周围现实是知识的第一个和最重要的源泉。学生的智力和才能的发展，取决于教师是否善于利用这一源泉。有经验的教师在教学中，总是首先使自然界、劳动和社会生活的种种现象和事物成为学生思维的主要对象。校长就是要看教师是否善于把儿童带到知识的源泉那里去，使儿童通过观察周围世界和在劳动中与周围世界发生相互作用，学习分析和综合、抽象和概括的逻辑方法。在小学里听课和分析课的时候，必须特别注意教师是否带领学生到自然界里去发展他们的言语。

如果教师没有这样做，这就说明教学有脱离智力训练的严重危险。应当告诉教师如何到自然界里去上课，如何教会儿童思考。

（六）在分析课的过程中进行概括

在分析课的过程中，校长会逐步认识一些教育和教学工作的重要规律。对这些规律的认识，反映在具体的教育和教学方法中，反映在全体教师的教育信念中，又在优秀教师的经验中得到发展，使年轻教师的教育技巧得到充实。多年的经验证明，在听课的过程中应当对实际材料加以提炼、总结，以便整理成有关教育和教学工作的报告。最近 5 年来，在校务委员会的会议上，教师们听取了校长所做的下列一些报告：学生在课堂上怎样掌握数学概念和语法概念；讲述新课的逻辑顺序；如何在课堂上考查学生的知识；知识的增长和深化；知识与实际技能的关系；知识的运用是增长和深化知识的最重要的途径；学生在课堂上的独立脑力劳动；课堂上的时间利用问题；如何通过检查家庭作业来深化学生的知识；如何在讲述新课时考察学生的知识状况；什么是掌握知识的技能；如何对自然界进行观察；如何教儿童思考；思维迟钝的儿童的智力活动；课外脑力劳动的特点；课堂上的理解和识记问题；教育和教学的统一，等等。

校长跟教师的个别谈话起着很大的作用，但我认为，通过报告总结教学规律更为重要。大家就这些报告进行讨论、自由地交换思想、开展辩论，这一切都有助于教师集体形成共同的信念，提高教育技巧，启发教师们去进行创造性的探索。

解　读

帕夫雷什中学的学校文化，体现于学校长期共同生活所形成的教育信条、组织方式、学校传统、教研活动之中。

一、帕夫雷什中学的学校文化

（一）办学方向

无论称之为使命、愿景、价值观，或是教育信条，任何一所学校，必定要有自己鲜明的方向。

帕夫雷什中学的办学方向是什么？苏霍姆林斯基在不同的地方有不同的概括，大体说来，就是“使每个青年男女都能在道德上、智力上、实际能力上和心理上做好劳动的准备，发展他们的个人素质、意向和才能”。

这意味着：

1. 学校要为社会培养真正的公民，培养真正的劳动者（或共产主义建设者）。

2. 学校应该促进受教育者的全面（道德上、智力上、实际能力上和心理上）发展。

3. 学校应该发展受教育者的个性（个人素质、意向和才能）。显然，全面发展应该与个性发展保持和谐。

以此为方向或目的，帕夫雷什中学在长期的教育教学实践中形成了若干信念，这些信念，就是构成本书第一章至第六章选文的骨架。

从大方向上讲，苏霍姆林斯基没有也不可能超越他的时代，因此他对教育目的等问题的思考也明显受到了政治环境及意识形态的限制，这客观上导致了他的局限。但是，纵然如此，他在帕夫雷什中学办学方向上的思考与实践，也闪烁着人道主义的光辉。尤其是他对劳动中智力因素的强调，对学生个性发展的强调，贡献是突出的，这也是他后来遭受迫害的重要原因。

（二）组织方式

帕夫雷什中学的组织方式其实非常的简明。组织的核心，是校务会议，由“教师、少先队总辅导员、图书管理员、长日班教导员、校医、课外小组辅导员、校长、教导主任、总务副校长、5～7 名家长委员会委员（每年由全校家长大会选举产生）及共青团组织的代表”组成。

校务会议是实际上的“最高权力机构”，决定学校的重大事件：校长和教导主任的选举；教师工作任务的分配以及考核奖励的确定；学校工作总结汇报的审批；学校的作息时间表的审批；各种课程表、课外活动计划、假期教育工作计划等的审批；学校的基本建设和教具准备；教学大纲的审议；学校整体教学情况的讨论……

显然，这是校务会议领导下的校长负责制。这种组织方式，是对当时政治环境下官方通行的组织方式的模仿。校务委员会，相当于“人民代表大会”。有意思的是，苏霍姆林斯基把这一切落到了实处而不是流于形式，这反而形成了一种民主的生活方式，教师真正地成为学校的主人。

但是，需要指出的是，在帕夫雷什中学，与其说是“校务委员会”起到了决定性的作用，不如说是苏霍姆林斯基个人的人格与教育学素养起了决定性的作用，并实实在在地影响到了校务委员会的决策。

如果这所学校缺乏像苏霍姆林斯基这样卓越的人才，那么，校务委员会的组织方式，能否将学校带向一个美好的未来？

答案是不确定的，或者干脆说，是否定的。

因为校务委员会有权且应该决定涉及一所学校师生的基本权益的事务，但是，它并不能有效地解决涉及一所学校发展的核心事务，尤其是与教育教学有关的事务。就像帕夫雷什中学的教育教学事实上更多的是由苏霍姆林斯基所决定的一样，一所学校最重要最核心的事务，应该由这所学校中最卓越的人群来决定（这也是“人民代表大会”的本意）。只有这样，才能避免学校被平庸者主宰，避免平均主义和效率低下。当然，这个人群的选择与监督，也应该完全以民主的方式进行，以避免少数人的专制。我们现在一般的学校，也是少数人决定重要事务，可惜的是，这“少数人”，主要是以行政职位来确定的，而不是会聚不同领域不同学科的佼佼者来组成。

（三）校园环境

帕夫雷什中学占地约5公顷，校园环境十分优美。

校园周围是大自然，附近又有大片水域，而学校里，也是郁郁葱葱。不但如此，帕夫雷什中学还对学校附近进行了改造，将40公顷黏质土壤的贫瘠土地变为肥沃的良田和树木繁茂的果园。这些，不但是有益健康的自然环境，同时也是"大自然的学校"，是开展思维课以及相关研究的"教室"和"实验室"。也就是说，这些环境，本身具备丰富的教育学意义。

教学空间又分为若干个区域：教室区域、专用区域以及私人区域。

教室区域功能齐全，包括阅览室、数学专用室、语言文学专用室、外语专用室、无线电实验室、音乐室、少先队室、共青团室、校博物馆、教学研究室、家长活动角、摄影实验室、美术角、运动大厅、安静角、自我服务用具存放室等，一二年级每层还有游戏室、故事室、生物角等。

在这里，特别值得一提的是阅览室。苏霍姆林斯基高度重视阅读，所以每层楼都有一个阅览室，里面的图书都根据实际课程的需要做了精心的选择和分类。此外还有专门的图书馆，有孩子的阅读记录，如果有孩子没读完规定的书目，甚至还要由校务委员会进行专门的讨论研究。

教室区域之外，还有一些专用区域，主要供学生开展兴趣小组活动。例如：物理、化学、生物和土壤学、机械学和电工学等科的专用室（供高年级用）；低年级和中年级的电工技术工作室；无线电技术工作室；少年设计家、少年自动学和无线电电工技师工作室及一至四年级的手工劳动工作室等。

另外，学校还有暖房、教学实验园、发电站、厂房等。

私人区域，包括安静室、女生角等，是学生可以利用的私密空间。

不只如此，学校附近的工厂、农庄奶品厂、养蜂厂等，都成了学校的资源，各种果园之类就更不必说了。

帕夫雷什中学教室里以及走廊的布置也很有特色，带有知识窗的性质，而且有许多激励人心的名言（现在这样做是否值得提倡，另当别论）。

总而言之，帕夫雷夫中学的环境，无论是自然环境还是建筑环境、人文环境，均是十分丰富并极大地发挥了教育学效益的。

但这些不是关键，关键是，这种环境，是请人一次装潢的，还是师生在漫长的岁月中共同创造的？所以帕夫雷什中学校园环境中散发出来的气息之所以也是“文化”，就是因为它是师生共同创造的“作品”，并且，只要学校存在一天，这种创造就在继续。

在这里，创造无处不在。

一间教室，是一个老师或一群老师带着学生进行的创造。

一间专用教室，是一个有专长的老师带着一群热爱这一事物的学生进行的创造。

果园、工厂……甚至学校里的每一棵树，都无不凝结着师生的劳动。

仍然以阅览室为例，那些图书，并不是上级部门装配的，也不是找一个现成的书单“照方抓药”的，而是实实在在地由学校老师在长期的阅读中为学生寻找到的。只有这样形成的阅览室，才能真正地发挥最大的教育效益。

（四）学校传统

在帕夫雷什中学，有一些很有意义的节日。例如：首次铃声节（祝贺一年级新生入学）、最后铃声节（毕业）、老校友会晤（每年元月三十日）、母亲节、女孩节、授巾仪式（八年级同学向小同学转交红领巾）、春天的节日（歌节、花节、鸟节）、无名英雄节、松树游艺会、冬节……

此外，还有许多劳动的传统，布置教室、美化校园、收割庄稼、帮助同学等，以及由此衍生出来的一些仪式：果园周、首捆庄稼节、新粮面包节……

将许多很有意义的事仪式化，使之成为一所学校的传统，这对形成学校文化具有非常重要的作用。一是它确保了有意义的事情的延续，使之不再是一个孤立的灵机一动的临时事件，而成为一个能够进入岁月深处的心灵事件；二是它也增强了学生对待这些有意义的事情的责任感、自豪感。

二、帕夫雷什中学的教育教学研究

帕夫雷什中学能载入史册，决定性的因素，是这所学校的教育教学研究。

学校不允许官样文章。“尽可能少让教师拟计划、写提要，不让他做任何书面总结。这已成为我校工作常规。教师需要有空余时间去思考科学的新成就，充实自己的知识，总结已有的经验。我校集体在工作中严格遵守这样一条规定：让教师每周只有一天花费在理论讨论会、校务会议上或联合教学小组的活动上。这样，教师就可以把其他几天的时间都用在独立工作和休息上，用在跟学生们进行那种能使他得到道德满足和审美满足的精神交往上。教师之所以需要有自由活动时间，最主要的还是为了读书。”

这确实值得深思，学生需要闲暇，教师也需要闲暇。如果整天大会小会不断，各种扰民的材料（而且常常是制假）不断，提高教育教学质量从何谈起？

教育教学研究应该成为学校的核心，这是所有校长都没有异议的。甚至，可能也是大会小会上加以强调的。但成为核心意味着什么？意味着精力（时间）、财力（物质支持）、注意力，都必须向教育教学倾斜。没有这种实实在在的倾斜，教育教学研究成为核心就是一句空话。

帕夫雷什中学的卓越之处，就在于教育教学研究真正地成为核心。

1. 校长和教导主任分工听课并进行研究，协助老师改进教育教学技巧。

苏霍姆林斯基说：

多年的经验使我深信，尽管校长有各种各样的工作，但应当把听课和分析课摆在首要的地位。我给自己做出一条规定：一天内必须听两节课。否则，我就会认为这一天我在学校里什么事也没有做。如果今天要去开校长会议，抽不出时间去听课，那么明天就得去补听，一共要听四五节课。这一天将过得很紧张。要是预定出差四五天的话，那我就得在这之前的两星期内，每天去听三节课。遗憾的是，有些学校有15～20个班，可是校长在整整一年里却只听七八十节课，甚至更少。这种校长好比是一个被蒙住眼睛的人在黑暗中徘徊：能听到一点，却什么也看不见、不知道、不理解。

教导主任听课数量甚至（也应该）更多。

并且，这种听课不是泛泛地去听课，然后裁定教师上课的优劣（这正是许多校长的问题所在），而是真正地成为“教师的教师”，协助教师改进教育教学技巧。所以，每学期都要有计划地跟进一些老师，而且往往是听系列课，即连续地听完一个老师一个单元或专题的课程，有针对性地进行辅导。

在长期的听课过程中，会自然而然地发现教育教学中存在的一些问题，或者教材、教法以及学生学习中的一些关键点，围绕这些关键点，往往会形成一些研究专题，对这些专题的研究，将大大地提升学校的教育教学水平。苏霍姆林斯基的大部分教育教学思想，就是在这个过程中形成的。

2. 教师成为研究者。

校长和教导主任将主要精力投放于教育教学研究，必然带来教师相应的变化。在帕夫雷什中学，因为这种教研文化的存在，教师的工作，就带上了很大的研究因素，这促进了教师工作的创造性。

帕夫雷什中学的每一个教师都在进行日常研究，并形成了若干研究课题。而校长和老师，定期会在校务委员会或其他场合开设讲座，与另外的老师分享自己的研究成果。

很显然，帕夫雷什中学的教研是非常成功的。首先，它不是随机的教研，而是以问题或教师为核心的目的明确的持久的教研，这种教研实实在在地解决了存在的问题。其次，这种教研所得到的成果，又被不断地加以讨论和积累，最终转化为学校的生产力。最后，积累的成果又被不断地加以理论提炼，然后再返回实践之中深化，结果便转化为一所学校的教育信念或者说信条，这对实践的推动意义是不可低估的。

相形之下，现在许多学校的教研往往沦为形式，原因往往是：

1. 校长、分管校长（或年级主任）、教导主任、教研组长等，主要的精力用于行政事务，而没有分配于教育教学研究。

2. 虽有听课评课，但一则目的不对，常常以裁定老师教学优劣为目的（纵然不这样声称，也心照不宣）；二则听课评课本身异化，成为表演课而非研讨课，即往往听课老师拿出自己最拿手的课，而不是需要加以讨论的问题课。

3. 听课是零星的，缺乏对于一个老师或一个主题的持久的跟踪，而没有这种持久的跟踪，就无法总结出有深度的问题，只能纠缠于一般的上课技巧。

4. 教研无积累。即每次教研要么无结论，即便有了结论，也没有积存下来成为以后教研的共识。这样的教研往往无进步，数年如一日地研究同样的问题，或者每一次教研都研究“所有问题”，有何进步可言？

5. 教研本身缺乏研究的支持，往往是凭感觉，动辄“我认为”，缺乏理论的支撑，这跟老师普遍的不读书有关。

教研文化，或许是一所学校最重要的文化。

案　例

罕台新教育实验小学学校文化建设简述

一、新教育实验对学校文化的理解

新教育人认为，文化在本质上应该理解为一种生活方式。学校文化，就是一所学校的成员在集体层上共享、共同体认并遵守的生活方式。它由内而外，分为几个层次：文化的精神层面，包括世界观、教育理念、规章制度；文化的技艺层面，对学校文化来说，就是教研方式、仪式庆典、课程系统等；文化的物质层面，对学校来说，就是校园的绿化、装潢、建筑内外的布置和陈设，以及各种使用着以及保存下来的物品。

从时间上来讲，文化不是一个空降兵，不可能临时抄袭一套理论词汇，或者课程系统，把它当成自己的文化。真正的文化只能是一个漫长的建构过程、叙事过程、自我书写的过程。在这个意义上，文化就是讲述一个自己的故事，确定自己的英雄、榜样，确定自己的抉择以及明确自己存在的意义。学校文化，就是一个有核心主题的学校成长的漫长叙事。

所以学校文化是不可能在开端处就全部写成，然后照章执行的。学校文化必须是怀着理想、有所思考、不断地书写，慢慢地在岁月中，呈现为一个真实的系统，一系列真实可感的故事，一系列真切的话语和物品。

罕台新教育实验小学，在内蒙古鄂尔多斯市东胜区罕台镇书写的教育故事已近两年，真正独立的学校，也已经存在将近一年。我们不能违背自己的文化理念，在这个幼稚的开端宣告自己拥有了包罗万象、事无巨细都已经精心雕琢的学校文化，但我们确实已经拥有了自己的一些想法，积淀了自己的一切语言，可以说，我们拥有了一个美好的学校文化的初步构想与雏形。

二、学校的使命、愿景、价值观

从学校立校的第一天，全体教师就在探讨一份名为“罕台新教育实验小学的价值系统”的文件。这份文件需要全体成员在说理的基础上一致通过：即只要有人反对而且言之成理，那么它就将被搁置起来，不能成为有效的文件。

遗憾的是，因为某种原因，这份文件至今没有正式通过，它仍然是一个“暂行稿”。但这份文件的制订方式，体现了罕台新教育实验小学办学的一个想法：在学校内部，它是民主、共享的学校，学校文化的核心部分，应该不能由任何一个人说了算，而应该由所有人参与，并奠定在学校历史或者学校叙事的开端处。

一个真正地讨论通过的《罕台新教育实验小学的价值系统》，将是学校的“宪法”，后面的一切文化、制度，除了要遵循国家和上级相关部门的规定以外，还必须遵循这个文本的理念，任何人可以凭这个价值系统，否定学校各个部门自行规定且与这个价值系统相违背的决策，批评违背这个价值系统的行为。

罕台新教育实验小学价值系统（未通过的暂行稿）

使命：

综述——在本校实现“过一种幸福完整的教育生活”的新教育理想。

细述——使所有教师成为高度专业化的优秀教师，具备高超的教育教学实践能力、理解能力和批判反思能力，拥有持久的、高质量的教育教学业绩。

在各个方面达到国家标准的基础上，使每个学生在小学毕业时拥有国内一流的人文素养，拥有健康、自信的精神面貌，高超的阅读能力与表达能力，拥有一流的自然科学素养和数学素养。

愿景：

——成为全国第一所真正意义的新教育实验学校，即全面贯彻的新教育理念，开发和实行新教育课程的学校。

——在不采取应试与题海战术的前提下，毕业生素质及成绩均居内蒙古自治区一流水平（并可对此进行质性及量化评估）。

——成为全国范围内知名的卓越的专业发展共同体。

——在时机成熟时，成为新教育实验骨干力量的培训基地。

——学校从所有方面（文化系统、课程系统、叙事及档案）均以百年为尺度考虑，努力把学校写成一个真实、隽永的教育故事，并陆续出版一系列书籍作为历史见证和奉献于世的财富。

价值观（集体承诺）：

——不存在高于学生成就的教师荣誉和集体荣誉——我们把促进每个学生的学业进步，当成是教师的最高荣誉（一个孩子的进步，胜过教师或学校获一个全国一等奖）。

——对每个学生怀着高度的成功期待，并悉心跟进对其学习的指导；了解每个学生在本学科中的学习困难及潜能。

——不采取题海战术（事先检验每一道学生即将用时间去完成的练习）；引导家长提高家庭教育品质，但不将教育责任推诿于家庭。

——确保课堂教学的高效；呈现所教学科的丰富性与魅力；在各学科教学中，促进学生的理解力（在可理解的学科里，坚定地反对死记硬背）。

——认同新教育实验核心理念，恪守新教育人的理想、公益、田野意识、合作精神。

价值优先顺序：

第一，每个学生的学业成就。

第二，教师教育教学实践能力。

第三，共同体的面貌（氛围、研究品质、民主生活方式、归属感，等）。

第四，其他目的。

分阶段目标：

——2010 年 8 月 25 日至 2011 年 8 月 25 日：借新世纪小学一二年级四间教室，探索新教育课程在东胜农村实践新教育实验的可能性，并在过程中不断调整课程。

——2011 年 8 月 25 日至 2015 年 8 月：完成新校园的全部建设。初步完成学校文化所有层面的框架，初步呈现全部新教育课程的系统。

——2015年8月至2018年7月：做好第一二两届毕业生的毕业工作，及时总结这两届学生整个教育过程中的珍贵叙事和档案，整理出版相关书籍。

——2018年之后：不断螺旋式提升学校各方面的品质，为打造百年名校做持久的、不懈的努力。

教职员工标准：

1. 拥有持久的、高质量的工作业绩。
2. 一线教师具备高超的教育教学实践能力。
3. 具备高度的理解能力和批判反思能力。
4. 有对话精神与沟通能力，为共同体建设做出积极贡献。

学生标准：

1. 热爱各门学科，并在高年级时能够在各学科“学会学习”，具备在具体学科问题情境中的探究、反思、创造力。
2. 各学科成绩优良以上，不存在无法进一步学习的障碍学科。
3. 具备丰富、宽广的智力背景（课外阅读量），拥有高超的阅读、表达能力，拥有较高的人文素养（注：可依据某几部经典文学作品的细致阅读来考查此种素养）。
4. 拥有良好的精神品质，注重身体锻炼，有较广泛的兴趣——尤其是艺术爱好。

附注：

1. 在新教育小学价值系统中所表述的学生，一般指智力正常的学龄儿童。学校不会放弃已经入学的任何类型的特殊问题儿童，但对其会有特殊的标准加以衡量。
2. 对历史过程中形成的学困生及其他类型的问题学生，除非做到充分了解其成因、持久观察并不断采取治疗措施，记录整个教育过程，否则将视为教育教学的疏漏及失当。对采取此种措施而进步不显著、没有能在短期内达到优秀标准的，则依据具体情景，另做评估。
3. 除非前后存在逻辑关系，一般各项中，依据重要性的优先顺序排列各条。
4. 学校的规章制度，应与本文件不相冲突。如果上级的硬性要求与本文本的原则有所冲突，相关人员应该采取妥善办法，既完成上级任务，又不让学校长期处于违背自己理念的状态中。如果本文本与国家法令发生冲突，应该即刻集会修订本文本，使之符合国家相关法令（国家法令是指正式由国家颁布的法律法规，而不指地方性的口头命令或临时性任务）。

5. 学校的许多事务直接由国家法律法规和相关部门的有关规定监督、指导，譬如聘任、调离、辞职、合同、职称、法定假期与请假制度等，这些将直接由学校的相关人员和相关部门，直接遵照相关法规执行，或与上级相关部门联系，在上级的指示下执行。此类事务均不列入本价值系统讨论范围。

6. 学校新老成员，均可在历史过程中，提出对本文本表述的恰当性、原则的正确性提出质疑和修正意见。若无紧急情况，一般在 8 月份新学期开学前的教师会上由校长主持本文件的修订，紧急重大情况下，可以在任何时候进行——修订仍然要在讨论不能再提出异议后，才算通过。

7. 如果学校对此文本以上表述（以及修订版本的表述）已经不复遵守，学校内外所有人均可宣布本校已经违背初衷，沦丧新教育精神，不再是真正意义上的新教育实验学校。

这个文本如果通过，那么它的重要性，将会是一般以自己的意愿作为正式命令的校长所难以理解的：因为这个文件将赋予学校中所有成员评议相关事务的权力，在校长及领导无视这个文本的时候，进行批评，直至宣布学校精神的沦丧。

三、学校的领导与管理

在拥有一所学校的“宪法”之后，作为“行政、执政”的学校管理部门，在实质上就是一方面接受上级委派，完成相关任务；另一方面就是据此理念办事，尽一切力量，最大限度地实现以上价值与理念。

罕台新教育实验小学把“领导”和“管理”分成两个不同的概念：领导，就是在精神上、思想上能够带领大家的人；管理，就是依据部门职能，落实相关事务的人。

据此，罕台新教育实验小学的领导，包括那些最优秀的教师，他们将参与学校中任何重大事务的决策。

而校长室、教导处（教科室和德育处）、后勤处，则是管理部门，主要是对各种事务依法执行，而不是自己颁布命令。

在管理理念上，学校倡导小政府、大教室，即除了升旗、开学毕业典礼、数量非常有限的学校层面的节日性活动、上级规定的必须开展的校级活动外，学校尽可能不在中途冒出“灵感”“想法”或者“要求”，干扰教室里的教育、教学、教研。学校以各教室里的真正的教育生活为中心，各部门既为教室提供服务，又监督教室完成公共事务、监督学生遵守公共秩序，但不凌驾于教室之上，发号施令。

学校的管理原则，主要就是“言说榜样，警惕底线，照顾生活，共同修炼”：即不断把榜样的行为呈现在全体师生面前，而警惕、警告、打击那些滑到底线以下的言行。

学校级日常生活的核心，就是打造学习型共同体，采用周三年轻教师共读、周六教育学心理学共读、寒假和暑假深度共读，以及日常不间断的教研活动，把教师的注意焦点，放在教育、教学上。但是学校确实也想尽一切办法，为所有教师提供尽可能多的生活方便。

新教育人认为，生活方式来自文化的真实体现，所以我们不把文化理解为口号标语，或者一套词汇，而是理解为一种朴素、真实的生活方式，如果做不到，我们最多只能当作理想提出来，但绝不能宣称它已经成为我们的文化。

就今天的罕台新教育实验小学而言，卓越、精致、无限的爱心，已经成为部分人的肤色、标志，但还不能说是这所学校的文化，因为个别人的优秀，还没有转化成为学校整体的优秀。

四、正在形成、积淀、完善中的各种文化表征

在相当程度上，一所学校的文化被狭隘地理解为它的建筑、布置，对自己秉承的理念的自我表述，以及更重要的是一些象征物，譬如校训、校风、校徽、校歌、校旗……

这些学校文化表征的重要性是毋庸置疑的，确实在相当程度上，它们就代表了、象征了一所学校的文化。但同时它也意味着，这所学校的文化，是千人一面还是独具只眼的，是属于自己的还是抄袭翻版的，是肤浅粗俗的还是隽永深厚的。

罕台新教育实验小学在学校文化象征物的形成中，遵循以下几个原则：

一、生成性。即它是在学校历史的发展过程中慢慢形成的，不是请人或自己“突击完成”，一次性制造出来的。

二、创造性。即它尽可能是自己创造的，不是抄袭，不是引用的，而是原创的。

三、文化性。即它要和中国文化的精神一脉相承。

四、新教育化。即它们要和新教育的根本理念相一致。

罕台新教育实验小学目标已经成熟的学校文化象征物有：

1. 校训：相信种子，相信岁月

这句被全国数十万新教育人屡屡引用传播的话，出自本校校长干国祥先生2006年在苏州大学进修、研究时所写的文章，并最终成为许多新教育教室的座右铭、班训。

相信种子，相信岁月，就是相信生命的无限可能性，相信课程的无限重要性，相信每一个人只要穿越足够长的优秀课程，就能让自己的生命如种子一样，萌芽、生长、开花、结果。干国祥先生用中国传统儒家话语解释说：相信种子是本体，相信岁月是功夫……也就是说，相信种子，是信任生命的仁心、四端、生生不息的创造精神；相信岁月，则是小学、大学的修身之道，是“小立课程，大做功夫”。

2. 校徽

本校校徽由校长干国祥先生亲手设计，由全体教师表决通过。干国祥先生对这个校徽的文化阐释是：

中心之底为中国太极之道与金沙出土的太阳神鸟糅合，生生不息之道—乾坤变化—四季—十二月（12个轮齿）；四季以四君子花象征（把竹换成了同样具有花中君子之美誉的夏荷）；外围上是校名，下为校训。“相信种子，相信岁月”的校训，亦是道—阴阳—四季—十二月的相互呼应。

因为设计的校徽中含有太极，不少朋友质疑：这不是道观吗？这不是道教吗？我们的儒家文化在哪里？干国祥先生解说：太极或道，乃是整个中国文化的共享词语与图腾，《易》乃是儒家最重要的经典之一，儒家大师周敦颐有《太极图说》，儒家最重要人物之一朱熹也经常论说太极……所以太极八卦首先是儒家的思想，后来道教才和儒家共享了易与太极。

3. 校歌

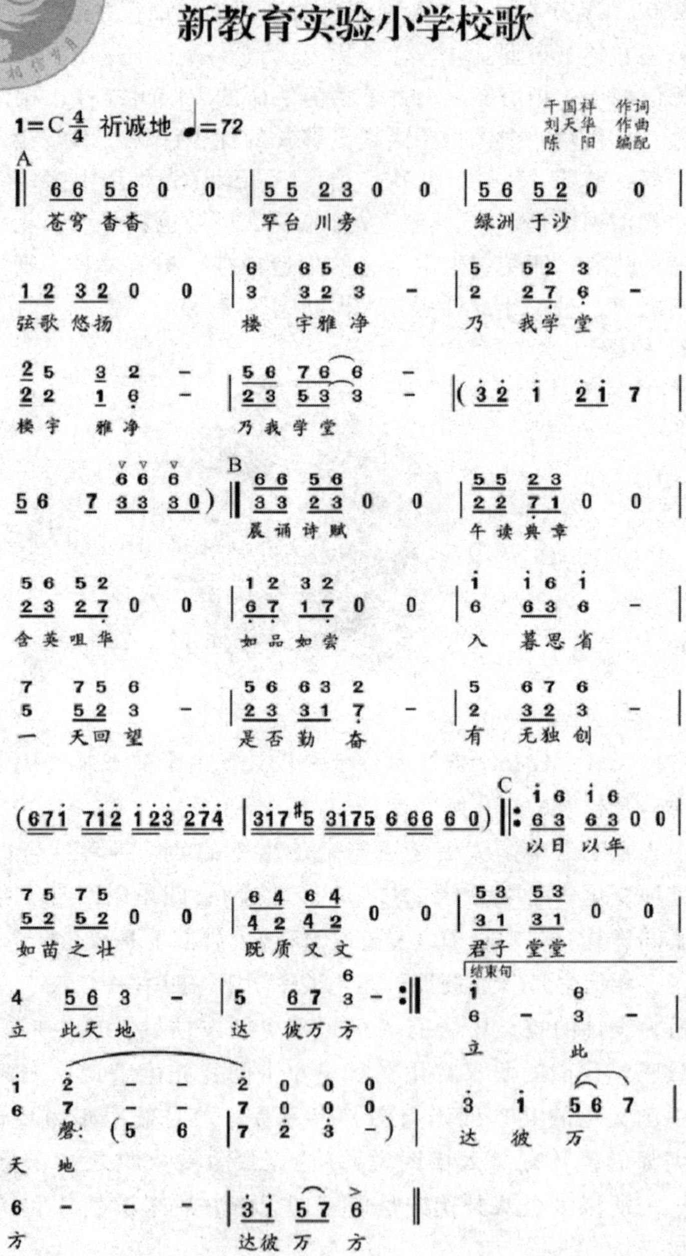
新教育实验小学校歌
1=C 4/4 祈诚地 ♩=72
干国祥 作词
刘天华 作曲
陈 阳 编配
苍穹 杳杳 罕台 川旁 绿洲 于沙
弦歌 悠扬 楼 宇雅净 乃 我学堂
楼宇 雅净 乃我学堂
晨诵诗赋 午读典章
含英咀华 如品如尝 入 暮思省
一 天回望 是否勤 奋 有 无独创
以日 以年
如苗之壮 既质又文 君子 堂堂
结束句
立 此天地 达 彼万方 立 此
天地 磬: 达 彼 万
方 达彼 万 方

苍穹杳杳，罕台川旁，
绿洲于沙，弦歌悠扬，
楼宇雅净，乃我学堂。

晨诵诗赋，午读典章，
含英咀华，如品如尝；
入暮思省，一天回望：
是否勤奋，有无独创？

以日以年，如苗之壮。
既质又文，君子堂堂。
立此天地，达彼万方。

本校校歌歌词由校长干国祥拟写，为校歌谱曲的，是著名的音乐家刘天华先生。刘天华曾获“美国国际电影节”最佳作曲奖，是继谭盾之后获此殊荣的中国作曲家。刘天华先生为本校谱曲，不仅没有收取一文费用，而且还在电话中告诉干国祥校长，一定要抽空来看望孩子们，为孩子们带来礼物。

校歌第一段，是罕台新教育实验小学的环境自大而微的写照：天空、大地、罕台川、绿洲、学校、楼宇、校园内的弦歌声。校歌第二段，是罕台新教育实验小学“晨诵、午读、暮省”这种新教育生活方式的刻画——在罕台新教育实验小学，这种方式日复一日地进行着，从未间断。校歌第三段，是对学校教育目标的一种憧憬与描绘：让孩子们成为文质彬彬、顶天立地的君子。

4. 校旗和班旗

我们的校旗，中间是校徽，旗帜背景三色取自顾城的诗歌：“加一笔蓝，是天宇；加一笔黄，是土地。把蓝和黄，加在一起，是绿，是生命的天地。”而各班的班旗，则是在校旗的基础上，加上各班的级号和标志，这个级号和标志意味着整个小学生涯的一种鲜明的刻写。

5. 三风（校风、教风、学风）

风气（无论是校风、教风还是学风），是一种天长日久慢慢形成的精神风貌、言行风格。它和校训不一样，不是尚未实现的“应然”，而应该是一种事实存在的“实然”。所以我们并不认为罕台新教育实验小学已经可以宣称自己的校风、教风、学风。风气，是一种成熟或成形的气质，它不能被尚未成熟的人或团体自我宣称，或者对尚未定型的人或团队加以指认。

校旗

班旗

所以在我们的学校文化概念系统中，三风在目前是比较次要的，而且并不认为它是可以上墙宣布了的。但它以草稿的形式存在于我们的梦想中，意味着我们可能达到的一种理想之境。

校风：宁静生活，勤勉思想，创造精致，追求卓越。在“罕台银德尔”这最高的山丘上，站成一片能思想、会歌唱的苇草。（罕台银德尔，蒙语，意谓“最高的山丘”，现简称“罕台”。）

教风：己立立人，己达达人。

学风：让身体和思想都训练有素。

五、罕台新教育实验小学学校文化之课程与日常生活方式

严格来说，学校文化是一种梦想雏形在生活中的慢慢成形，并最终显现为一种价值鲜明的团体形态（我们就是据此来区分基督教、儒家、佛教、伊斯兰教、科学家，以及各种流派的思想、艺术团体的）。如果说它的理念系统是生成中的概念的话，那么它的课程系统、生活方式就是生成中的学校文化事实。

新教育实验的一个使命是为实现素质教育创建一套自己的课程系统，而罕台新教育实验小学承担起了这个课程系统的开发任务。虽然因地处偏僻，人才难觅，但这一责任我们仍然将坚定地承担下来。

罕台新教育实验小学正在启动创建的课程，可以形容为是一个“全人课程”，即真正地实现生命的全面而本真的发展：既在道德、智力、情感、审美、劳动、身体等各方面全面发展，又注重这个发展的整体性（而不是像许多学校那样，以学科分割来实现这一全面发展），还注重这个发展过程中的个性差异。

这个课程系统，是以“缔造完美教室”这个概念为抓手而展开的。在“缔造完美教室”的系统里，我们有自己独特而深思熟虑的道德人格课程，有全国独树一帜而且颇为领先的语文课程、班级课程，有正在开始起步的数学等学科课程，有和日常生活紧密结合的音体美课程——但它们都由班主任主导，而不被分科教学切割成碎片，并通过童话剧、班会、升旗仪式中的展示、结业典礼的讲述，而成为一个教室叙事的整体，和学生个体生命叙事的整体。

这一课程是个庞大的系统，无法在此详述，但它事实上是学校最重要的部分，也是学校文化最日常的落实、显现方式。

除此之外，学校文化在日常生活中还会以庆典等特别的仪式加以体现。

1. 生日庆典

每间教室里，一年中最重要的节日总是学生生日。为每个生命的到来和它无限的未来可能性喝彩，这与我们的学校文化精神息息相关，所以教室里的生日庆典，总是特别隆重与认真的。

在罕台新教育实验小学，每个孩子的生日都将得到教师编写的生日诗，听教师讲精心选编的生日故事，全班同学也送上祝福。这些日子早就标注在教室日历中，每首生日诗和每个生日故事都精心挑选，量身定做，极少重复。它是对生命的期许，是为生命提供美好的镜像，让孩子意识到自己

可以、可能成为怎样美好的样子显现在这个世界上。

2. 结业典礼

每个学期的结业典礼，是罕台新教育实验小学每学期中最重大的日子——我们的开学仪式往往是短暂的、没有多少豪言壮语的，因为没有活出来之前的计划、方案、口号往往并不可靠，它们的失败或者异化，将会让教育成为一种空洞的撒谎。

与此不同，结业典礼总是沉甸甸的教育生涯的回顾。我们的结业典礼由教室叙事、为每个生命颁奖和童话剧演出三部分组成。

教室叙事，就是由我们特制的教室日历、周历中记载的我们真实走过的旅程，包括教室节日、课程穿越、共同生活等，用一条四季的线索把它串起来，讲述一个关于集体成长的故事。

为每个生命颁奖，就是要求每个孩子都能够在这个日子获得一份证书、几张奖状。我们学校极少评比、竞赛，原则上也不评三好学生、优秀学生干部，但是，我们要求为每个孩子量身定做奖状。而这些奖项的名字，往往别出心裁，譬如把花语与生活结合起来，如完美的牡丹，清高的兰花，值得期待的睡莲等。

童话剧，是在开学计划中就定下篇目，然后用极长的时间共读，确定剧本，揣摩角色，反复排演，最后在结业典礼中向所有家长演出的重大事件。童话剧要求人人上场，篇目往往取自具有深刻象征意义的童话故事，如《丑小鸭》《犟龟》《夏洛的网》《绿野仙踪》《青鸟》等。

结业典礼的那一天，孩子们盛装出场，而家长们，往往呼朋引伴，前来聆听和观赏。

3. 晨诵、午读、暮省

罕台新教育实验小学的校歌第二段，讲述了我们最重要的学校文化，一种朴素、宁静的生活方式：晨诵、午读、暮省。

晨诵诗赋，午读典章，
含英咀华，如品如尝；
入暮思省，一天回望：
是否勤奋，有无独创？

罕台新教育实验小学是一所寄宿制农村小学，目前80%以上的学生住校，学生来自泊江海子、罕台庙各地的农村。

每一天，我们在诗歌中开启黎明，用新教育精心编制的一到六年级的晨诵课程中的优美诗歌，点亮每个灵魂在每一天的第一道光芒。这些诗歌从儿歌童谣，一直到古曲诗词、儒道经典和世界诗歌精选，按不同年级编选成一个个相继的单元。

阅读，是本校最大的特色。新教育研究中心是全国著名的阅读研究机构，并将在本校建成包容所有出版童书的童书馆。而每间教室都将拥有上千册童书，以方便学生随时阅读。

我们有专门的午读时间，六年的阅读按由浅而深、由易而难的阶梯排列，其中三四年级是阅读量的高峰期，要求学生年阅读量在1000万字左右。

暮省，则是利用傍晚进行一天的自我省察，内容包括教室叙事和自我反思两块，都记录在教室日历中。

4. 周六共读、假期共读

罕台新教育实验小学的种种特殊性，要求教师具备极高的教育学素养，对教育具有宗教般的虔诚和热爱，我们把“筑造·劳作·栖息·歌唱”，当成教师的生活方式，并以新教育实验重要文本《书写教师职业生涯的传奇》当成职业认同和专业发展的指导方针。

除了平日的教科研，我们有周三年轻教师共读，目前由驻校专家、全国知名的教师专业发展专家魏智渊亲自主持。有周六教育共读和教育汇谈，一边阅读教育学、心理学名著，一边讨论日常教育教学中的种种困难、问题。周六共读由校长干国祥先生亲自主持。

学校还有“罕台清凉之夏”和“罕台温暖之冬”的深度共读，届时全国不少优秀校长和教师会申请来学校参与共读，这时阅读的内容往往是哲学和心理学名著。

学校，成为一个真正的学习场所，师生都把学习当成最本真的生活方式，醉心于知识本身的魅力，这是罕台新教育实验小学已经初步显现出来的风尚，也是未来要坚持下去并发展壮大的生活方式。

六、罕台新教育实验小学学校文化之几个侧面

对未来的罕台新教育实验小学的学校文化，我们还可以用几个关键词，从不同的侧面来加以描述：

1. 绿色学校

罕台所处环境并不好，周围沙化严重，和沙漠地区只有半小时车程。但正如校训“相信种子，相信岁月”取自于花草树木，正如校歌所唱“绿洲于沙，弦歌悠扬”，学校将持续地在校园绿化上下大功夫，并结合学校

的中水系统、沼气系统，要逐步实现污水和垃圾的回收利用，转化成学校的绿化源泉。

学校最终将绿树成荫，在一切可能的地方种植树木，并形成几片大大小小的树林。

教学楼内将有四季如春的绿化区。

每间教室和办公室将充满绿意。

学校还将利用爬山虎，把多处墙面逐渐地改造成绿化墙。

一句话，最终成熟的学校，将是一个小森林、小花园，绿色将成为学校的第一表征。

而绿化的另一项功能，就是将建筑“柔化”，减少学校建筑今天暴发户式的暴露，以及未来褪色之后衰败的暴露。

2. 童话学校

学校内设有童话学校，著名儿童文学作家童喜喜担任校长；学校的每间教室都有一个童话般的名字，名字源自于读过的童话经典；每间教室的童话剧，是班级整体面貌和水平的显现……因为我们是一所小学，我们认为，小学首先应该是童话的，是永无岛式的，是巴学园式的，所以童话将成为学校文化的一个关键词。

3. 艺体学校

童话和艺术紧紧相伴随，本校每周开设有乐器课，人人要学习多种乐器。目前仅通过半年时间，一年级学生已经能用口风琴吹奏多首曲子，二年级学生已经能够演奏美妙的葫芦丝，三年级学生也已经能够娴熟地吹奏竖笛。未来还将在高年级学习电子琴、吉他，并在中高年级开始吸收成员成立学校乐队：民族乐队和西洋乐队。

在体育上，除一般的体育活动外，我们将开发轮滑、乒乓球等特色课程，让这某些项目成为学校的体育特长。

4. 无标语学校

学校将在美化、绿化、文化上大下功夫，但将把标语口号——即墙上那些传统的文字口号——尽可能减少，甚至达到零标语、零口号的地步。

我们坚信，教育最好的方式应该是“好雨知时节，当春乃发生。随风潜入夜，润物细无声”。而反之，“文革”式的标语口号是教育的直接异化与幼稚病。现在大多数学校的口号、标语事实上既不符合美学，更不符合真正的道德人格教育。所以本校将和传统的标语口号说再见，而代之以文化、美化的方式来实现教育潜在课程的目的。

5. 宁静学校

静若处子，动若脱兔；活泼时能够尽情挥洒，宁静时透露出有教养的书卷气息。这是我们对孩子们的期许，也因此，我们学校的整体氛围，也是最大可能地减少各种大型活动，减少对教育教学的冲击，尽可能避免对灵魂的自然成长添加激素（譬如各种成功学的演讲、过于煽情的感恩教育等）。

罕台喜静。

师生身上透出一种宁静而热烈的气息。

拥有并实现了这些，这才是真正的校风、学风。

资源与拓展

学校文化是个热门话题，下面几本书我认为是重要的：

1.《帕夫雷什中学》

这本书是苏霍姆林斯基管理帕夫雷什中学的经验结晶，虽然意识形态的烙印会妨碍许多人对这本书的阅读，但这无法遮掩此书的价值。

2.《和青年校长的谈话》

这本书主要涉及教育教学。

3.《有效的学习型学校——提高学生成就的最佳实践》

这本书对学习型学校的愿景目标及组织管理等进行了详细的描述并附有案例。

此外，还可以阅读如下文章：

1.《让学校拥有灵魂——桥西年会主报告》，可网络搜索。

2.《校长》，《育人三部曲》第 7 页。

附录：新教育实验网络师范学院招生简章

（2012 版）

新教育实验网络师范学院校长为朱永新教授，执行校长为干国祥，魏智渊任教务长，由新教育研究中心团队负责课程实施。

招生对象

新教育实验网络师范学院面向一切在职教师、基层教研员、其他教育研究者，以及立志于教育的师范生开放，寻找并欢迎所有与新教育“尺码相同”的人。

新教育的“尺码”是：

虽同样身处浮躁的时代，但不肯放弃早已被许多人弃如敝屣的理想，而是始终怀着一颗真诚的心，勇于承担身为教师的责任，在自己或者希望在自己的教室里，守护着最初的纯真愿望；

追求真理，求知若渴，愿意亲近那些真正伟大的书籍，尤其是那些能够帮助我们理解教育、理解人性，解决问题的专业书籍，并且甘心承受一次次的“打击”，勇于不断地自我否定，将专业修炼视为终生之事；

希望自己的生命经由教学，经由学生的成长，而不是经由公开课、论文、职称评定等获得意义。

我们拒绝以下老师加盟新教育实验网络师范学院：

愤世嫉俗，空谈民主与自由，习惯于归咎于政府、环境甚至家长、学生，而缺乏经常性的自我反思、缺乏担当的虚无主义者；

以成就自己的名利为核心，热衷于公开课、发表论文，视共同体为索取资源之所，而非通过奉献彼此丰富之地的功利主义者。

培养目标

新教育实验网络师范学院，希望通过持久的努力，使学员达到下列目标：

1. 拥有高度职业认同，理解新教育理念以及三大课程，并且能够积极地运用于教育教学，尤其是能够设计和践行真正意义上的新教育课程。

2. 拥有合理的知识结构，深刻理解若干本教育学、心理学以及相关专业根本书籍，有一定的教育叙事能力；更重要的是，逐渐形成知性阅读能力，形成反思教育教学的专业框架并达到初步自觉。

3. 不但能够胜任自己的教学，而且能够达到优秀甚至卓越。

总之，新教育实验网络师范学院希望通过“经典研读 + 案例学习”的方式，培养出大批真正热爱教育、扎根教室，能够以素质教育的方式将学生引向卓越的教师。

招生说明

新教育实验网络师范学院招生时间为每年的 5 月 1 日至 8 月 31 日，12 月 1 日至 2 月 15 日，其他时间不接收入学申请。入学申请需要准备的入学材料有：

1. 入学申请书。需要详细说明加入新教育实验网络师范学院的缘由。

2. 推荐信。可找熟悉的网师学员推荐自己，并说明推荐理由。网师学员在网师的学习越出色，申请通过的可能性越大。无推荐信也可，但申请书就需要附更详尽的能证明自己适合网师要求的材料。

3. 报名表（见附表，网站可下载 word 版）。

4. 个人阅读史或教育史，不少于 3000 字（教育在线网站有样例可供参考）。

5. 个人清晰生活照一张。

6. 在教育在线论坛注册并建立个人专帖，注册名建议用实名，必须用汉字网名，禁止用英语网名，或含英文字母的网名。

7. 准备好上述材料后，以附件的形式发往网师公共邮箱：478396338 @ qq. com。邮件标题应为“网师入学申请 · × × ×（真名），× × ×（注册网名）”，附件请放入一个文件夹并压缩，文件夹命名格式应为“× × ×（真名），＊＊＊（注册网名）”。

网络师范学院是公益性质的，不收取任何学费，也不从事任何性质的商业活动。如果有实验区自行组班，可单独商议管理办法。

课程设置

新教育实验网络师范学院的课程设置非常灵活，基本课程则分为必修课程、选修课程以及毕业课程。

必修课程分为公共必修课程和学科必修课程。公共必修课程以根本书籍研读为主，也包括一些实践类书籍研读，涵盖哲学、心理学、教育学、课程理论及实践等领域。学科必修课程主要包括本学科的根本书籍、实践类书籍研读，以及课例研讨等。学科必修课目前主要开设语文和数学两科，其他学科以后或将陆续开设。

选修课程视具体情况开设。

毕业课程，是指学员在完成网师其他课程后，必须运用在网师的学习经验，在自己的班级或岗位上设计并实践一个课程，并有相关的记录和分析。

课程团队

新教育实验发起人朱永新教授、新教育研究中心干国祥主任担任课程指导。

教师专业发展项目主持人魏智渊（网名铁皮鼓）担任课程总负责。

讲师主要由新教育研究中心成员、网师优秀学员，以及有志于教育公益的专业人士组成。

聘请优秀学员担任各课程组长。

学习方式

新教育实验网络师范学院的学习，是基于教育在线网络平台以及 QQ 群等。日常资源的下载与上传、个人作业的收取以及提交、集体讨论学习等均通过网络来完成。授课时间通常安排在晚上 7～9 点之间，学习频率由学员自主选择，也可无限延长学习时限。

到高年级后，将以内蒙古鄂尔多斯罕台新教育实验小学和北京丰台二中附属新教育小学为依托，邀请部分优秀学员开展现场的实习与合作。

学制及毕业

新教育实验网络师范学院是一所基于网络的、虚拟的公益性质的教师专业发展共同体，学员选修完全部课程并合格即可毕业。

这是一所具有后现代特点的网络师范学院，打破常规，注重问题解决，强调创造，强调共同体及合作，允许自选课程以及跳级，在此过程中，有一部分优秀学员会转化为教师。

学员必须提交毕业课程论文才能毕业，毕业课程论文要求呈现完全由学员设计并在自己的班级里实践过的新教育课程。若是在校生，则仍需要提交课程设计。

学员毕业后，可继续参与网络师范学院硕士班、博士班的深造。

网络师范学院颁发毕业证书，毕业证书仅具有荣誉性质和证明性质。

联系方式

联系邮箱：478396338@ qq. com

咨询 QQ：478396338（身份验证的问题为：您咨询网络师范学院吗？答案为：是）

新教育实验网络学院

2012 年 6 月

后 记

8 年前，跟一所小学的老师们座谈。我知道前不久校长刚给每个老师发了一本《给教师的建议》，就调侃说："读得很痛苦吧？"大家会心大笑，气氛一下子轻松了许多。

我知道许多学校，乃至于教育局都在组织老师共读苏霍姆林斯基的作品，但收效往往不明显，许多老师觉得苏霍姆林斯基的书不好读，太理论了，读了也没起到多大的作用。最初这让我惊诧，因为苏霍姆林斯基恰恰是一个实践型教育家，他的作品，基本都是实践经验的总结，应该感觉到通俗易懂才对啊！

不仅如此，对苏霍姆林斯基的误读也相当普遍。在很大程度上，苏霍姆林斯基被定格在两类形象上，一是充满爱心；二是倡导阅读。杂志上大大小小的关于苏霍姆林斯基的文章，从我看到的有限的一部分来说，也大都是充满误读，鲜有真知灼见，这真是一个奇怪的现象。

我从事教师专业发展研究后，苏霍姆林斯基是新教育研究中心团队的重点阅读对象。2009 年，新教育实验网络师范学院（简称"网师"）成立后，我担任了苏霍姆林斯基教育学课程讲师，迄今已经讲授了三轮。在这个过程中，研究中心干国祥老师写了《苏霍姆林斯基的教育学循环》一文，对苏霍姆林斯基教育学的内在逻辑框架进行了梳理，我则带着一批又一批的网师学员，一次次地进行艰难的跋涉，研讨书中涉及的每一个重要概念。所以这本书是网师的教学成果，是一群苏霍姆林斯基爱好者切磋琢磨的结果。到今天为止，我们可以自信且自豪地说：我们已经在相当程度上能够清理关于苏霍姆林斯基的种种误读，更加接近了苏霍姆林斯基教育学的真精神。

但是研讨中的经常的豁然是一回事，重新编选苏霍姆林斯基教育学文选，并进行恰当的阐释，则是另一回事，需要阅读翻检能找到的苏霍姆林斯基的全部作品，耗费心力。阐释则更难，兼之时间紧迫，稿成，竟感觉到失落，感觉到有种种不足竟至难以忍受。差可安慰的是，选文是不错的，虽然读了许多遍了，每次读选文，仍然默然会心。另外的缺憾，只能有待再版时从容补正了。

本书得到了许多热情的鼓励，研究中心同人自不必说，许多网师学员热情相助。特别要感谢的，是我的课程组长谟祯和亲亲氧气，以及在搜集资料过程中无偿帮我大量输入文字的学员，他们是：我是叶倾、晓风拂萡、冬天的眼泪、但如秋水、渝州若水、天微晓、云河一、尹传侠、俊杰、银杏儿、木槿树、夜色飞蛾、大连海之韵、绿蚂蚁、诗意草房子、水中文字、地球上的星星、三附东郭先生、雁过留香……也感谢我的家人，以及罕台新教育小学干国祥校长和马玲老师对我的支持。这本书为网师而写，没有网师的朋友们的支持，是不敢期望能写出来的。也很感谢文龙玉老师，她一年多以前就热情洋溢地约定书稿，到今天，终于可以松一口气了。

这几年，忧患深重，苏霍姆林斯基的作品，给我以很大的安慰。他其实是一个非常寂寞的教育家，他的深厚的人道主义情怀，在那个年代很不合时宜，所以他更多地选择了寂寞中的耕耘，直到离世。而今天之世界，是另一番浮华，像苏霍姆林斯基那样深入学生的生命中去并在教育教学中做艰难的探索的人，几近于无。你看各种名校各种模式你方唱罢我登场，但苏霍姆林斯基的教育精髓仍然在书页中沉睡……从某种意义上讲，它太难了，对教师的要求太高了！而我常常视苏霍姆林斯基教育学为一种召唤，我相信，会有越来越多的人真正地将教育当成意义之所归而非获取名利的工具，他们将不惧艰辛地求索，追随苏霍姆林斯基，并可能最终超越苏霍姆林斯基……

2012 年 7 月 12 日星期四于罕台新教育小学